긱 이코노미가 바꾸는 일의 미래

The Future of Work: The Gig Economy

긱 이코노미가 바꾸는 일의 미래

The Future of Work: The Gig Economy

방승천 지음

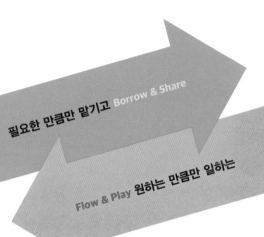

필요한 만큼만 맡기고 Borrow & Share

Flow & Play 원하는 만큼만 일하는

퍼블리온
Publion

미래의 일에 대한 따뜻한 조언이 가득한 책

Uber와 Lyft 등 긱 이코노미Gig Economy의 초기적 모습이 등장했을 때 이 현상에 대해서 두 가지 유형의 주장이 존재했습니다. 모든 산업을 긱 이코노미화하면 큰돈을 벌 수 있다는 조언과 모든 일자리가 우버Uber 운전사처럼 되어 많은 근로자가 불안정한 고용 상태에 놓일 것이라는 우려였습니다. 이 조언과 주장은 동전의 양면 같은 것이었습니다. 긱 이코노미 플랫폼을 운영해서 큰돈을 벌 수 있는 이유가 풀타임full time으로 고용해야만 했던 사람들을 프로젝트 단위로 나누어 고용할 수 있었기 때문입니다.

긱 이코노미가 성숙해지고 있는 지금, 방승천 작가의 저작이 빛나는 이유는 플랫폼화가 피할 수 없는 현실이라면 그 안에서 각자의 장점을 가진 근로자들이 어떻게 자신의 강점에 집중하고 더 유연한 환경에서 더 자유롭게 일할 수 있을지에 대해 다루고 있기 때문입니다. 누군가 다른 사람과 차별화된 가치를 제공할 수 없다면 긱 이코노미는 불행이 될 수 있겠지만, 나만이 제공할 수 있는 독창적인 가치가 무엇인지 끊임없이 고민하는 사람들이라면 긱 이코노미는 축복일 것입니다. 긱 이코노미가 풀타임으로 일할 때는 그 누구도 줄 수 없었던 소중하고 현실적인 커리어 개발의 방향을 제시해줄 것이기 때문입니다. 오늘도 자신의 미래를 고민하는 모든 분께 권합니다.

고병욱, Monitor Deloitte 상무, Strategy & Business Design Director

조직과 인력운영의 미래를 고민하는 실무자를 위한 다정한 입문서

현실의 긱 이코노미 플랫폼에 대한 경험이 풍부한 저자는 긱 이코노미, 긱 워커라는 용어는 여기저기에서 들어보았으나 많은 사람이 여전히 쉽게 구분하여 설명하지 못하는 긱 워커와 프리랜서의 차이에서부터 긱 이코노미의 기반이 되는 디지털 인재 플랫폼의 기능/역할, 기업에 긱 이코노미가 필요한 이유까지를 모두 이 책 한 권에 체계적으로 잘 담아주었다.

방금전까지도 회의실에서 출산율의 지속적인 감소로 인한 노동인구 및 인재 부족, 점점 더 빨라지고 있는 지식/기술의 변화 속도에 대응하기 위한 방안을 논의하던 현업의 인사/교육 담당자로서, 이 책을 통해 조금은 새로운 시각으로 해결책을 고민해볼 수 있겠다는 안도감과 자신감을 가지게 되었다. 빠르게 변화하는 노동환경 하에서 조직/인력운영의 미래를 고민하는 사람들에게 매우 의미가 큰 책이라 생각한다.

김미정, 삼성생명 인사팀 파트장

Talent Acquisition(인재 채용)을 넘어 Talent Access(인재 활용)으로!

팬데믹 이후 뉴욕 맨해튼 거리는 과거의 분주했던 모습을 거의 되찾은 모습이다. 달라진 것은 뉴욕의 상징인 노란 택시를 점차 우버와 리프트 같은 차량 공유 서비스가 대신하고, 수많은 음식 배달자전거가 쉴 새 없이 바쁜 거리를 질주하며 직장인들의 점심식사를 배달하는 풍경을 볼 수 있다는 점이다. 이제 변화는 단순 노동시장을 넘어 고급 전문분야로 이어지고 있다. 팬데믹과 디지털 플랫폼 기반 공유경제의 활성화로 급증한 긱 워커는 기업의 인재 유치 전략에 큰 축을 차지하고 있다. 2022년 말부터 시작된 생성형 AI 열풍으로 인해 수많은 기업이 AI 분야 인재를 찾기 위해 긱 워커 탤런트 매칭 플랫폼으로 몰려들었고, 업워크의 2023년 2/4분기 AI 분야 잡 포스팅은 전년 대비 약 10배 이상 증가했다. 그야말로 긱 이코노미 전성시대다. 기업과 인재 모두 긱 이코노미와 새로운 탤런트 마켓플레이스를 이해하지 못한다면 치열해진 인재전쟁에서 버티기 힘든 현실이다.

이 책은 오랫동안 HR 전문가로 활약해온 저자가 직접 긱이코노미 플랫폼을 BD해본 경험, 또 최전방에서 긱 워커로서 직접 발로 뛰어본 경험을 예리한 통찰력으로 풀어낸다. 긱 이코노미라는 새로운 변화를 이해하고자 하는 이들에게 훌륭한 지침서가 될 것이다.

박동진, Google HR People Consultant

일의 미래와 커리어를 고민한다면 반드시 읽어야 할 책

저출산, 노령화 등으로 인한 노동력 공급 감소와 산업 간 융합, 디지털화 등으로 인한 노동력 수요 변동 측면을 모두 고려하면 긱 이코노미는 피할 수 없는 큰 변화다. 국가별 노동 시장의 유연성에 따라 서구권에서는 이미 활성화된 노동력 활용 방안이 최근 엔데믹과 함께 플랫폼 사업을 기반으로 국내에서도 긱 이코노미가 활발하게 확산될 조짐을 보인다.

긱 이코노미를 활용하면 회사 측면에서는 적절한 비용으로 필요한 기간만큼 사업에 요구되는 역량과 전문성을 확보하고, 개인 측면에서는 자신이 가장 잘 기여할 수 있는 분야를 선택하여 원하는 기간에 일을 할 수 있는 유연성을 확보할 수 있다.

저자의 연구와 직접 경험을 통해 저술된 이 책은 일의 미래Future of Work에 대해 고민하는 경영자 및 인사 담당자, 더 나아가 자신의 장기적인 커리어를 고민하는 모든 직장인이 반드시 읽어봐야 하는 내용을 담고 있다.

박재현, 야놀자 CHRO

조직의 문제에 해답을 찾아야 한다면 꼭 보아야 할 책

회사에서 신규 물류센터를 건설하는데 자문을 구할 사람이 필요하여 저자를 찾아뵌 적이 있다. 내용을 듣더니 탤런트뱅크를 소개해줬다. 그곳을 통해 전문가를 선발하여 2년간 자문을 구했으며 공사의 설계, 시공, 검수 등 여러 사안에서 도움을 받아 문제없이 물류센터를 완공할 수 있었다. 회사 내부에 없는 역량을 외부에서 소싱하는 것이 당연한 듯 보이지만 고용 및 처우를 생각하다 보면 담당자는 고민이 많아지는 것이

사실이다. 또한, 조직에 문제가 발생하면 효율성과 효과성 모두를 만족시켜 문제를 해결하기는 현실적으로 어렵다. 이 책에서 말하는 긱gig은 시간의 제약과 현실적인 어려움 속에서 이런 문제를 해결할 수 있는 솔루션을 제공하며 특히, 전문성을 필요로 하는 직무에 적합한 인재를 선발, 활용하는 데 해결책을 제시한다.

조직에 문제가 발생했는데 단시간에 맞춤형으로 해결책을 제시해줄 전문가가 필요한가? 이 책에 그 해답이 있다. 이 책의 저자가 대표이사로서의 경험과 경영학 박사로서의 지식에 더해 이제는 작가로서의 도전을 통해 나에게 필요할 때마다 해결책을 제시해주는 것처럼 말이다.

손성길, 슈피겐코리아 Head of HR Division

긱 이코노미를 대비하려는 기업인과 근로자, 플랫폼 기업들의 필독서

저자와 대화를 나눌 때마다 항상 기분 좋은 놀라움을 느낀다. HR과 경영 전반에 대한 해박한 지식도 감탄스럽지만, 무엇보다도 그러한 지식과 경험 속에서 저자가 벼려내는 독창적인 아이디어와 통찰력은 언제나 새로운 영감을 전해주는 신선한 자극이다. 이 책을 통해서도 같은 경험을 할 수 있었다.

이 책은 일을 중심에 두고 기업과 노동자 간의 역학 관계를 근본적으로 변화시킬 긱 이코노미에 대한 모든 것을 다양한 연구 결과와 사례, 도서, 심지어 할리우드 영화까지 언급하며 이해하기 쉽게 설명해준다. 특히 긱 이코노미 운영의 기반이 되는 디지털 플랫폼의 세 가지 가치 제안과 관련한 부분은 몇 번씩 반복해서 읽었다. 이미 현실이 되어가는 긱 이코노미에 대응하려는 경영자와 HR 인력, 긱 이코노미를 통해 전문성과 자율성을 추구하는 노동자 및 구직자, 그리고 긱 이코노미에 대한 사업기회를 모색하는 플랫폼 기업들이 꼭 읽어야 하는 책이다.

송일석, SAP SuccessFactors 전무, HR Value Advisor

기업 CHRO 및 HR 담당자들이 꼭 읽어야 할 책

HR 업무를 하며 최고경영진에게 HR 전문가들이 요구받는 역량은 사업전략에 대한 심도 깊은 이해와 이를 바탕으로 한 HR 전략의 실행이다. 방승천 박사는 글로벌 컨설팅펌 타워스 왓슨Towers Watson에서 HR 컨설턴트, 미국 코넬대에서 MILR 석사를 받으며 HRM 분야를, 삼성SDS, 휴넷에 근무하여 HRD 분야를 고루 경험했다. 엔터테인먼트 업계에서 실전 Talent Management 경험을 쌓고 난 후 직접 기업의 경영자로 나서 경영 혁신과 신사업 개발을 주도해오고 있다. 경영의 최전선에서 얻은 식견을 기반으로 경영진의 시각에서 HR 분야 근무자들에게 사업전략과 연계한 HR의 역할에 대해 인사이트를 줄 수 있는 최적의 인물이다.

이 책을 통해 글로벌 HR Trends 및 경제/사회/기술 전반의 변화와 다양한 연구 결과들을 확인하며 HR에 종사하는 직원으로서 우리 기업에게 올 변화와 대응책에 대해 고민할 수 있었다. 특히 많은 신규사업을 진행하는 기업들은 일시적으로 기업이 익숙하지 않은 분야에 숙련된 고급 노동자의 도움이 필요한 경우 HR Solution을 많이 고민하는데, 이 책은 긱 워커가 하나의 효과적이고 효율적인 대안으로 활용 가능하다는 확신을 갖게 해준다. 책 한 권을 통해 전략적 충원Strategic Staffing에 대한 기본 개념과 긱 이코노미에 대한 배경 설명부터 글로벌 충원Staffing 트렌드, 긱 워커 활용 사례 및 기업들을 위한 활용 솔루션까지 전반적으로 이해할 수 있었다. 각 기업의 CHRO 및 HR 담당자 및 채용 담당자들이 꼭 일독해보시기를 권한다.

유경근, (주)한화 전략부문 인사전략실 부장

긱 이코노미에 관심 있는 모든 사람을 위한 친절한 안내서

고정된 계약 관계에서 벗어난 보다 자유로운 형태의 일은 직업을 통해 생계를 유지하는 모든 사람들의 꿈이며, 또한 지체 없이 필요한 스킬을 확보하여 배치하고자 하는 기업들이 오랫동안 꿈꿔온 일일 것이다. 이렇게 모두가 바라왔지만 아직 이루어지지 못한 꿈의 대안으로 '긱 이코노미'는 그 어느 때보다 성큼 다가왔다.

이 책은 긱 이코노미의 의미와 영향을 사회 변화의 관점, 일하는 사람의 관점, 그리고 기업의 관점에서 풍부한 데이터와 연구결과를 기반으로 효과적으로 제시한다. 또한 'Next Big Thing'인 긱 이코노미의 의미와 영향을 단순히 조망하는 데 그치지 않고, 이를 구직자와 회사 관점에서 어떻게 활용해야 할지에 대한 방법론과 사례도 설득력 있게 제시한다. 일견 쉽게 다가가기 어려울 수 있는 주제이지만 국내 유수 대기업, 컨설팅, 학계에서 풍부한 경험과 통찰을 가진 저자는 이러한 흐름을 일목요연하게 정리하고 풀어낸다. 이미 현실화된 미래인 긱 이코노미에 관심을 가진 모든 이에게 일독을 권한다.

유용수, Amore Pacific, Global HR Team leader

이 책을 읽기 전과 읽은 후 여러분의 심박수는 바뀌어 있을 것

디지털 전환의 시대에 누구나 한번쯤 들어봤을 긱 워커! 그러나 우리의 머릿속에 긱 워커는 우버 기사나 배민커넥터 정도를 떠올린다. 이 책은 긱 이코노미가 실현되는 국내외 다양한 사례와 저자의 실제 경험을 통해 긱 이코노미에 대한 우리의 얕은 지식의 세계를 무한대로 확장시켜 준다.

긱 워커로 활동하기 원하는 사람, 긱 워커를 활용하기 원하는 사람, 그리고 긱 이코노미가 구현되는 새로운 노동생태계를 창조하기 원하는 사람 모두 이 책을 일독하기를 추천한다. 단언컨대 이 책을 읽기 전과 읽은 후 여러분의 심박수는 바뀌어 있을 것이다.

장영균, 미국 공인인사관리전문가,

서강대학교 경영대학 Executive Ph.D. 과정 주임교수

노동수요자, 공급자, 노동시장 설계자, 그리고 노동시장의 미래를 고민하는 모든 분들을 위한 책

인구구조의 변화로 인한 인재 부족, 기성세대와는 다른 MZ세대의 직업관 등 기업의 HR 의사결정이 고려해야 할 이슈들은 과거의 경험에서 생각하기 다는 미래의 관점에서 바라보아야 적절할 것이다. 이 책은 우리 노동시장의 미래를 어떻게 예상하고 어떻게 대비해야 하는지 생생하게 그려내고 있다. 긱 이코노미를 막연한 우려와 불안의 대상으로 표현하는 것이 아니라 이를 통해 우리 사회와 기업 그리고 개인은 어떤 새로운 가능성을 찾을 수 있을지 설명하는 이 책은 이론과 실무를 겸비한

저자의 경험과 통찰이 곳곳에 번뜩인다.

저자는 스스로 과거의 전통적인 인재상에 부합하기를 거부하는 새로운 유형의 인재로 살아가면서, 전문 긱 워커를 도와주는 플랫폼 사업자로서의 경험에 기반하여, 다양한 관점으로 긱 이코노미의 미래를 설명하고 있다. 노동의 수요자, 공급자, 노동시장 설계자 누구이든 간에 다가올 노동시장의 미래를 생각하는 분들께 이 책을 읽기를 권한다. 특히 미래를 지향하고 있지만 실제로는 과거의 경험에서 벗어나지 못하고 두려워하는 분들께는 이 책이 더 큰 지혜를 제공해줄 것이다.

조봉순, 한국인사조직학회장, 서강대학교 경영대학 교수

사업이라는 무한게임에 참여하는 경영자, 인사담당자 분들이 읽어야 할 책

15년의 인사 업무를 거치면서 입버릇처럼 하는 말이 "채용이 전부다"라는 말이다. 국내외 기업들이 전통적 채용에서 벗어나 어떻게 하면 더 필요한 기술을 효과적으로 확보할 수 있을지를 더욱 심도 있게 고민하는 이 시점에서 긱 워커들은 가장 유연하면서도 강력한 도구가 될 수도 있겠다란 생각이 들었다.

이 책은 거시 경제적 관점에서 긱 이코노미와 관련된 폭넓은 내용을 축약적으로 다루면서도 실제 사용 사례들을 다뤄 실용적이다. 급변하는 환경에서 사업이라는 무한게임에 참여하는 많은 경영자와 인사담당자 분들에게 일독을 권한다.

채병권, Johnson & Johnson 이사, KENVUE 북아시아 HR 총괄

인사 패러다임의 전환과 솔루션을 종합적으로 알려주는 가이드북

한국 기업은 조직적 역량 강화를 중심으로 하는 인사에서 직무를 기반으로 하는 접근으로의 변모를 전개하고 있다. 이 두 가지 접근 방법의 기저에는 인재(사람) 중심인가 과업 중심인가라는 근본적 차이가 존재한다. 하지만 이제는 필자가 지적하듯이 이러한 논란을 뛰어넘어 스킬 기반 인사로의 재정립이 필요하다. 스킬은 이러한 인재(사람)와 과업의 중간에서 매개체 역할을 함으로써 양쪽 모두의 강점을 활용하게 해 줄 수 있는 새로운 표준을 제시한다.

필자는 컨설턴트, 관리자 그리고 사업가로서의 다양한 경험에 기반해 이러한 패러다임의 변화를 이론적, 실무적 그리고 관련 솔루션까지 포괄하여 한눈에 알아볼 수 있도록 이끌어준다.

한광모, Mercer 부사장, Career Digital Principal

고용시장에 대한 새로운 견해를 제시하는 책

11년 전 코넬대학교 ILR 스쿨(HR 전문 대학원)에서 수학할 때, 긱 이코노미와 같은 형태의 일시적 고용 관계가 점차 많아질 것이라는 교수님의 말씀을 듣고 그런 형태의 고용은 미국에서나 가능한 일이라고 생각했다. 대한민국은 전 세계적으로 유명할 정도로 경직된 고용시장을 가지고 있기에, 긱 이코노미를 받아들일 수 있을지 의구심을 가진 것이다. 하지만 최근 이런 특수한 고용관계가 국내에서도 정말 나타나고 있다. 고용시장에서 일정량 이상을 차지하는 현실을 경험하고 있다.

이 책의 저자는 국내 저자로서는 사실상 최초로 긱 이코노미에 대해 깊이 있게 설명하고 있다. 향후 노동 및 고용시장의 변화에 대해 우리나라만이 아니라 여러 국가의 다양한 사례를 들어 긱 이코노미의 성장 가능성을 설득력 있게 정리하며, 고용인과 피고용인의 관계가 과거와 같지 않을 것임을 명확히 보여준다.

홍민석, 솔브레인홀딩스 HR실 전무

"긱 이코노미는 과연 Next Big Thing이 될 수 있을까?"

존경하는 휴넷 조영탁 사장님께서 탤런트뱅크를 소재로 박사 논문을 써보는 것이 어떠냐는 제안을 해주셨을 때, 꽤나 망설였던 기억이다. 박사 논문에 대한 부담도 있었지만, 긱 이코노미에 대해 확신을 가지지 못했던 것도 있었다. 하지만 지난 2017년부터 지금까지 탤런트뱅크(기업과 고숙련/고경력 인재를 매칭하는 긱 이코노미 플랫폼)의 사업개발을 도와오면서, 긱 이코노미를 잘만 활용한다면 ① 준비된 기업은 고숙련 인재를 원하는 시간만큼만 경제적으로 이용해 조직의 역량과 경쟁력을 높일 수 있을 것이고, ② 준비된 인재는 생애경쟁력을 기반으로 자신이 원하는 가치에 부합하는 일을 하며 합당한 보상을 얻을 수 있을 것이라는 확신을 가지게 되었다.

처음에는 사회가 변하는 속도에 맞추어 기업이 먼저 변화할 것이라고 생각했지만, 오판이었다. 기업은 신중했다. 아무리 그 편익이 명확하다

해도, 우리나라의 현재 HR 프랙티스HR Practice에서는 쉽게 도입하기 어렵다는 것을 충분히 이해하기에 초조해질 때도 있었다. 하지만 모든 변화는 때와 흐름이 있고, 세상은 합리적인 방향으로 변하고 있다고 믿었다. 그 가운데, 기업보다 먼저 사람들이 움직였다.

2019년 말, 필자가 쿠팡이츠 쿠리어를 통해 처음 플랫폼 노동(음식 배달)에 참여해보았듯이, 2020년 말부터 팬데믹을 겪는 많은 사람들이 앞다투어 플랫폼 노동을 통해 긱 이코노미에 참여하는 것을 보며 변화의 태동을 직감했다. 2022년 말, 걷기 좋은 거리로 설계되었다는 맨해튼 거리에 보행자보다 훨씬 더 많은 수의 음식배달 긱 워커들이 전기자전거로 달리는 모습을 보며 긱 워커가 이미 노동의 한 축으로 자리 잡았음을 실감했다.

그렇게 이 책은 탄생했다. 《긱 이코노미가 바꾸는 일의 미래》는 긱 이코노미를 어떻게 잘 활용할지, 그 방법을 안내하기 위한 가이드북과 같다. 집필하는 동안, 고용/노동의 새로운 트렌드에서 점차 뉴 패러다임으로 자리 잡아가고 있는 긱 이코노미에 대한 친절한 입문서를 써내려 했다. 긱 이코노미를 조사 및 연구한 경영학자로서, 긱 이코노미 플랫폼을 함께 사업개발하며 운영해본 사업가로서, 더불어 긱 워커를 경험해본 프리랜서로서의 관점을 골고루 담으려 했다. 이 시대를 살아가는 많은 기업과 사람들에게 작게나마 도움을 줄 수 있으리라는 생각 때문이었다. 독자분들께 긱 이코노미에 대한 막연함을 줄여드리고, 긱 워커의 삶에 대한 두려움을 해소해드릴 수 있으리라는 바람을 책에 담았다.

기업의 CEO 및 인사/구매 담당자, 다양한 연령의 직장인, 사회에 나오기 위한 준비를 하는 학생에 이르기까지 다양한 독자층이 있을 것이라고 생각한다. 모든 독자분들에게는 각자의 관심사가 다를 것이기에 굳이 선형적 독서linear reading를 권장하지는 않는다.

독자분들의 소중한 시간을 아끼기 위해서, 다음과 같이 필요한 부분을 선택해 읽는 방식을 제안드린다.

긱 이코노미와 긱 워커를 처음 들어보는 독자분이라면 1장부터,

긱 이코노미 플랫폼을 운영 중이거나 운영하려는 독자분이라면 2장부터,

고용/노동과 관련한 세상의 흐름을 알고 싶은 독자분이라면 3장부터,

긱 워커를 우리 회사 충원에 활용하려는 기업 담당자라면 4장부터,

긱 워커가 되려고 생각하는 직장인이라면 5장부터 읽어나가시기를 권한다.

그리고 6장은 모든 독자분들께서 시간을 들여 읽어봐주시길 당부드린다.

마지막으로, 이 책이 나오기까지 도와주신 많은 분들께 특별한 감사를 전한다.

긱 이코노미를 만나고, 또 연구할 수 있도록 도와주신 조영탁 사장님, 탤런트뱅크 공장환 대표님, 조인규 실장님, 서보성 팀장님, 긱 이코노미의 미래와 탤런트뱅크의 성장성을 믿고 과감히 투자해주신 심건 대표님, 오정준 상무님, 문효일 대표님, 김종원 팀장님, 정민준 과장님, 한지웅 과장님, 부족한 논문을 성심껏 지도해주신 서강대학교 조봉순 교수님, 김용진 교수님, 정선욱 교수님, 장영균 교수님, 최장호 교수님, 지난 6년간 함께 울고 웃으며 성장해온 박창훈 매니저를 비롯한 휴넷 랩인랩센터 1기,

2기, 3기 분들, 특히 탤런트뱅크, 해피칼리지, 행복한북클럽, 코리안탈무드, 데일리스낵, 다빈치컬리지, 그로우, 휴넷벤처스, 휴넷모두의코딩 식구들, 퍼블리온 출판사의 박선영 대표님, 이효선 편집자님, 홍성애 편집자님, 마지막으로 늘 믿고 지지해주는 아버지, 어머니, 동생, 아내, 그리고 아빠보다 더욱 훌륭하게 자랄 두 아들 준식, 성재에게 큰 사랑과 감사를 전한다.

2023. 10. 5.

저자 방승천

CONTENTS

1장 긱 이코노미와 긱 워커

필자의 첫 책인 《긱 이코노미가 바꾸는 일의 미래》를 탈고하면서, 생성형 인공지능 챗봇인 ChatGPT에게 긱 이코노미에 대해 물어보았다. ChatGPT의 대답은 매우 흥미로웠다.

ChatGPT는 긱 이코노미를 정규직 외의 단기 계약 또는 프리랜서 작업으로 이루어진 노동 시장이라고 정의했다. 긱 이코노미의 장점과 단점에 대해서도 자세히 설명했다.

장점은, 노동자는 긱 이코노미를 통해 더 유연하게 일할 수 있고, 자유롭게 프로젝트(일)를 선택할 수 있으며, 원하는 방식으로 돈을 벌 수 있는 수단을 갖게 된다고 했다. 기업은 긱 이코노미를 통해 더 숙련된 노동자에게 쉽게 접근할 수 있고, 직원을 충원하는 비용을 줄일 수 있으며, 필요에 따라 신속히 인력을 늘리거나 줄일 수 있다고 했다. 단점은, 노동자의 직업 불확실성job security이 커지고 기업이 제공하는 복리후생benefit을 받지 못하는 점을 꼽았다. 기업은 프로젝트에 잘 맞는 근로자를 찾기 어렵다고 설명했다.

긱 이코노미를 활용하면 노동자가 프로젝트의 성격이나 범위, 급여 및 회사의 문화 같은 요소를 확인한 후 일하고 싶은 기업을 선택하게 되고, 기업도 기술, 경험 및 가용한 기간과 비용을 선택해 노동자를 선택할 수 있는 '상호 선택 프로세스'를 갖는 것을 특징으로 꼽았다.

옆의 그림은 생성형 AI 미드저니 Midjourney를 활용해 그린 삽화로, 기업이 여러 지원자의 이력과 역량을 검토하고, 지원자는 기업의 다양한 정보를 확인한 후 상호 선택하는 긱 이코노미의 모습을 그려낸 것이다.

ChatGPT는 긱 이코노미의 성장과 영향력을 예견하는 듯 긱 이코노미에 대해 이렇게 덧붙였다.

위와 같은 어려움이 있는데도, 긱 이코노미는 빠르게 성장하고 있으며 사람들이 일하는 방식을 변화시키고 있습니다. 기술이 계속 발전함에 따라 긱 이코노미가 계속 확장되고 세계 경제에서 더 큰 역할을 할 가능성이 높습니다.

종업원이 갑이 되는 시대가 온다?

미국 유학을 결심한 2005년경부터 나는 대기업의 경직된 인사시스템과 경쟁 지향적 조직문화를 보면서, 이런 문화에서 각 개인의 창의력이나 잠재력이 극대화되기 쉽지 않고, 개인들의 역량이 잘 조화롭게 어우러져 기업의 조직역량으로 발현되는 것 역시 어렵다고 생각했다.

기업 성과에 크게 기여하는 직원은 소수인 데 반해, 보상은 입사연도로 줄 세워 근속기간이 긴 순서로 정해지는 구조는 합리적이지도 공정하지도 않게 느껴졌다. 성공적으로 업무를 수행하는 행동 특성이 존재한다는 역량competency 기반 HR 관점에서도 1년에 한 번 진행하는 평가(인사고과)가 이러한 역량을 제대로 측정할 수 있다고 믿어지지 않았다.

1회성 평가는 개인의 역량을 입체적으로 평가하기는커녕 당해연도의 업적과 성과를 평가 및 피드백하기에도 충분한 근거가 되지 못하는데도, 그 평가 결과가 승진이나 보임 등 회사 내의 경력 사다리career laddar를 오르는 데 지나친 비중으로 활용된다고 느꼈다.

노동의 수요와 공급 상황을 살펴봐도 그러했다. 사회와 기업의 성장은 더 많은 양질의 노동 수요가 필요한데 공급은 충분치 않았다. 당시에도 청년 인구는 줄고 있었고, 대학을 마치고 회사에 입사하는 많은 신입사원이 모두 기업의 성과에 동일하게 기여하는 노동이 될 수는 없었다. 즉, 노동 자체도 공급이 부족하지만, 양질의 노동이라면 수요 대비 공급은 항상 부족할 것이었다.

조직이 필요로 하는 뛰어난 역량을 가진 노동력, 즉 양질의 노동을 제공할 수 있는 '준비된 인재'들은 '뛰어난 역량'을 기반으로 '노동의 가치에 합당한 보상'을 얻을 수 있는 새로운 시스템이 필요하다고 생각했다. 미래 언젠가는 준비된 종업원이라면 개인의 뛰어난 역량을 기반으로 노동시장을 주도하는 시대가 올 것이라고 막연하게 기대했었다.

20년이 지난 지금, 다양한 산업에서 긱 이코노미가 융성하고 있다. Covid-19 기간을 지나며 노동자들은 일의 의미와 즐거움에 대해 더 진지하게 고민하며 개인의 목적에 부합하는 노동을 더 주체적으로 선택하기 시작했고, 기업은 더 다양한 노동력을 과거보다 유연하게 활용하기 위한 방법을 모색하고 있다.

플랫폼이 갑이 되는 시대가 온다!

필자는 2001년 대학 졸업 후 군에서 인사장교로 복무했다. 이후 자리 잡은 HR의 관점은 22년간의 커리어를 함께 해왔다. 그 과정에서 가장 이상적인 노사 관계는 기업과 직원이 서로에 대해 충분히 잘 알고 있는 상태에서 상호 선택할 수 있는 관계라고 생각하게 되었다. 그리고 2018년, '긱 이코노미 플랫폼 - 탤런트뱅크' 사업의 육성accellerating을 맡게 되었다. 이 사업의 성장을 돕고, 또 가장 가까이서 그 변화의 양상을 지켜보면서 긱 이코노미가 (디지털 플랫폼을 기반으로) 이러한 새로운 고용 관계를 구축해줄 수 있다는 확신을 갖게 되었다.

지난 수년간 급속히 진행된 디지털 트랜스포메이션의 확산은 다양한 디지털 노동 플랫폼digital labor platform의 성장으로 이어져 긱 이코노미를 급격히 발전시켰다. 현실에서는 쉽지 않은 개인 역량의 검증 및 비교나 입체적인 기업 정보 및 평판을 확인할 수 있는 역할을 수행해주는 것이 바로 디지털 플랫폼이다.

그중 특히 고숙련 프리랜서 노동자와 기업의 전문직 수요를 연결하는 디지털 인재 플랫폼digital talent platform 기반의 긱 이코노미가 전 세계적으로 매우 빠르게 성장하고 있다. 해외의 업워크Upwork, 파이버Fiverr, 톱탤 Toptal, 카탈란트Catalant, 국내의 탤런트뱅크, 원티드긱스, 크몽, 숨고 등 플랫폼은 기업의 충원 수요에 고숙련 프리랜서를 유연하게 매칭하는 온라인 프리랜서 마켓플레이스로 자리매김하며 시장을 키워나가고 있다.

이러한 디지털 인재 플랫폼은 플랫폼의 양면 시장 사용자인 기업과 노동자 그룹 모두에게 새로운 고객가치로 1) 접근성 2) 적합성 3) 효율성을 제공해 미충족 수요unmet needs를 채울 수 있도록 지원한다.

긱 이코노미에서 준비된 노동자는, 즉 시장이 원하는 전문성과 역량을 보유한 인재는 얼마든지 자신의 몸값을 설정할 수 있고, 필요한 시간에 딱 필요한 만큼만 일할 수 있으며, 일의 형태나 환경 또한 자유롭게 정할 수 있게 되었다. 또한 개인이 한 가지 직업만 고수할 필요가 없게 되었다.

다양한 기업의 요구를 충족시킬 만한 전문성과 역량을 갖춘 노동자는 평생에 걸쳐 더 자율적이고, 자기 주도적이며, 유연한 경제적 직업 활동을 통해 다양한 삶의 궤적을 실현하며 자신의 삶을 다양한 직업과 경력으로 채울 수 있게 될 것이다.

기업의 사람관리 패러다임도 변화하는 환경에 맞추어 더 신속하고, 더 탄력적으로 인재를 충원할 수 있는 방향으로 변화하고 있다. 자연스레 기업은 과거보다 더 다양한 인재를 쉽고 빠르게 충원할 수 있는 긱 이코노미를 과거보다 더 적극적으로 활용한다. 마이크로소프트Microsoft나 메타Meta 같은 빅테크 회사의 사업장에서 프로젝트 컨트랙터나 긱 워커를 표시하는 초록색 배지를 발견하는 건 이미 어려운 일이 아니다.

특히 인재활용 접근이 점차 기업 HR이 고려해야 하는 전략적 인재충원의 합리적 대안으로 각광받고 있다. 인재활용 접근talent access은 인재고용talent acquisition과는 대비되는 개념으로, 내부육성과 외부채용이라는 기존의 이분법적 충원 방법론을 벗어나, 고급 인재들이 모인 디지털 인재 플랫폼에 등록된 고숙련 프리랜서 긱 워커를 '빌려' 충원할 수 있는 인재 임대 및 공유 전략이다.

이러한 맥락에서, **향후 긱 이코노미 모델은 디지털 인재 플랫폼의 성장과 함께 장기적으로 기업과 근로자 각각이 가진 고용과 노동의 비효용을 개선할 것이다. 사회 전반의 효용 증가에 이바지하고 그 결과로 더 좋은 일의 미래를 그려내는 데 크게 기여하게 될 것이다.**

이 책은 기업과 노동 그리고 사회의 변화에 따라 발전하는 긱 이코노미와 디지털 인재 플랫폼을 소개하면서 긱 이코노미와 긱 워커가 어떻게 고용과 노동의 기존 문제를 해결하고, 일의 미래future of work로 자리 잡을 수 있을지 독자들과 함께 생각해보고자 저술했다.

이 책이 독자들에게 향후 긱 이코노미가 고용과 노동에 어떠한 변화를 가져올지, 그리고 우리는 이러한 긱 이코노미를 어떻게 활용해나가야 할지 생각해볼 수 있는 계기가 되기를 바란다.

1장

우리는 종종 분명한 것을 보지 못하고,
자신의 맹목 또한 보지 못한다.

대니얼 카너먼Daniel Kahneman

긱 이코노미와
긱 워커

―――
―――
―――

긱 이코노미의 등장

―――

기업과 노동의 환경은 과거 그 어느 때보다 빠르게 변화하고 있다. 기업의 사람관리 패러다임은 변화하는 환경에 맞추어 과거보다 신속하고 탄력적으로 인재를 충원할 수 있는 솔루션을 갖추는 방향으로 변화했다. 노동자들은 저성장 기조하에서 팬데믹까지 겪어내면서 자신에게 의미 있는 일에 몰입하여 즐겁게 일하고자 하는 동기가 강해졌다. 특히 팬데믹은 개인으로 하여금 일의 의미와 가치를 되새기게 했다.

'대퇴사 시대The Great Resignation'와 '조용한 퇴사Quiet Quitting' 같은 현상이 말해주듯, 사람들은 더욱 자기 주도적으로 노동의 제공 여부를 결정하며, 자신에게 더욱 의미 있는 일에 몰입하기를 원한다. 자연스럽게 직업을 찾을 때도 그러한 삶의 방식을 가능하게 하는 유연한 노동형태나 조건을 찾으려 한다.

사회 전반에 비대면·재택근무가 확대되고 혁신적인 디지털 노동 플랫폼 기업들이 등장했다. 고용된 직장 외에 다른 기업의 당면한 과제나 프로젝트 해결에 참여하는 형태로 사이드잡(부업)을 하는 겸업 노동에 참여하는 노동자도 늘어났다. 국내에서는 국가공무원복무규정 제25조에 겸직허가 조항이 반영되어 겸업이 부분적으로 허용되는 등 크고 작은 환경의 변화도 발생하고 있다.

지난 수년간, 디지털 트랜스포메이션digital transformation이 가져온 혁명적 변화는 사회 전반의 비효율을 디지털 기술의 적용을 통해 혁신하고, 그 가운데 기업과 노동자는 디지털 플랫폼을 통해 상호 니즈needs를 해결하기 위한 다양한 방안을 모색해왔다.

'긱 이코노미'는 디지털 기반으로 시장환경이 변화하면서, 특정 프로젝트 및 기간이 정해진 업무를 수행하기 위한 노동력과 수요자를 연결하는 디지털 노동 플랫폼digital labor platform의 등장과 함께 시작되었다.

독립계약자나 프리랜서, 부업 니즈를 가진 전업 노동자들이 이러한 플랫폼에 속속 합류하면서 전체 긱 워커의 규모를 늘렸으며, 이러한 노동의 공급이 필요한 개인이나 기업 등의 수요자가 플랫폼에 진입하며 더 큰 네트워크 효과를 확보하는 선순환을 기반으로, 긱 이코노미는 매우 빠르게 성장할 수 있었다.

긱 이코노미란 무엇인가?

———

카츠 & 크루거Katz & Krueger 교수는 2016년 논문에서 긱 이코노미를 '집단화된 전문조직(기업)과 정형화된 고용관계(근로조건, 임금계

약 등)의 체결 없이도 개인이 특정 산업에 진출하여 소득을 창출할 수 있는 제도적 기반 및 생산 활동'으로 정의했다.

영국의 기업 에너지 산업전략부는 긱 이코노미를 '공급자와 고객 사이 연결을 적극적으로 중개하는 디지털 플랫폼을 통해 단기 및 작업별 지급 방식으로 개인 또는 회사 간에 노동을 돈으로 교환하는 경제활동'이라 정의했다.

매킨지McKinsey는 긱 이코노미를 '온라인 플랫폼을 통해 클라이언트와 독립계약자, 프리랜서, 계약 회사 근로자 및 기타 임시 근로자를 사용하는 형태의 경제'로 정의했다.

2019년 메리엄 웹스터 사전Merriam-webster의 정의에 따르면, 긱 이코노미는 서비스 분야에서 임시직이나 프리랜서를 활용하는 경제적 활동economic activity that involves the use of temporary or freelance workers to perform jobs typically in the service sector을 말한다.

종합하면 긱 이코노미는 단기 수행 직무job 및 과업task에 필요한 노동 수요를 디지털 플랫폼에 등록된 노동자로 충원해 수행하고, 같은 플랫폼을 통해 사전에 약속된 노동의 대가를 지급하는 형태의 경제다.

긱 이코노미는 어떻게 분류하는가?

마스터카드Mastercard는 긱 이코노미를 플랫폼이 제공하는 서비스 유형별로 자산공유 서비스, 운송기반 서비스, 전문가 서비스, 가정

긱 이코노미 유형별 서비스

서비스 분야	세부 항목	플랫폼 예시
자산공유 서비스	집 공유, 자동차 공유, 보트 공유, 주차공간 공유, P2P 장비 공유	HomeAway airbnb TURO
운송기반 서비스	차량 공유, 카풀, 음식 배달, 물품 배달	BlaBlaCar Careem DOORDASH Uber
전문가 서비스	비즈니스 업무, 단순반복 업무, 디자인, 테크/코딩, 글쓰기/번역, 행정업무	Upwork CATALANT guru
가정용품, 가사 및 수제품 서비스	홈 서비스, 탁아 서비스, 수공예품, 과외, 반려동물 서비스, 기타(DJ, 이벤트 등)	Care.com Airtasker Etsy

용품, 가사 및 수제품 서비스로 구분했다.

자산공유 서비스 분야의 긱 이코노미는 소유자의 자산을 단기적으로 타인에게 임대할 수 있도록 중개하는 서비스를 말하며, 에어비앤비Airbnb와 같은 디지털 플랫폼을 사례로 들 수 있다.

운송기반 서비스 분야의 긱 이코노미는 긱 워커인 운전자가 고객이 요구하는 운송 서비스를 제공하도록 중개하는 서비스를 말하며, 대표적으로는 우버Uber와 같은 플랫폼이 있다.

전문가 서비스 분야의 긱 이코노미는 기업이 프로젝트를 완수할 수 있도록 프리랜서를 직접 연결하는 서비스를 말하며, 대표적으로는 업워크Upwork, 파이버Fiverr, 카탈란트Catalant가 있다.

마지막으로 가정용품, 가사 및 수제품 서비스 분야의 긱 이코노미는 프리랜서가 홈메이드 제품을 판매하거나, 가사와 관련된 온디맨드on-demand 서비스(소비자가 원하는 시간과 장소에서 소비자가 주문한 형태로 제공)이며, 대표적 플랫폼은 엣시Etsy를 들 수 있다.

이 책에서는 앞의 긱 이코노미 분류 중 세 번째 분야인 '전문가 서비스'를 주로 다룰 것이다.

긱 이코노미 시장의 가파른 성장

글로벌 회계컨설팅기업인 프라이스 워터하우스 쿠퍼스Price Waterhouse Coopers는 2020년까지 긱 이코노미의 전 세계 시장 규모가 약 74조 3천억 달러에 이를 것으로 추정했다.

글로벌 경영컨설팅사인 매킨지는 긱 이코노미의 규모가 2025년까지 전 세계 GDP의 2%인 2조 7천억 달러까지 성장하고 이에 따라 약 5억 4천만 명 노동인구가 구직 소요시간의 감소와 경제활동 참여율의 상승을 경험하며, 좋은 일자리와 연결될 가능성이 높아지고 채용과정의 비공식성을 감소하는 혜택을 보게 될 것이라고 예상했다.

경제협력개발기구OECD는 긱 이코노미 플랫폼이 점유하는 고용은 전체 고용의 약 1~3%이며 지속적으로 증가한다고 밝혔다.

2020년 5월 세계경제포럼World Economic Forum에서 발간한 《긱 이코노미 백서》에 따르면 글로벌 긱 이코노미 거래액 규모는 2018년 2,040억 달러

글로벌 긱 이코노미 거래액 규모 (단위 : 달러)

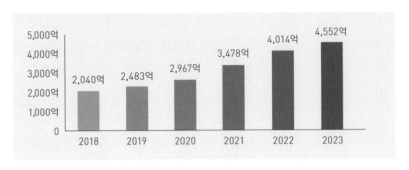

(약 243조 원)에서 매년 17%씩 성장해 2023년에는 4,552억 달러로 두 배 이상 급증할 것이라 예상했다. 이 포럼에서 알리바바 그룹 회장 마윈Jack Ma은 하루 8시간 일하는 현재 세대와 달리 미래 세대는 하루 3~4시간 일하게 될 것이라고 주장하기도 했다.

국내 긱이코노미 시장도 매우 가파르게 성장하고 있다.

보스턴 컨설팅 그룹BCG이 국내 업종별 잡매칭 시장 규모의 성장 추이를 분석한 결과, 오프라인 긱 시장의 채용 건수는 앞으로 5년간 매년 연평균 약 35% 증가해, 2026년까지 5억 5천만 건에 이를 것으로 예상된다.

오프라인 긱 시장은 크게 개인 서비스, 물류센터, 도소매, F&B, 건설노동, 배송, 배달, 디지털 초단기 등 7가지 업종 영역으로 구분할 수 있다. 이중 지금까지는 배달/배송 영역이 오프라인 긱 시장의 성장을 견인했다. 하지만 앞으로는 도소매업(134% CAGR, 2021~2026)과 식음료업(128% CAGR, 2021~2026)이 성장을 선도할 것으로 전망했다.

국내 긱 워커 잡매칭 시장 규모와 성장 동인

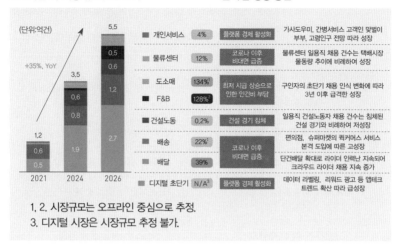

오프라인 긱 시장 규모(채용 건수) · 분야별 성장 동인

(단위:억건)

+35%, YoY

| 2021 | 2024 | 2026 |

- 개인서비스 4% | 플랫폼 경제 활성화 | 가사도우미, 간병서비스 고객인 맞벌이 부부, 고령인구 전망 따라 성장
- 물류센터 12% | 코로나 이후 비대면 급증 | 물류센터 일용직 채용 건수는 택배시장 물동량 추이에 비례하여 성장
- 도소매 134% / F&B 128% | 최저 시급 상승으로 인한 인건비 부담 | 구인자의 초단기 채용 인식 변화에 따라 3년 이후 급격한 성장
- 건설노동 0.2% | 건설 경기 침체 | 일용직 건설노동자 채용 건수는 침체된 건설 경기와 비례하여 저성장
- 배송 22% | 코로나 이후 비대면 급증 | 편의점, 슈퍼마켓의 퀵커머스 서비스 본격 도입에 따른 고성장
- 배달 39% | | 단건배달 확대로 라이더 인력난 지속되어 크라우드 라이더 채용 지속 증가
- 디지털 초단기 N/A[3] | 플랫폼 경제 활성화 | 데이터 라벨링, 리워드 광고 등 앱테크 트렌드 확산 따라 급성장

1, 2. 시장규모는 오프라인 중심으로 추정.
3. 디지털 시장은 시장규모 추정 불가.

긱 워커는 누구인가?

메리엄-웹스터 사전에 따르면, '긱 워커'는 '서비스 분야에서 독립적인 계약자나 프리랜서로 임시직을 수행하는 사람, 긱 이코노미 종사자a person who works temporary jobs typically in the service sector as an independent contractor or freelancer: a worker in the gig economy를 말한다.

이러한 긱 워커는 미국의 노동 분류에서 종업원employee과는 구분되는 개념인 독립계약자independent contractor와 유사한 개념이다. 광범위한 한시적 노동 제공자contingent worker인 프리랜서, 컨설턴트, 독립계약자independent contractors, 임시계약자temporary contract workers 등, 기업에 고용되

종업원과 독립계약자의 차이

종업원	독립계약자
다른 사람의 사업을 위해 근로를 제공함	자신의 사업운영을 위해 근로를 제공함
월급/주급제salary, 시간급제hourly 또는 일한 분량에 따라piece rate 급여를 받음	프로젝트가 완수되어야 급여를 받음
고용주의 재료, 도구 및 장비를 사용	자신의 재료, 도구, 장비를 사용
일반적으로 한 고용주를 위해 일함	여러 클라이언트와 일함
고용주와 지속적인 관계가 유지됨	프로젝트가 종료될 때까지는 임시적temporary인 관계
고용주가 작업 수행의 시기와 방법을 결정	스스로 작업을 수행할 시기와 방법을 결정
고용주는 수행할 작업을 할당	스스로 무슨 작업을 할 것인지 결정

출처 : 미국 노동부 U.S. DEPARTMENT OF LABOR

지 않고 독립적으로 노동서비스를 제공하는 독립 노동자independent workers와 가깝다.

다만 긱 워커는 디지털 노동 플랫폼을 기반으로 활동한다. 온라인 플랫폼을 통해 단기계약 형태의 서비스를 제공하기에 온라인 프리랜서online freelancer라고 불리기도 한다. 긱 워커는 이렇게 디지털 플랫폼을 통해 일의 기회를 확보하고, 온라인으로 일을 완수하는 독립노동자를 의미하는 개념으로 자리 잡고 있다. 긱 워커는 링크드인Linkedin을 비롯한 여타의 채용 플랫폼을 통해 장/단기 고용을 희망하는 사람과는 구분되며,

단기적인 긱 웍gig work을 수행하고자 하는 사람에 국한된다.

긱 워커의 특성

———

첫째, 언제 어디서 일을 할지 스스로 결정할 수 있고, 그 일의 수행 여부도 스스로 결정할 수 있다.

둘째, 각자의 방식으로 일을 완수할 수 있으며 자신이 보유한 도구와 장비, 기술을 해당 과업에 활용한다.

셋째, 결과와 산출물에 관해서만 고용주의 통제를 받는다. 일의 과정이나 방법에 대해서는 고용주가 관여하거나 통제하지 않는다. 약속된 결과/산출물을 내기 위해서 필요에 따라 외부의 도움을 받을 수 있는 추가적인 고용이나 인력 소싱을 자의적으로 진행할 수 있다.

넷째, 스스로 주기적 학습과 자기계발을 통해 전문성을 배양한다.

다섯째, 디지털 노동 플랫폼을 통해 과업을 부여받고 그 과업에 따라 일의 범위와 보상 수준을 계약한다. 즉, 일에 소요되는 기간과 시간을 기초로, 긱 워커의 전문성과 경험에 따라 산정되는 투입시간 및 예상 산출물의 수준에 따라 보상은 사전에 결정된다. 긱 워커의 생계도 이 보상에 의존하게 된다.

이러한 자율성과 유연성, 그리고 전문성과 경험에 비례해 합리적으로 결정되는 보상 등의 이유로 긱 이코노미에 참여하는 긱 워커는 향후 '일의 미래'로 각광받으며 증가하는 추세다. 자녀가 있는 사람, 은퇴한 사람,

전업주부, 학생, 심지어 본업이 있는 사람도 자신이 선택한 긱 워을 부업으로 삼아 돈을 더 벌 수 있다.

긱 워은 종류가 다양하고, 또 일의 성격에 따라 취업에 제한이 크지 않기 때문에 최근 경기침체로 악화되는 경제 상황에서 부업 활동을 위해 긱 워커에 편입되는 노동인구는 더욱더 늘어날 것으로 전망된다.

긱 워커의 규모, 유형 및 현황

1) 글로벌 시장 긱 워커 규모

긱 이코노미와 긱 워커에 대한 정의가 정립되지 않은 상황에서 그 규모를 산정하기는 쉽지 않다. 긱 워커의 규모는 국가별, 조사방식별 편차가 있어 정확하게 파악되지 않지만, 미국/유럽의 경우 경제활동인구 대비 20~30% 수준으로 추정된다.

긱 워커의 규모는 직업 통계나 고용주 통계처럼 일반적인 노동의 규모를 산정하는 기준으로도 잡히지 않는다. 소득원(근로소득 외의 과외 사업소득)으로도 상세내역을 구분하기 어렵다. 중복이 많고 실제 활동 여부를 확인하기 어려워, 디지털 노동 플랫폼에 등록된 사용자 수로도 정확히 추정하기 어렵다.

이러한 집계의 어려움 때문에, 노동 분야 최고 권위를 자랑하는 코넬대학교의 ILR School과 워싱턴 D. C. 소재의 Aspen Institute가 공동으로 구축한 긱 이코노미 데이터 허브Gig Economy Data Hub는 다양한 방식으로 긱 워커 규모를 추산하는데, 이를 정리하면 다음과 같다.

긱 워커의 규모 추정 내용과 연구 출처

no	긱 워커 규모 추정 내용	출처
1	노동인구의 26.9%가 독립적인 업무 방식에 종사	Herndon, VA(2018), "The State of Independence in America", MBO Partners
2	노동인구의 35%가 독립적인 작업 방식에 종사	Upwork and Freelancers Union, 2019, "Freelancing in America: 2019", Edelman Intelligence
3	노동인구의 27%가 독립적인 업무에 종사	Manyika, James, Susan Lund, Jacques Bughin, Kelsey Robinson, Jan Mischke, and Deepa Mahajan, 2016, "Independent Work: Choice, Necessity, and the Gig Economy", Mckinsey Global Institute
4	취업자 수의 1%, 161만 명 규모	U.S. Bureau of Labor Statistics, 2018, "Contingent and Alternative Employment Arrangements – May 2017"
5	취업자 수의 0.5% 규모	Katz, Lawrence and Alan Krueger, 2016, "The Rise and Nature of Alternative Work Arrangements in the United States, 1995–2015" National Bureau of Economic Research, September 2016
6	미국 노동인구의 1%가 디지털 노동 플랫폼을 사용	U.S. Bureau of Labor Statistics, 2018, "Contingent and Alternative Employment Arrangements"
7	노동인구의 0.7%가 온라인 플랫폼을 사용 (IRS 기록 기반)	Jackson, Emilie, Adam Looney, and Shanthin Ramnath, 2017, "The Rise of Alternative Work Arrangements: Evidence and Implications for Tax Filing and Benefit Coverage" U.S. Department of Treasury Office of Tax Analysis

8	성인의 1.6%가 지난 달 온라인 플랫폼에 참여	JPMorgan Chase Institute, 2018, "The Online Platform Economy in 2018: Drivers, Workers, Sellers, and Lessors"
9	전체 인구의 8%가 2015년 디지털 노동 플랫폼 사용(온라인 조사응답도 온라인 노동에 포함)	Smith, Aaron, 2016, "Gig Work, Online Selling and Home Sharing", Pew Research Center
10	한 사람이 여러 계정을 보유하고 있어 추정 어려움	Hooton, Christopher, 2017, "America's Online 'Jobs':Conceptualizations, Measurements, and Influencing Factors." Business Economics
11	노동인구의 10.4%가 전업 독립노동자	The Freelancers' Union "Freelancing in America" reports that 10.4 percent of the workforce engages in full-time independent work, using respondents' own understandings of full-time. Edelman Intelligence, "Freelancing in America."

2) 미국의 긱 워커 유형 및 현황

일과 고용관계에 대한 이론 및 실증연구를 게재하는 저널인 ILR Review에 지난 2022년 7월 게재된 논문 〈Independent Contracting, Self-Employment, and Gig Work: Evidence from California Tax Data〉는 캘리포니아주의 세금납부(IRS Internal Revenue Service) 데이터를 분석해 전체 소득에서 긱 웍으로 얻는 소득의 비율에 따라 긱 워커의 유형을 과거보다 정밀하게 네 가지 유형으로 나누어 긱 워커의 수입에 대한 경향성을 설명한다.

이 논문에서 분류한 네 가지 유형은 다음과 같다.

① 전업 독립노동자(수입의 100%가 긱 웍을 통해 발생)

② 고용된 상태로 근로소득이 있으나 85% 이상의 수입을 긱 웍을 통해 얻는 사람

③ 고용 상태에서 긱 웍도 병행해 양쪽에서 각각 총소득의 15% 이상을 얻는 사람

④ 근로소득으로 대부분의 수입을 벌며, 15% 미만의 수입을 긱 웍을 통해 얻는 사람(부업 형태로 이해하면 쉽다.)

연구결과 마지막 네 번째 유형의 긱 워커가 가장 많았는데, 이 유형 긱 워커 인구의 비중은 2016년 전체 캘리포니아주 18~64세의 납세 노동자 중 고용 소득과 독립노동 소득이 모두 있는 노동자의 56.3%에 달했으며, 전체 노동자 중 4.2% 수준이었다.

이 같은 납세 기록에 기반을 둔 일련의 연구는 긱 워커의 증가에 대해 ①번 유형인 전업 독립노동자 긱 워커가 꾸준하게 규모를 유지하는 가운데, ④번 유형인 근로소득이 있으면서 부업으로 15% 미만의 수입을 얻는 긱 워커가 늘면서 전체 긱 워커의 규모를 키웠다고 합리적으로 추론할 수 있는 근거를 제공한다.

또한 Lim et al(2019)의 연구는 ①번 유형인 전업 긱 워커의 성장세가 ②, ③, ④번 유형의 성장세보다 훨씬 빠름을 확인해주었다.

3) 국내 긱 워커 유형 및 현황

국내 시장에서 긱 워커의 규모도 가파르게 성장하고 있다. 2019년 한

국고용정보원이 추산한 국내 긱 워커는 46만 9천 명~53만 8천 명 규모로 전체 취업자의 1.7~2.0% 수준이었다.

고용노동부와 한국고용정보원이 발간한 《2021년 플랫폼 종사자 규모와 근무 실태》에 따르면 국내 긱 워커 인구는 220만 명으로 집계되었다.

한국노동사회연구소는 국내 긱 워커의 규모를 2025년 전체 경제활동인구의 15.9%인 449만 명까지 늘어날 것으로 전망했다.

보스턴 컨설팅 그룹BCG과 자비스 앤 빌런즈Jobis and Villains가 공동으로 연구 발간한 리포트 〈Unlocking the potential of the Gig Economy in Korea〉는 국내 긱 워커 규모를 전체 취업자 2,600만 명(통계청 기준) 중 약 995만 명에 달하는 것으로 추산했다.

이 수치는 통계청과 국세청의 정의를 적용한 수치로, 다음 표의 첫 번째 분류인 초단기 근로자를 둔 1인 사장님 약 439만 명과 두 번째 분류인 시간제 근로자까지 약 556만 명을 더한 규모다.

이 연구에서는 국내 긱 워커의 유형을 소득 활동 방식에 따라 크게 3가지 유형으로 분류했는데, 긱 워커로 분류할 수 있는 부류와 규모는 다음과 같다.

① 플랫폼 종사자와 1인 개인사업자solo worker : 배달 및 배송라이더, 방문 판매원 등을 포함한 플랫폼 노동자를 지칭한다. 이들은 사업소득을 신고한 인원에서 종업원이 있는 개인사업자를 제외한 수치로 약 439만 명으로 집계(통계청, 2020년 11월 기준)되었다.

② 시간제 근로자part-time worker : 고용계약 기간이 일 단위인 일용근로

긱 워커로 분류 가능한 노동 인구

자영업자 및 기타	임금 근로자	
675만 명	시간제 근로자 556만 명	상용 근로자 1,361만 명
초단기 근로자를 둔 1인 사장님 439만 명(65%)		무급 가족 종사자 101만 명(15%)
종업원을 둔 개인사업자 134만 명(20%)	임시/일용 근로자 556만 명(100%)	시간제 업무 경험 보유자 524만 명(39%)
무급 가족 종사자 101만 명(15%)		

출처 : 보스턴 컨설팅 그룹 & 자비스 앤 빌런즈(2022)

자 또는 1개월 이상 12개월 미만인 임시 근로자를 일컫는다. 이들의 규모는 약 556만 명에 달하며, 긱 웍을 연결해주는 디지털 노동 플랫폼이 대세로 자리 잡는다면 이들 역시 계약된 근무시간 외에 긱 워커로 활동할 가능성이 높다.

③ 전일제 근로자 : 부수적 수익 창출을 위해 긱 웍을 수행하는 이들로, 약 524만 명에 달한다. 이들은 고용계약 기간이 1년 이상 또는 정해지지 않은 기간 동안 취업규칙 등에서 정해진 소정 근로시간을 채워서 일하는 사람 중 퇴근 전후 또는 주말에 짬을 내서 시간제 근로까지 경험하는 사람들이다.

소위 'N잡러'라고 부르기도 한다. 본업이 따로 있는 만큼 매번 같은 시간을 비워두고 일하기 어려운 점은 있으나 긱 웍 매칭 플랫폼이 활발히 운영될 경우 기존 N잡러 직장인은 물론 관련 경험이 없는 직장인까지도

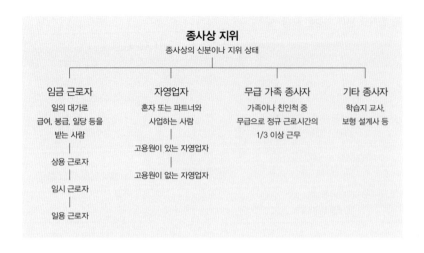

종사상 지위

종사상의 신분이나 지위 상태

임금 근로자
일의 대가로
급여, 봉급, 일당 등을
받는 사람
|
상용 근로자
|
임시 근로자
|
일용 근로자

자영업자
혼자 또는 파트너와
사업하는 사람
|
고용원이 있는 자영업자
|
고용원이 없는 자영업자

무급 가족 종사자
가족이나 친인척 중
무급으로 정규 근로시간의
1/3 이상 근무

기타 종사자
학습지 교사,
보험 설계사 등

점차 긱 워커로 편입될 것으로 기대된다.

이 리포트는 긱 워커를 다음 표처럼 필요 역량 수준에 따라 구분하기도 했는데 구직자 수 및 채용 빈도 관점에서 볼 때 고숙련skilled, 준숙련mid-skilled, 미숙련non-skilled 긱 워커 중에서 준숙련 및 미숙련 긱 워커가 85%를 차지했고, 고숙련 긱 워커는 최대 15%에 불과한 것으로 나타났다.

서비스 유형과 역량 수준에 따른 직업 차이

서비스 유형	미숙련 non-skilled	준숙련 mid-skilled	고숙련 skilled
오프라인	물류센터, 건설노동, 배달, 배송, F&B, 도소매, 개인서비스, 기타(사무직 등)	펫/육아, 조립/설치, 취미활동, 기타 (조리보조 등)	통번역, 기타 (인테리어 등)
온라인	데이터 라벨링, 메타버스 임시/단기 근로자, 리워드 광고, 설문조사	디지털 콘텐츠 제작 (블로그 등)	전문직, 개발/데이터, 디자인

온라인 디지털 분야 긱 이코노미 플랫폼의 예

디지털 초단기 시장		세부 설명	긱 고용주	사업자 예시
노동 위주	데이터 수집 및 라벨링	AI 학습에 필요한 불완전 데이터(이미지, 텍스트 등)를 수집 및 가공 작업할 디지털 인력 채용	AI 모델 학습을 위해 양질의 데이터가 필요한 기업	크라우드웍스, 셀렉트스타, 에이모
	메타버스 내 임시/단기 업무	메타버스 내 UX 향상을 위해 Human touch가 필요한 고객 응대 업무 제공(메타버스 내 기타 기능은 NPC 대체)	메타버스 내 사업 운영자 (예 : 메타버스 카지노)	디센트럴랜드
트래픽 제공형	SNS 바이럴 마케팅 참여	인스타그램, 페이스북 등 SNS에 좋아요 클릭, 팔로우, 댓글 달기 등 수행 후 보상받음	SNS 마케팅을 하고자 하는 기업	오토링, 뷰업
	광고-이벤트 참여형	각종 기업의 경품 행사 및 이벤트 참여하고 포인트 또는 현물 형태의 보상 획득	SNS 마케팅을 하고자 하는 기업	체리포인트, 슈퍼투데이
	광고-서비스 활성화형	자사 플랫폼 활성화를 위해 각 기업이 진행하는 게시글, 리뷰 등 작성 이벤트에 참여하여 보상 획득	자사 플랫폼 활성화하고자 하는 기업	카카오 뷰, 네이버 my플레이스
콘텐츠 제공형	설문조사 참여	설문조사 플랫폼에서 시행하는 온라인 설문조사에 패널로 참여하고 보상 획득	온라인 소비자 설문조사 기관	엠브레인 패널파워, 오픈서베이
	스톡사진 업로드	자신이 찍은 사진을 플랫폼에 업로드 후, 업로드한 사진의 구매 횟수에 비례해 보상 획득	사진, 동영상 구매 플랫폼 운영 기업	셔터스톡, 게티이미지

과거에는 물류센터, F&B, 배달, 배송과 같은 오프라인 긱 시장의 구인 구직이 주류를 이루었다. 최근에는 데이터 라벨링, 메타버스 아르바이트, 리워드 광고, 설문조사, 스톡사진 업로드 등 집에서 편하게 할 수 있는 온라인 영역의 긱 워이 늘어나는 추세다.

앞의 표는 같은 리포트에서 발표한 다양한 온라인 디지털 분야 긱 이코노미 플랫폼의 예다.

긱 워커와 프리랜서는 무엇이 다른가?

———

긱 워커의 성격을 살펴보면 흔히 프리랜서를 떠올리게 된다. 긱 워커와 프리랜서는 구분되는 개념이다. 가장 쉬운 차이는 과거의 프리랜서가 개인의 인적 네트워크나 커뮤니티를 기반으로 일의 수요와 연결된 반면, 현재의 긱 워커는 디지털 노동 플랫폼을 통해 프리랜싱의 수요와 공급이 연결된다는 사실이다.

긱 이코노미는 뛰어난 역량을 가졌지만 네트워크나 커뮤니티를 갖지 못한 사람에게 일자리를 얻을 수 있는 시장과 기회를 제공한다. 경력단절 여성이나 전업주부도 자신의 특별한 역량이나 재주를 발휘해 수입을 창출할 수 있다.

긱 워커는 온라인을 통해 고객이 요청하는 일거리와 매칭되고 원격으로 그 일을 수행하는 '온라인 프리랜서online freelancer'로 볼 수 있다. 매킨지의 조사결과, 전체 독립근로자independent work(프리랜서와 유사한 개념)의 15%만이 온라인 마켓플레이스를 통해 수입을 올리는 긱 워커였다.

프리랜서의 개념은 법적으로 정의된 구분은 아니다. 일반적으로 '특정 회사에 소속되지 않고 근무시간, 장소, 방법 등을 고용자에게 간섭받지 않고 자유롭게 일하는 사람'을 뜻한다.

한국노동사회연구소에 따르면 프리랜서 노동은 기술 발전 및 산업구조가 변화되는 과정에서 전 세계적으로 꾸준히 증가하고 있다. 다만 국가나 사회별로 정의나 구분이 크게 다르고, 법률적으로도 고용의 형태로 규정되지 않은 경우가 많아 규모를 추정하기가 어렵다는 것이 특징이다.

프리랜서는 시간과 공간의 제약에서 상대적으로 자유롭고, 특정한 조직에 고용되지 않은 상태에서 유연한 노동을 추구하는 노동자로 정의할 수 있다.

서울특별시 프리랜서 권익 보호 및 지원을 위한 조례에 따르면 프리랜서는 '근로기준법 등 노동관계법의 적용을 받지 않고 계약의 형식과 무관하게 일정한 기업이나 조직에 소속되지 않은 채 자유계약에 의해 일하는 사람'을 의미한다.

프리랜서는 정규직과 똑같은 일을 하는데도 회사의 직원은 아니다. 업무수행도 일부 예외는 있지만 대부분 독립적으로 진행되며, 근무시간이 일정하지 않다. 하루 중 자신의 자유재량에 따라 근무 일정과 시간을 조정하는 유연함을 가진다.

노동의 대가는 인건비가 아닌 외주용역 비용으로 처리된다. 퇴직금이나 실업급여, 건강검진, 휴가 등 고용된 근로자가 고용주에게서 받는 혜택 등이 없다. 고용과 관련된 법제도의 보호를 받지 못하기에, 다양한 어려움에 마주하기도 한다.

국내 선행 연구에서 프리랜서 정의는 다음 표와 같이 다양한데, 크게

기존 국내 연구에서 프리랜서의 정의

구분	프리랜서의 정의와 규정
근로환경조사	비임금노동자 중, 자신이 프리랜서라고 생각하는 자
전병유 외(2017)	임금노동자와 비임금노동자 중, 자신이 프리랜서라고 생각하는 자
정흥준·장희은 (2019)*	다음 조건에 하나라도 해당하는 자 ① 1인 자영업자로 응답한 사람 가운데 자신의 점포(작업장)를 가지고 있고, 계약대상자가 특정되지 않은 경우 ② 1인 자영업자로 응답한 사람 가운데 보수나 서비스를 최종적으로 자신이 정하는 경우 ③ 1인 자영업자로 응답한 사람 가운데 일체의 업무지시와 퇴근시간 제약이 모두 없는 경우
이승렬 외(2013)**	① 광의의 프리랜서 정의 : 특수형태 근로종사자+고용원이 없는 자영업자 ② 협의의 프리랜서 정의 : 광의의 프리랜서 중, 관리직 및 전문직
오재호 외(2019)	고용원이 없는 자영업자 중 관리, 전문 직종 종사자+특수형태 종사자 중 자발적이면서 관리, 전문직종에 종사

* 정흥준·장희은(2019)은 '진성 1인 자영업자와 프리랜서 근로형태'를 정의하는 것임.
** 이승렬 외(2013)는 한국노동패널 자료를 이용한 규모 추정 연구와, 연구자 조작적 정의에 의한 규모 추정 연구 모두 진행했음. 한국노동패널 자료를 이용한 규모 추정 방식은 전병유 외(2017)와 동일하여 이 글에서는 조작적 정의를 통한 규모 추정치만을 확인.

는 임금 노동자 여부와, 노동자 자신의 자기 인식, 업무에 대한 자유도, 개인 점포 여부, 전문직/관리직 여부로 구분할 수 있다. 다만 선행 연구의 프리랜서에 관한 정의는 실제 직업군과의 연결이 불분명해 그 범위의 경계를 짓기 어렵다는 한계가 있다.

우리 사회에서 쿠팡 플랫폼의 물품 배송원이나, 배달의민족 플랫폼의 음식 배달원 등의 플랫폼 노동자를 프리랜서라고 호칭하지 않는 실정을 고려해, 필자는 프리랜서를 '특정 고용주에게 고용되지 않은 상태에서 자신의 전문성을 이용해 다수의 기업과 개인에게 서비스를 제공하는 숙련된 전문직 및 관리직'으로 정의했다.

프리랜서라는 개념은 새롭지 않다. 기업은 이미 오랫동안 프리랜서 해외의 경우 독립계약자independent contractor를 고용해왔다. 아웃소싱 또한 새로운 개념이 아니다.

기업은 수십 년 동안 비즈니스를 지원하기 위해 비핵심적인 기능을 외부 시장의 다른 조직에 의존해왔다. 과거와 달라진 부분은 이러한 검증된 프리랜서 또는 조직을 고용하는 것이 디지털 노동 플랫폼의 성장으로 더욱 쉬워졌다는 것이다.

프리랜서의 수가 늘고 있다

1) 해외 프리랜서의 증가세

2020년 마스터카드와 Kaiser Associates의 보고서에 따르면 전 세계 프리랜서의 수는 2023년까지 약 9억 1,500만 명으로 증가할 것으로 예상했다. 이들 중 대부분은 디지털 노동 플랫폼을 통해 일의 기회를 확보하는 긱 워커로 확인되었다.

이 보고서는 디지털 노동 플랫폼이 글로벌 시장에 확산되면서 긱 워커가 2023년까지 전체 프리랜서 인구의 거의 10%까지 성장할 것으로 예상했다.

업워크에 따르면, 미국의 프리랜서 현황은 꾸준한 증가세에 있다. 2021년 미국 프리랜서 비율은 전체 노동인구의 36%로 일정하게 유지되었지만, 프리랜서 작업의 유형에는 변화가 있었다.

임시직 근로자는 줄고, 고숙련 프리랜서는 증가했다. 임시직 감소세는 교육 수준이 낮은 프리랜서의 감소 때문이고, 고숙련 프리랜서의 성장은 컴퓨터 프로그래밍, 마케팅, IT 및 비즈니스 컨설팅과 같은 고숙련 서비스를 제공하는 프리랜서가 더 많아졌기 때문이다.

전체 프리랜서의 53%가 이러한 고숙련 프리랜싱 서비스를 제공하는 것으로 나타났다. 업워크는 높은 수준의 교육을 받은 사람이 그 어느 때보다 많이 프리랜서로 활동한다고 밝혔다.

다음 그림은 2017년부터 2028년까지 미국의 프리랜서 수를 보여준다. Statista는 이러한 성장률이 계속해서 일정하게 유지된다면 2027년에는 미국 전체 노동력의 50.9%에 해당하는 8,650만 명이 프리랜서가 될 것으로 전망했다.

2017~2028년까지 미국의 프리랜서 수 (단위 : 명)

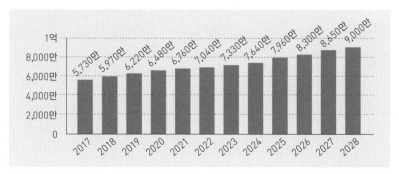

출처 : Statista(2022)

2) 국내 프리랜서의 증가세

한국노동사회연구서의 보고서《KSI 이슈 페이퍼》154호(2021)에 실린 〈프리랜서 노동실태와 특징〉에 따르면 국내 프리랜서 수는 2018년 기준 약 363만 명~400만 명으로 추정된다.

전체 취업자의 13.8% 내외가 프리랜서로 볼 수 있는 노동인구다. 성별은 남성 70%, 여성 30% 정도를 차지했다. 나이는 대부분이 30대 이상으로 30대 이하는 약 15% 정도를 차지했다.

프리랜서의 월평균 소득은 취업자 월평균 임금의 44.9%~90.1%(약 255만 원)이며, 프리랜서 소득 프리랜서 주당 평균 노동시간은 경제활동인구 전체 취업자 평균 노동시간의 54.7%~104.4%로, 전체 취업자 평균 노동시간(44.8시간)보다 높은 약 46시간을 기록했다.

프리랜서 평균 경력은 약 13년으로 취업자의 평균 경력 기간보다 긴 편으로 나타났으며, 교육훈련 경험은 10명 중 1명으로 매우 낮았다.

2장

인생은 내가 생각하는 방향으로 흘러가지 않는다.
하지만 훌륭할 수 있다. 내가 생각하는 방향에만 답이 존재하는 것은 아니기 때문이다.
답은 모든 방향에 존재한다. 그것이 순간순간 우리가 최선을 다해야 하는 이유다.

박웅현

긱 이코노미의 기반, 디지털 플랫폼

긱 이코노미 101 : 디지털 노동 플랫폼

———

와튼 스쿨의 마우로 기엔Mauro F. Gillén 교수는 2020년 출간한 《2030 축의 전환》에서 공유경제는 직업과 직장, 소유에 대한 정의를 바꾸고 있다면서, 2030년이 되면 소유의 개념은 사라지고 공유라는 개념이 그 자리를 차지할 것이라고 말했다.

《뉴요커》지의 네이션 헬러는 공유경제 혹은 긱 경제의 공통점은 스마트폰 애플리케이션을 통한 결제와 등급제에 기반을 둔 시장이라고 말했다. 그는 노동자들이 정식 취업의 형태가 아니라, 자유로운 형태로 자신의 계획과 시간표에 맞춰 일하며 돈을 벌고, 경직된 기존의 경제 제도 안에서 새로운 성공의 발판을 찾을 것이라고 주장했다.

마우로 기엔 교수의 예견처럼, 최근 수년간 다양한 디지털 플랫폼이 급격히 성장해 서비스 거래 시장의 범위를 확장시켰다. 이러한 흐름 가운데, 고용과 노동의 니즈를 중개하여 기존의 고용관계에 상존하던 페인포인트painpoint(불편함을 느끼는 지점)를 해결하는 다수의 디지털 노동 플랫폼도 급격히 성장했다. 긱 이코노미는 이렇게 태동하게 되었다.

그렇다면 디지털 노동 플랫폼은 긱 이코노미 및 긱 워커와 어떻게 연결되는 것일까? 우선 미국 상무부가 긱 이코노미를 설명한 내용을 살펴보자.

- 모바일 앱이나 인터넷 접속이 가능한 IT 기기를 활용한 P2P 거래
- 플랫폼의 신뢰도 제고를 위해 공급자와 수요자를 상호 평가할 수 있는 시스템을 보유
- 서비스 공급자가 자신이 일하고 싶은 시간 및 기간을 선택할 수 있는 시간적 유연성
- 서비스 공급자가 소유한 도구와 자산을 이용해 서비스를 제공

앞의 정의를 살펴보면, 긱 이코노미는 IT 기기를 활용한 P2P 거래가 가능하고 공급자와 수요자의 상호 평가 시스템을 보유해야 하는데, 디지털 노동 플랫폼digital labor platform은 바로 그 역할을 수행한다.

그레이엄 & 우드콕Graham & Woodcock은 모든 디지털 노동 플랫폼은 공통으로 노동의 공급과 수요를 한데 모으는 도구 역할을 하며, 일을 관리하기 위한 앱, 디지털 인프라, 알고리즘으로 구성된다고 설명했다.

디지털 노동 플랫폼은 '노동'이라는 상품/서비스를 필요로 하는 사람과 공급하고자 하는 사람을 중개한다.

긱 워커를 이용자에게 필요한 노동 수요에 매칭해 과업을 수행할 수 있도록 하고 그 대가를 지불하는 형태의 긱 이코노미에서 이용자(고객)

일반적인 공유경제 플랫폼의 비즈니스 모델

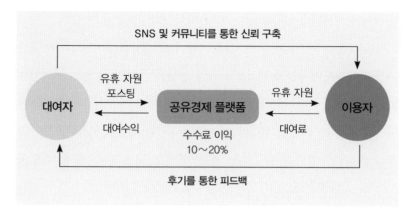

와 대여자(긱 워커)를 중개하는 형태의 모바일 앱 또는 웹 사이트를 지칭한다.

디지털 노동 플랫폼은 노동의 수요와 공급을 안정적으로 연결matching 하기 위한 시장marketplace으로 기능한다. 단순히 일을 사는 사람과 파는 사람을 연결해주는 시장으로의 기능이 전부가 아니다. 이용자의 세부적 니즈와 긱 워커의 능력을 단기간에 연결하고, 평가하는 시스템을 제공한다. 사용자의 구매 경험을 리뷰/후기로 시장에 피드백하여 서비스를 대여하려는 고객(대여자)과 서비스를 제공하는 이용자 간의 신뢰 구축을 돕는다.

디지털 노동 플랫폼은 연결 알고리즘과 IT 시스템을 제공해 플랫폼의 양면 사용자인 대여자와 이용자를 연결하고, 승인하며, 진행을 관리할 수 있도록 돕고, 노동을 거래하는 비용을 절감해준다. 여기서 플랫폼은 과업과 노동을 중개하는 '연결'의 역할에 충실할 뿐, '고용'의 주체인 고용주와는 구별된다.

긱 이코노미에서 대부분의 긱 워커와 수요처인 클라이언트의 연결은 디지털로 이루어지는 반면, 실제 일의 진행은 온라인 혹은 오프라인으로 수행되기도 한다. 플랫폼이 중개하는 노동의 범주는 업무수행자를 선택할 필요 없는 단순한 성격의 노동(배달, 심부름, 운송)부터 특정 분야의 프리랜서 및 전문가를 연결하는 충원staffing, 소규모 단위업무를 다수의 노동자가 온라인으로 수행하는 크라우드소싱crowdsourcing까지 모두 포함한다.

디지털 노동 플랫폼의 분류

———

일반적인 디지털 노동 플랫폼의 분류는 다음과 같다.

1) 서비스 수요자의 위치/지역에 기반한 분류

국제노동기구ILO, International Labor Organization는 2018년 이러한 디지털 노동 플랫폼을 크게 지역 기반local-based 플랫폼과 웹 기반web-based 플랫폼으로 구분했다.

지역 기반형 플랫폼은 수요자의 모바일 또는 온라인 주문으로 업무를 할당하고, 해당 플랫폼이 운영되는 지역에서 오프라인으로 서비스를 제공하는 형태다. 운송, 배달, 청소, 심부름 등의 물리적 서비스를 수요자와

지역 기반 플랫폼과 웹 기반 플랫폼의 차이

웹 기반형	업무 수행자를 지정 (staffing)	프리랜싱	Upwork, Fiverr Freelancer.com
	엄무 수행자를 지정하지 않음 (crowdsourcing)	단순 업무 (microtask)	Amazon Mechanical Turk Crowdflower
		창의적 업무	99designs Jovoto
지역 기반형	업무 수행자를 지정	운송	Uber Lyft Didi
		배달	Deliveroo Postmates
		가사, 심부름	Taskrabbit Handy
	업무 수행자를 지정하지 않음	업무 수행자를 지역 기반 단순 업무	Streetspotr App-Jobber

출처 : 국제노동기구ILO(2018), Pesol 외.(2018), Schmidt(2017) 등

연결하는 플랫폼이다.

웹 기반형 플랫폼은 오프라인 서비스가 물리적으로 존재하지 않는다. 모든 작업이 온라인에서 수행되기 때문에 특정 지역에 기반해 서비스를 제공할 필요가 없다. 때문에 노동 서비스 시장이 더욱 광범위하게 형성되는 플랫폼이다.

웹 기반형 플랫폼은 다시 ① 특정 분야의 프리랜서 및 전문가를 지정해 고객과 연결하는 충원staffing 플랫폼, ② 소규모 단위 업무를 업무 수

행자를 지정하지 않고 다수의 노동자에게 맡겨 온라인으로 수행하는 크라우드소싱crowdsourcing 플랫폼으로 구분된다.

위탁하는 업무의 종류도 단순 업무인 데이터 입력, 고객센터 대응에서부터 소프트웨어 개발, 디자인, 원고 첨삭 등 창의성이 요구되는 업무에 이르기까지 범위가 다양하다.

2) 지리적 결합성과 고용의 기간에 따른 분류

그레이엄 & 우드콕은 유사한 개념을 좀 더 구체적으로 제안했다. 그들은 디지털 노동 플랫폼을 총 4가지로 구분했는데 전통적 임금 고용, 클라우드 워크(온라인 프리랜싱), 클라우드 워크(마이크로 워크), 지역 결합형 모델이 그것이다.

① 전통적 임금 고용

전통적 임금 고용 모델은 고용의 기간과 지리적 결합성이 모두 높은

디지털 노동 플랫폼의 구분

		지리적 결합성	
		높음	낮음
고용기간	장기	① 전통적 임금 고용	② 클라우드 워크 : 온라인 프리랜싱
	단기	③ 지역 결합형 모델	④ 클라우드 워크 : 마이크로 워크

출처 : 그레이엄 & 우드콕Graham&Woodcock(2018), Towards a fairer platform economy

※ 여기서 쓰인 클라우드cloud는 온라인상에서 업무가 이루어짐을 의미하며, 앞선 분류에서 대중을 뜻하는 의미로 쓰인 크라우드crowd와는 의미가 다름.

모델이다. 특정한 장소에서 일을 해야 하는 형태로, 직업에 장기 고용된 기존 형태의 임금 고용 모델로 보면 된다.

② 클라우드 워크 : 온라인 프리랜싱 모델

온라인 프리랜싱 모델의 플랫폼들은 온라인에서만 수행할 수 있는 클라우드 워크cloud work 중에서 전문적인 영역의 독립적 온라인 프리랜싱 업무를 중개한다.

이러한 플랫폼들은 주로 전통적인 고용 형태보다 고용 기간은 짧지만, 클라우드 워크 : 마이크로 워크보다는 상대적으로 길고 일의 전문성을 요구하는 일을 중개한다. 지리적 결합 수준 역시 전통적인 고용 형태보다 낮음에도 고용 기간은 더욱 장기적인 일을 중개한다.

이러한 플랫폼에서 긱 워커는 자신이 제공할 수 있는 서비스를 상품화하여 가격을 매기거나 프로필에 자신의 경력 및 이력과 업무 경험을 노출하고 그 전문성과 역량에 기반을 둔 시간당 자문비용billing rate을 정한다.

이들 플랫폼은 고객이 원하는 서비스 상품을 연결하거나 고객과 협의하여 자문에 소요되는 시간을 산정해 고객에게 청구하는 형태로 운영된다. 물론 비용은 전문지식의 수준, 일의 종류, 프로젝트 기간에 따라 천차만별이다.

업워크Upwork나 파이버Fiverr 등 플랫폼을 통해 수행되는 웹 개발, 그래픽 디자인, 글쓰기 등이 그 사례다. 국내의 탤런트뱅크나 원티드 긱스, 원포인트 같은 플랫폼이 여기에 해당한다.

③ 지리적 결합형 모델

지리적 결합형 모델은 테이크아웃 음식, 택시, 집안 청소 등의 일들이 플랫폼 앱을 통해 중개되는 모델이다. 이러한 플랫폼에서 일을 완수하기 위해 노동자는 특정 장소에 있어야 한다.

전통적 고용 모델과 비교했을 때 플랫폼이 대부분 통제력을 보유한다. 해외의 우버(운송)나 태스크래빗(심부름), 국내의 쿠팡이츠와 같은 플랫폼을 이 모델로 분류할 수 있다.

④ 클라우드 워크 : 마이크로 워크

마이크로 워크 플랫폼 모델은 온라인에서만 수행할 수 있는 클라우드 워크 중에서 더 짧은 기간 수행되는 일, 이미지 인식이나 데이터 변환 같은 단순 반복 업무를 중개하는 플랫폼을 말한다.

이 모델의 플랫폼은 고용 기간이 매우 짧고, 지리적 결합 수준도 매우 낮은 일들, 인터넷만 연결되어 있으면 어디서든 수행할 수 있는 간단하며 반복적인 일이 대부분이다. 아마존 미케니컬 터크^{Amazon Mechanical Turk} 같은 플랫폼이 여기에 해당한다.

디지털 노동 플랫폼의 성장

전 세계적으로 다양한 디지털 노동 플랫폼의 등장으로 플랫폼(온라인) 노동시장은 전통적(오프라인) 노동시장을 대체하며 매우 빠른 속도로 성장하고 있다.

Tony Blair Institute for Global Change의 보고서에 따르면 디지털 노동 플랫폼의 수는 2007년에서 2020년 사이에 10배 증가했으며 2021년 1월 기준으로 총 800개에 달하는 것으로 추산되었다.

Staffing Industry Analysts에 따르면 2017년 글로벌 디지털 노동 플랫폼 산업 규모는 약 820억 달러로 전년 대비 65% 이상 성장한 것으로 나타났으며, 이중 지역 기반형 플랫폼 매출이 전체 매출의 92.8%(765억 달러)로 대부분을 차지한다.

디지털 노동 플랫폼 기업 전체 매출액의 70% 이상은 우버Uber, 디디Didi Chuxing, 리프트Lyft 등 운송 분야에서 나오며, 전문·창의 분야에 적용 가능한 업워크Upwork나 MBO Partners 등 웹 기반형 플랫폼도 적지만 꾸준한 성장세를 이어나가고 있다.

유미란(2020)에 따르면 웹 기반 플랫폼은 고기술, 고숙련 분야의 전문 서비스를 중심으로 성장하고 있다. 웹 기반 노동 플랫폼에 게시된 프로젝트와 업무 개수를 통해 산출하는 온라인 노동시장 지수OLI를 보면, IT, 창작/멀티미디어 업무 비중이 전체의 절반 이상을 차지한다. 최근 2년간 마케팅, 작문/번역 분야의 업무 비중이 크게 늘어나는 상황이다.

한국고용정보원이 2021년 발표한 〈플랫폼 종사자의 규모와 근무실태〉에 따르면 국내 플랫폼 노동인구는 66만 명에 달한다. 이는 전체 취업자의 2.6%에 해당하는 숫자이자, 2020년 같은 조사결과 대비 3배 증가한 수치다.

유형별로는 배달, 배송, 운전 업무를 하는 플랫폼 종사자 규모가 50만

Top 10 글로벌 디지털 플랫폼 기업과 거래액 규모

순위	이름	매출액 (100만 달러)	지역	플랫폼 유형	설립 연도	사업내용
1	Uber	37,313	미국	지역 기반	2009	Taxi
2	Didi Chuxing	17,900	중국	지역 기반	2012	Taxi
3	Lyft	5,263	미국	지역 기반	2012	Taxi
4	Grab Taxi	2,320	싱가포르	지역 기반	2012	Taxi
5	Upwork	1,360	미국	웹 기반	1999	Freelance
6	Go-Jek	995	인도네시아	지역 기반	2010	Taxi
7	Ola	921	인도	지역 기반	2010	Taxi
8	Ele.me	801	중국	지역 기반	2008	Delivery
9	Gett	600	이스라엘	지역 기반	2010	Taxi
10	MBO Partners	525	미국	웹 기반	1986	Experts

2,000명으로 압도적으로 많았으며, 이를 제외한 직종에서는 다음 표와 같이 주업형에서는 가사, 청소, 돌봄 서비스 근로자가, 부업형에서는 통번역, 강사, 상담 등 전문서비스 비율이 높았다.

　향후 필자가 다룰 플랫폼들은 마크 그레이엄Mark Graham과 제이미 우드콕Jamie Woodcock의 분류 중 ② 클라우드 워크 : 온라인 프리랜싱 플랫폼에 한정했다. 그중 특히 필자가 사업을 돕고 있는 탤런트뱅크 플랫폼과 같이 고숙련 인재를 중개하는 디지털 인재 플랫폼digiatal talent platform 위주

협의의 플랫폼 종사자의 주부업 유형별 직종 분포

순위	주업형		부업형		간헐적 참가형	
	직종	비율	직종	비율	직종	비율
1	배달·배송·운전	82.3	배달·배송·운전	68.5	배달·배송·운전	75.9
2	가사·청소·돌봄 관련	4.6	전문 서비스 (통역·번역·강사·상담 등)	14.5	데이터 입력 등 단순 작업	8.5
3	전문 서비스 (통역·번역·강사·상담 등)	3.3	데이터 입력 등 단순 작업	5.9	전문 서비스 (통역·번역·강사·상담 등)	6.2
4	데이터 입력 등 단순 작업	2.8	가사·청소·돌봄 관련	5.3	창작 활동	5.2
5	IT 관련 서비스	2.7	IT 관련 서비스	1.2	IT 관련 서비스	2.9

로 설명하고자 한다.

첫 번째 이유는 필자가 다른 영역 플랫폼의 운영 경험이 없기 때문이다. 필자는 긱 이코노미 플랫폼에 참여해 노동을 제공해본 경험은 있으나, 이를 비즈니스로 운영해 고객이 느끼는 가치를 공감해볼 수 있는 기회는 갖지 못했다.

두 번째 이유는 이 영역의 플랫폼들이 미래 고용과 노동의 새로운 패러다임을 만드는 데 중요한 역할을 한다고 보기 때문이다. 여러 긱 이코노미 플랫폼 중에서도 특히 이 영역의 플랫폼들은 고숙련 프리랜서 긱워커를 다양한 기업의 고용 및 충원 수요와 연결하는 서비스를 제공해 기업의 숙련인재 부족 및 구인난을 적극적으로 해결하고 있다. 이러한 서비스는 향후 일의 미래에 중요한 기여를 할 것이라고 생각한다.

디지털 인재 플랫폼의 성장

———

디지털 인재 플랫폼은 특정 수준 이상의 역량과 전문성을 갖춘 고숙련 프리랜서를 지정해 온라인으로 업무를 완수할 수 있는 업무를 주로 중개하는 플랫폼을 말한다. 즉, 좀 더 고숙련 인재들을 기업에 제공하는 플랫폼이다. 해외의 업워크, 파이버, 국내의 탤런트뱅크, 원포인트 등의 플랫폼이 여기에 해당한다.

해외에서는 특히 해외기업의 고용/충원과 직접적으로 연관되는 고숙련 프리랜서 긱 워커를 기업과 연결하는 온라인 프리랜서 마켓플레이스online freelancer marketplace를 디지털 인재 플랫폼digital talent platform으로 주로 언급한다.

디지털 인재 플랫폼 역시 역할은 다르지 않다. '고급' 노동의 수요와 공급 사이에서 중개자 역할을 수행하면서 전문가 노동 서비스를 안정적으로 플랫폼 사용자에게 매칭한다. 사용자(기업)와 대여자(노동) 간의 신뢰 구축을 돕는다. 플랫폼 양면 시장의 사용자 그룹인 기업과 긱 워커 모두에게 가치를 제공하면서 각 사용자 그룹의 미충족 수요를 충족시킨다. 이러한 플랫폼의 역할과 고객가치가 점점 높아지면서 긱 이코노미의 성장은 점점 더 가시화되는 추세다.

하버드 비즈니스 스쿨Harvard Business School과 보스턴 컨설팅 그룹Boston

Consulting Group은 2020년 700명 이상의 미국 비즈니스 리더의 설문응답을 기반으로 〈Building the on-demand workforce 보고서〉를 디지털로 출간했다. 이 보고서는 기업이 4년제 대학 이상의 학위를 보유한 고숙련 프리랜서를 충원하기 위해 업워크, 톱탤, 프리랜서 등 여러 디지털 인재 플랫폼을 어떻게 활용할지에 초점을 둔다.

연구결과에 따르면, 다음 그림과 같이 기업이 자체 인력을 충원하기 위한 목적으로 활용할 수 있는 전 세계 디지털 인재 플랫폼의 수는 크게 증가하고 있다. 2009년 80개, 2014년 190개에 불과했으나, 2019년에는 330개까지 늘어났다. 이는 2014년 이후 종래 있던 디지털 인재 플랫폼 수의 4분의 3에 해당하는 신생 플랫폼이 전 세계적으로 생겨났다는 의미

디지털 인재 플랫폼 생태계의 성장

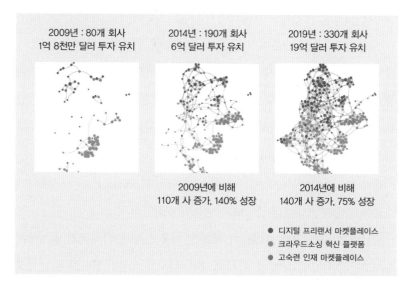

2009년 : 80개 회사
1억 8천만 달러 투자 유치

2014년 : 190개 회사
6억 달러 투자 유치

2019년 : 330개 회사
19억 달러 투자 유치

2009년에 비해
110개 사 증가, 140% 성장

2014년에 비해
140개 사 증가, 75% 성장

● 디지털 프리랜서 마켓플레이스
● 크라우드소싱 혁신 플랫폼
● 고숙련 인재 마켓플레이스

다. 플랫폼들의 투자 유치 규모도 약 2조 5천억 원(19억 달러)에 육박해 2009년 대비 누적 투자금의 규모는 10배에 달할 정도로 크게 성장했다.

이 조사에서 30% 이상의 비즈니스 리더는 새로운 디지털 인재 플랫폼을 '광범위하게extensively' 활용한다고 응답했고 또 다른 30%는 '어느 정도medium usage' 활용한다고 응답했으며, 50%에 가까운 응답자는 새로운 디지털 인재 플랫폼의 활용에 대해 '미래에 더 늘어날 것'이라고 생각했다. 또한 90%에 가까운 비즈니스 리더는 '디지털 인재 플랫폼은 조직의 미래 경쟁 우위에 중요하다somewhat or very important to their organization's future competitive advantage'고 응답했다.

Fuller, Raman, Bailey, & Vaduganathan은 《하버드 비즈니스 리뷰》에 기고한 내용에서 고급 역량을 보유한 미국 노동자 수백만 명이 프리랜서로 전환하고 있으며, 미국 전체 노동자 가운데 프리랜서가 약 3분의 1에 달하는 것으로 추정된다고 밝혔다.

기고는 프리랜서 가운데 고도로 숙련된 전문 인력이 차지하는 비중이 아직 작지만 늘어나는 추세이고, 프리랜서 중 긱 워크를 평생직업으로 삼겠다는 사람과 일시적 생계수단으로 생각하는 사람의 비중이 (2014년부터 이 조사를 진행한 이래 처음으로) 비슷해졌으며, 이런 경향은 점차 더 강해질 것이라고 전망했다.

업워크가 2021년 발표한 〈Freelance Forward Economist Report〉에서는 미국의 고숙련 프리랜서 증가세가 명확히 드러난다.

2021년 미국의 전체 프리랜서 비율은 미국 노동력의 36%로 일정하게 유지되었지만 작업 유형 중 임시직 근로자는 감소하고, 컴퓨터 프로그래

미국의 고숙련 프리랜서 증가세

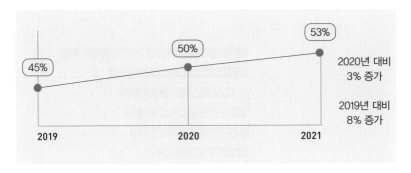

밍, 마케팅, IT 및 비즈니스 컨설팅 같은 고숙련 서비스의 수요가 많아지며, 전체 프리랜서의 53%가 이러한 고숙련 프리랜싱 서비스를 제공하는 것으로 나타났다. 업워크는 높은 수준의 교육을 받은 사람들이 그 어느 때보다 많이 프리랜서로 활동한다고 밝혔다.

특히 전문가의 숙련도가 매우 중요한 전문 서비스 직종인 예술 및 디자인, 마케팅, 컴퓨터/수학, 건설 등의 직종에서 프리랜서의 활용이 도드라졌는데, 이는 프리랜서가 단순히 숙련도가 낮은 '긱 워크' 분야에서만 활용될 것이라는 대중의 통념이 틀렸음을 보여준다. (예술과 디자인 분야에서 프리랜서가 차지하는 비중은 단순 긱 워크 직종인 운송 분야의 거의 두 배에 달한다.)

디자인, 마케팅, 컴퓨터 관련한 직무가 프리랜서 사이에서는 가장 많이 나타남
(%는 미국의 기능별 프리랜서 근로자 비율로, 각 업무 유형의 전체 근로자 수 중 프리랜서의 비중)

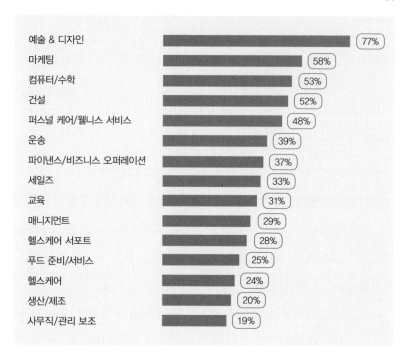

디지털 인재 플랫폼의 기능과 역할

글로벌 투자은행 UBS의 아렌드 캅테인Arend Kapteyn 수석 이코노미스트는 "글로벌 금융위기 이후 임금이 낮아지고 긱 이코노미가 출현함에 따라 고용시장이 한층 유연해졌다"고 설명했다. 긱 이코노미의 성장에 따라 디지털 인재 플랫폼의 활용은 일반화되고 있으며, 긱 워커의 활용은 더 확산되어 기업의 유연하고 전략적인 충원 솔루션의 한 축으로 자리 잡아가고 있다.

디지털 인재 플랫폼은 충원의 니즈를 가진 기업과 온라인 프리랜싱 과업을 찾고, 이를 수행하여 수입을 창출하고자 하는 고숙련 프리랜서 그룹을 연결하고 승인하며, 과업의 진행을 관리할 수 있도록 매칭 알고리즘과 IT 시스템을 제공하는 기본적인 기능을 가진다.

뿐만 아니라 디지털 인재 플랫폼은 양측 사용자 그룹에게 다음 표와 같은 세 가지 고객가치 제안, 즉 접근성, 적합성, 효율성을 제공함으로써 기업과 노동이 가졌던 기존의 문제점과 충족되지 않았던 수요들을 해결해나가면서 그 역할을 확대하고 있다.

디지털 인재 플랫폼의 역할과 기능을 좀 더 구체적으로 살펴보면 다음과 같은 세 가지로 정리할 수 있다.

① 기업과 고숙련 프리랜서를 더욱 쉽고 빠르게 연결connect함으로써, 기업/프리랜서 양면에게 접근성accessibility을 높인다.

② 기업과 고숙련 프리랜서가 상호 검증verify하는 기능을 제공함으로써, 기업/프리랜서 양면에게 적합성fit을 높인다.

③ 기업과 고숙련 프리랜서의 역할과 의무의 이행을 보증guarantee하는 기능을 제공함으로써, 기업/프리랜서 양면에게 효율성efficiency을 높인다.

하버드 경영대학원 바라트 아난드Bharat Anand 교수는 《콘텐츠의 미래》

디지털 인재 플랫폼

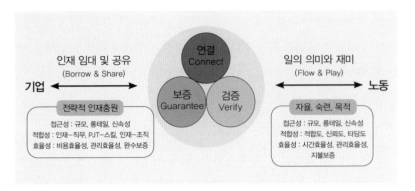

에서 디지털 시대에는 무엇보다 '연결'의 시너지가 중요하다고 강조했다. 그는 다수의 사용자가 연결되어 발생시키는 네트워크 효과가 디지털 플랫폼의 핵심 경쟁력이며, 이러한 플랫폼이 형성되면 그 네트워크 효과가 지속적으로 사용자를 끌어모으는 영업의 역할을 수행해 더 큰 네트워크를 형성하게 만든다고 설명했다. 또한 이러한 네트워크 효과는 하나의 제품/서비스에 대한 관심이 다른 제품과 서비스에 대한 관심으로 이어지는 스필오버 효과spillover effect를 창출해 연쇄소비를 촉진하는 순기능을 가진다.

디지털 인재 플랫폼의 발전을 기반으로, 긱 이코노미는 미래 고용과 노동의 산업구조를 크게 변화시킬 수 있는 새로운 잠재적 패러다임으로 평가받고 있다. 이러한 역할과 기능의 상세 내용은 뒤에서 더 상세히 다루었다.

기업	플랫폼	긱 워커
인재 임대 및 공유 (Borrow & Share)	역할 : 고객가치 제안	일의 의미와 재미 (Flow & Play)
규모 : 프리랜서 접근성을 높여 탐색 비용 절감		규모 : 안정적인 일거리 확보/긱 워 수행 기회
롱테일 : 다양한 독창적 경험과 전문성 확보	연결 : 접근성	롱테일 : 다양한 독창적 경험과 전문성 발휘 기회
신속성 : 환경 변화에 맞춘 신속한 충원		신속성 : 빠른 일자리/긱 워 확보
인재-직무 Fit : 직무에 필요한 경험/역량 보유 확인		적합도 : 인재-직무, 프로젝트-스킬, 인재-조직 적합성 확인
프로젝트-스킬 Fit : 프로필 및 상품을 통한 KSAO 검증	검증 : 적합성	신뢰도 : 평판 통해 고객의 지불/협업역량/신뢰도 판단
인재-조직 Fit : 기업과 잘 협업할 수 있는 지원자 역량		타당도 : 과업 정의 명확성, 수행가능성 검증
비용효율성 : 거래비용 절감, 임시직 활용/입찰 통한 절감		시간효율성 : 영업, 마케팅, 기타 행정적 서비스 등 대행
관리효율성 : 탐색-산출물관리-결제, 업무진행, 예산관리	보증 : 효율성	관리효율성 : 일정 및 청구 등 업무관리(비서 역할) 대행
완수보증 : 약속된 성과수준 완수, 책임성 있는 A/S		지불보증 : 지불의 완결 및 추심 기능

디지털 인재 플랫폼의 고객가치 제안 ① 연결-접근성

디지털 인재 플랫폼은 기업과 고숙련 프리랜서를 더 쉽고 빠르게 연결함으로써, 기업/프리랜서 모두에게 접근성을 높여주는 역할을 한다. 국내외 디지털 인재 플랫폼의 성장과정을 살펴보면, 일반적으로 먼저 노동을 대여하는 긱 워커가 해당 플랫폼에 어느 정도 모여 규모를 형성한 후 사용자인 기업 등의 클라이언트 그룹을 끌어들이는 양상을 보인다.

디지털 인재 플랫폼은 프리랜서 각자가 가진 전문지식이나 기술을 플랫폼에 등록해두면 일거리를 더 쉽고 안정적으로 찾아 수행할 수 있다는 메시지로 기존 프리랜서를 온라인 플랫폼으로 유인하고, 해당 플랫폼에 속해 지속적으로 긱 웍을 수행할 수 있도록 유도한다.

다음 그림은 디지털 인재 플랫폼의 이상적인 플라이휠의 모습이다. 플라이휠은 성장을 만드는 선순환 모델로 기업의 성장을 일련의 순환 과정

디지털 인재 플랫폼의 이상적인 플라이휠

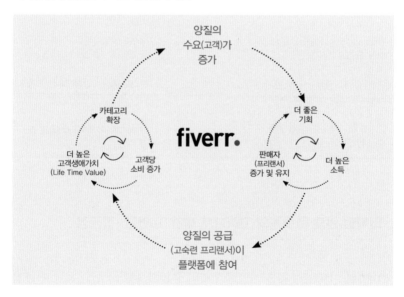

으로 인식한다. 이렇게 이용자와 대여자 간의 연결을 통해 새로운 가치가 창출되는 효과를 플랫폼의 네트워크 효과라고 부른다.

디지털 인재 플랫폼의 성장과 전 세계적인 공유경제의 확산은 자발적으로 스스로 가진 재능을 나누고자 하는 긱 워커 프리랜서를 플랫폼으로 끌어들였다.

이렇게 일의 기회를 찾아 적정한 규모의 긱 워커, 즉 온라인 프리랜서가 플랫폼에 모여들게 되면, 기업은 이러한 프리랜서를 효율적으로 탐색할 수 있는 최적의 시장을 찾아 해당 플랫폼을 찾아오게 된다. 프리랜서와 클라이언트가 많이 모일수록 클라이언트는 더 좋은 인력을 더 빠르고 저렴하게 찾을 수 있게 되고, 프리랜서 긱 워커는 지속적인 일거리를 확보하면서 더 큰 수입과 프로젝트를 통한 숙련의 경험을 얻을 수 있게 된다.

디지털 인재 플랫폼의 핵심적인 역할은 바로 대여자인 프리랜서와 이용자인 기업, 두 사용자 그룹의 규모의 경제가 창출하는 네트워크 효과에 기인한다.

이러한 방식으로 디지털 인재 플랫폼은 양면 시장, 즉 수요기업과 고숙련 프리랜서의 공급을 더 쉽고, 빠르게 연결함으로써, 기업과 프리랜서의 상호 접근성을 높인다. 기업은 이 플랫폼을 통해 부족한 인적자원을 외부로부터 확충해 기업경쟁력을 높이고, 노동은 안정적으로 일거리를 확보하여 지속적으로 경제활동을 유지해나간다.

그렇다면 기업은 디지털 인재 플랫폼을 통해 어떤 가치와 혜택을 얻을 수 있는지 알아보자.

기업이 디지털 인재 플랫폼을 통해 얻는 '연결'의 가치와 혜택

① 규모 : 프리랜서 접근성을 높여 인재 탐색비용을 절감

기업은 디지털 인재 플랫폼을 활용하여 더 손쉽게 수많은 고숙련 프리랜서에게 접근할 수 있게 된다.

고숙련 프리랜서들은 앞에서 본 플라이휠이 원활히 작동하면서 더 많은 수익을 거두고, 지속적으로 수입을 창출하기 위해 해당 플랫폼에서 꾸준히 활동하며, 그 결과로 플랫폼은 더 많은 고객에게 더 높은 생애가치[*]LTV, Life Time Value를 창출할 수 있다.

긱 이코노미의 성장을 견인하는 고객 수요의 증가가 더 많은 고숙련 프리랜서들이 플랫폼에 유입하도록 하는 동인이 되는 것이다.

과거에는 기업이 인재를 충원할 수 있는 노동 시장이 제한적이었던 반면, 기업은 전 세계의 다양한 디지털 인재 플랫폼 중에서 원하는 인재 특성에 맞는 플랫폼을 선택해, 전 세계에 퍼져 있는 긱 워커를 '기업의 특정 직무나 특정 과업이 요구하는 역량에 맞게', '더욱 손쉽게' 충원할 수 있게 되었다.

다양한 플랫폼을 통해 관련 분야의 역량과 전문성을 보유한 인재를 더 쉽게 탐색하고, 충원하여, 과업에 활용할 수 있어, 적합한 인재를 탐색하는 데 소요되는 탐색비용을 현저하게 줄일 수 있게 된 것이다.

* 한 명의 고객이 우리 비즈니스에서 발생시킬 것으로 예측할 수 있는 전체 수익

② 롱테일 : 다양한 독창적 경험과 전문성 확보

기업은 디지털 인재 플랫폼을 활용하여 쉽게 독창적인 경험과 전문성을 가진 인재를 찾을 수 있다. 바로 롱테일longtail 컨셉이다.

롱테일 컨셉은 플랫폼 비즈니스 모델을 채택할 경우 상대적으로 구축 비용이 적게 소요되는 평범한 자원, 즉 아래 곡선에서 긴 꼬리를 형성하는 니치 상품niche product의 다양성을 통해 기업이 추구하는 가치를 달성하는 것이 더 경제적일 수 있음을 말한다.

2004년 작가이자 기업가인 크리스 앤더슨이 창안한 이 개념은 플랫폼의 장점을 설명할 때 주로 인용되는데, 앤더슨은 플랫폼이 충분히 크기만 하다면, 수요가 적거나 판매량이 적은 제품을 다 합쳐 현재 상대적으로 적은 수의 베스트셀러와 블록버스터에 필적하거나 능가하는 시장 점

롱테일 이론
"eCommerce는 긴꼬리를 살찌우고 늘릴 것이다."

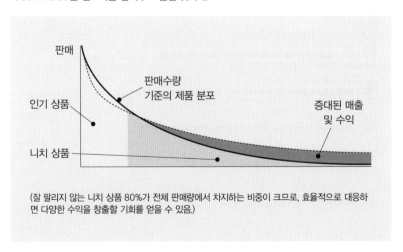

(잘 팔리지 않는 니치 상품 80%가 전체 판매량에서 차지하는 비중이 크므로, 효율적으로 대응하면 다양한 수익을 창출할 기회를 얻을 수 있음.)

유율을 만들 수 있다는 파레토 법칙에 반하여 롱테일의 개념을 설명했다. 이 개념은 베스트셀러, 블록버스터 등 상위 20%의 아이템이 매출의 거의 80%를 차지한다는 전통적인 비즈니스 수익 모델 '파레토 원칙'과는 대척점에 있다.

디지털 인재매칭 플랫폼에는 다양한 롱테일 영역의 전문가가 존재한다. 예를 들어 고경력 인재매칭 플랫폼인 탤런트뱅크에 등록된 전문가 중에는 밀키트 제작에 특화된 경험이 있는 전문가나, 함선 공격용 어뢰를 제작해본 경험이 있는 전문가도 존재한다.

가령 어떤 기업이 밀키트 제조와 관련한 프로젝트를 수행할 인력을 찾기 위해 전문가 검색란에 '밀키트'를 검색하면, 관련 경험을 가진 13명의 전문가[*]를 손쉽게 찾아 그들의 상세 경력을 확인할 수 있다.

탤런트뱅크의 밀키트 관련 경험 보유 전문가 검색화면

* 탤런트뱅크 사이트 밀키트 검색어 조회 결과, 2023년 9월 기준.

밀키트 제조 및 생산 관련 경험 보유한 전문가가 4명, 밀키트 마케팅과 관련된 경험을 보유한 전문가가 5명, 밀키트 사업 전반에 대한 컨설팅을 제공해줄 수 있는 전문가도 4명을 찾을 수 있다.

즉, 이러한 검색 결과에 따라 프로젝트를 의뢰하려는 기업은 자사의 밀키트 사업 관련 프로젝트의 진행단계와 요구역량/스킬에 맞는 전문가를 찾아 프로젝트를 의뢰할 수 있다.

디지털 플랫폼을 통한 긱 워커의 활용은, 플랫폼의 크기가 충분히 커질 수만 있다면 변화하는 일에 요구되는 다양한 역량, 특정 과업을 수행하는데 필요한 스킬 셋, 전문성 및 경험을 일시적으로 인재시장에서 소싱할 수 있도록 돕는다.

이러한 긱 워커의 활용은 동일 조건을 갖춘 정규직 직원을 찾아 고용하는 것보다 비용 관점에서 훨씬 더 경제적이고 효율적이기에 기업의 인적자원 구성에 롱테일 컨셉을 실현하도록 도울 수 있다.

이렇듯 긱 이코노미는 기업이 경제적이고 효율적으로 다양한 인적자원을 활용할 수 있도록 돕는다. 뿐만 아니라 롱테일 서비스 컨셉이 확산되면 거대 소비시장, 대량 생산 등으로 대표되는 기존 산업경제 시스템에서 소자본, 개인화 기반의 특화 서비스로 수많은 특화시장을 경계 없이 확장시킬 수 있게 된다. 이러한 과정을 통해 긱 이코노미는 전체 실물경제에도 긍정적인 영향을 줄 가능성이 높다.

③ 신속성 : 환경 변화에 맞춘 신속한 충원과 전략의 실행

디지털 인재 플랫폼이 제공하는 ① 규모와 ② 롱테일은 기업에 더 빠

르게 충원을 마무리할 수 있는 대안을 제공한다.

기업 환경에서 인재충원의 속도는 매우 중요한 요소이며, 변동성과 불확실성이 더 높아지는 미래의 경쟁 환경에서 새롭게 생성되는 과업과 직무는 새로운 스킬과 전문성을 빠르게 조직 내에 확보하여 신속하게 전략방향에 맞게 실행하는 것이 중요하다. 충원의 속도가 더욱 중요해지는 이유다.

디지털 인재 플랫폼이 제공하는 인재 접근성의 확장은 기업이 다양한 직무/과업 범위에 더욱 신속하게 인력을 충원할 수 있는 대안을 제공한다.

예를 들어, 앞의 탤런트뱅크 사례에서 밀키트를 생산하고자 하는 중소기업은 과거에는 관련한 경험과 전문성을 가진 인재를 탐색해 접촉하는 것 자체가 어려웠다.

주변에 입소문을 내어 지인의 추천으로 해당 인력을 만날 수 있다고 해도, 그 경력이나 경험의 수준이나 전문성을 확인하고 최적의 비용으로 활용하는 것은 이미 그 탐색과정에서 해당 자원의 희소성을 확인한 터라 협상력을 잃어 더욱 요원한 일이었다. 경험과 전문성을 검증하기 위해서 추가적인 기간이 소요되는 것이다.

외부 채용 사이트를 찾아 해당 인력을 단기로 구인하는 광고를 낸다 해도 그러한 경험을 보유한 인력이 이 채용 사이트를 찾아올지, 또 해당 사이트를 찾아온다고 해도 이 기업의 해당 포지션 구인공고에 지원할지 미지수였다.

당연히 충원에 소요되는 기간을 특정하거나 예상하기는 어렵고, 충원의 리드타임은 늘어지곤 했다. 이러한 상황은 앞서 설명한 기업의 전략적 인재충원이나 빠르고 유연한 충원을 통해 전략적인 민첩성을 확보하는 방향과는 거리가 멀다.

하지만 디지털 인재 플랫폼에는 고객의 니즈를 좀 더 선제적으로 예측해 자신만의 전문성을 기반으로 솔루션을 제시하는 다양한 긱 워커가 존재하고, 그들은 고객이 스스로 정의하지 못하는 문제를 자신들의 경험과 관점에 기초해 선제적으로 정의하고, 그 문제를 해결할 수 있는 대안을 제시한다.

기업은 이러한 전문가들의 이력이나 경력, 솔루션 등을 살펴보고 자사의 전략적인 방향과 부합하는 대안을 선택하여 자사의 업무나 프로젝트에 투입하면 되기에 기존보다 훨씬 더 신속하게 충원을 마무리하고 전략을 실행하게 된다.

긱 워커가 디지털 인재 플랫폼을 통해 얻는 '연결'의 가치와 혜택

이제, 노동의 관점에서 디지털 노동 플랫폼의 역할을 구체적으로 알아보자.

① 규모 : 안정적인 긱 웍 수행기회 제공

디지털 인재 플랫폼은 다양한 일을 안정적으로 확보할 수 있는 기회를 제공하면서 노동의 중요한 가치인 자율autonomy과 숙련mastery, 목적purpose을 충족하게 한다.

전 세계적인 디지털 인재 플랫폼의 성장은 글로벌 노동시장의 고숙련 프리랜서들에게 안정적인 긱 워의 수행기회를 제공하면서 프리랜서들을 해당 플랫폼에 고착시켰다.

프리랜서들의 고질적인 어려움은 바로 고정된 일거리, 즉 안정된 수익을 유지하는 것인데, 플라이휠 그림에서 볼 수 있듯이 디지털 인재 플랫폼이 원활히 작동하면서 고숙련 프리랜서들은 안정적으로 유연한 노동을 제공할 수 있는 긱 워의 기회와 더 큰 수입, 그리고 일을 통한 성장을 이룰 수 있게 되었다.

2018년 서울시에서 발표한 프리랜서 노동실태 보고서에 따르면 조사에 참여한 프리랜서 중 절반 이상인 54.6%가 정기적이고 지속되는 일감이 없다고 대답했고, 2022년 BCG Korea의 조사에 따르면, 시간관리 차원에서 긱 워커가 직면하는 가장 큰 어려움은 일과 연결되는 기회를 확보하는 것이었다. 이들은 끊임없이 다양한 플랫폼이나 잠재적인 근무처에서 일의 기회를 확인하고, 많은 선택지 중에서 가장 합리적이고 좋은 선택지를 발굴해내야 하는 어려움이 있다고 대답했다.

아이디어스는 핸드메이드 작가와 작품을 대중과 연결하는 마켓플레이스 플랫폼으로 앱 다운로드 수는 1,560만 건에 달한다. 이 플랫폼의 누적거래액은 2022년 11월 기준으로 8,400억에 달하며, 특히 재구매 고객이 전체 비중의 80% 이상을 차지한다.

이 플랫폼이 구축한 크리에이터 생태계를 통해 과거에는 판로가 불투명했던 작가들이 고객과 직접 연결되어 일거리를 지속적으로 공급받을 수 있게 되었다. 고객이 직접 작가와 창작자에게 전달한 추가 후원금만 누적 133억 원에 달하는 등 플랫폼은 높은 고객만족도를 보여준다.

디지털 인재 플랫폼은 ① 프리랜서의 가장 큰 어려움인 안정적인 일거리를 확보할 수 있도록 돕고(접근성), ② 프리랜서 자신의 가치와 희망하는 커리어 개발 경로, 보유한 스킬과 전문성에 부합하는 직무와 고용기업을 찾을 수 있게 해주며(적합성), ③ 영업활동이나 소득관리, 정산에 투입되는 행정적인 시간과 공수를 최소화할 수 있도록 지원하여(효율성) 일의 의미와 개인의 행복을 찾기 위한 가치를 추구하는 과정을 돕고, 더욱 안정적으로 일할 수 있는 기회를 제공한다.

② 롱테일 : 다양한 독창적 경험과 전문성을 발휘할 기회 제공

긱 워커들은 디지털 인재 플랫폼을 통해 자신만의 독창적이고 전문성과 경험으로 서비스를 24시간/7일 내내 시장의 경계가 없는 온라인을 통해 판매할 수 있게 되었다. 향후 이들 플랫폼의 글로벌 영향력이 확장될 경우 긱 워커의 별도의 영업 노력 없이도, 전 세계 시장을 대상으로 긱 워커 본인만의 독창적이고 특별한 롱테일 서비스를 제공할 수 있게 된다.

커머스를 좀 더 인간적으로 만들자는 미션을 추구하는 수공예품 크리에이터 플랫폼인 엣시ETSY는 아이디어스의 글로벌 버전이라고 볼 수 있다. 500만 명 이상의 판매자, 9,000만 개 이상의 수공예품이 이 플랫폼에서 온라인으로 상시 거래되고 있다. 이 플랫폼은 전 세계 시장을 대상으로 크리에이터 자신만의 전문성과 경험에 기반한 독창적인 제품을 판매하는 것으로 포지셔닝되어 있다. 같은 맥락에서 파이버Fiverr 같은 글로벌 인재 플랫폼을 통해서 긱 워커는 자신만의 전문성과 경험에 기반한

아이디어스의 글로벌 버전으로 볼 수 있는 엣시ETSY

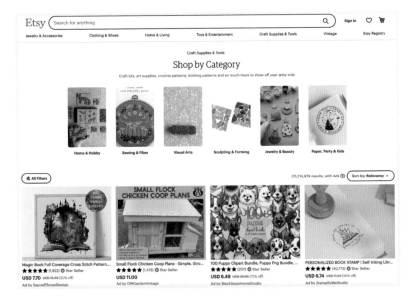

독창적인 특화 서비스를 제공할 수 있다.

이병희(2016)는 이러한 롱테일의 개념이 초연결 노동시장에도 적용될 수 있다고 설명했다. 미래의 초연결 노동시장에서 조직에 고용되지 않은 개인은 훨씬 확장된 시장을 통해 유형상품 또는 무형서비스를 판매할 수 있으며, 초연결로 촉진되는 넓은 글로벌 시장에서 독창적이고 특별한 상품과 재능에 대한 요구가 훨씬 더 많아져 개인들은 그들이 정말로 잘하는 것에 집중할 수 있다고 주장했다.

③ 신속성 : 빠른 긱 워 확보 가능성 제공

디지털 인재 플랫폼이 제공하는 ① 규모와 ② 롱테일은 프리랜서에게 더 빠르게 긱 웍을 확보할 수 있는 신속성을 제공한다.

디지털 인재 플랫폼이 제공하는 신속성을 통해 긱 워커는 자신의 상황에 맞는 다양한 고객기업의 프로젝트 중 자신의 전문성을 잘 발휘할 수 있는 긱 웍을 더욱 빠르게 찾아 수행할 수 있게 되며, 이러한 기회는 긱 워커 자신이 잘하는 일을 즐겁게 지속하면서 재미와 의미를 찾을 수 있도록 한다.

비사이드B-Side는 MZ세대 커리어 개발 및 사이드 프로젝트 지원 서비스로, 기획자, 디자이너, 개발자 등 IT 업계 종사자들이 스스로 만들고 싶은 서비스를 프로젝트팀을 만들어 직접 구축해보는 플랫폼이다.

IT 엔지니어들은 이 커뮤니티를 통해 회사를 벗어나 각 개인이 만들고 싶은 서비스 및 기술을 직접 구현하며 업무 능력과 커뮤니케이션 능력을 향상하고 있다. 플랫폼은 직무, 연차, 보유 역량 등을 바탕으로 기획자 (1~2명), 디자이너(1~2명), 개발자(2~4명)로 6~9명 규모의 팀을 구성해주고, 14주 기간의 프로젝트 마일스톤, 가이드와 템플릿을 제공해 프로그램을 운영한다. 이 프로그램에 참여한 사람들은 협력하여 프로젝트를 진행하고 서비스를 출시하는 경험을 공유한다.

이렇듯 재미있고 의미 있는 일을 지속적으로 할 수 있도록 돕는 디지털 인재 플랫폼에 긱 워커들은 점점 더 많이 유입된다. 전업 노동을 위해, 전직 준비를 위해, 혹은 부수입을 위한 부업을 위해 각자의 이유로 플랫폼에 유입되는 더 많은 사용자 그룹이 창출하는 경계 없는 글로벌 온라인 노동시장인 셈이다.

디지털 인재 플랫폼은 긱 워커들에게 자신만의 특장점을 기반으로 경

MZ세대 커리어 개발 및 사이드 프로젝트 지원 서비스를 하는 플랫폼 비사이드 B-Side

쟁해 긱 웍을 수행할 수 있는 기회를 더 많이 제공함으로써, 노동의 매우 중요한 가치인 자율과 숙련, 목적을 충족하는 데 기여한다.

Case #1. 업워크의 연결 - 접근성

2022년 《타임》지가 선정한 세계에서 가장
영향력 있는 100대 기업에 선정된 업워크는
캘리포니아주 산타클라라와 샌프란시스코에 본사를 둔 미국 프리랜서
플랫폼이다. 이 회사는 2013년 Elance Inc.와 oDesk Corp가 합병하여
Elance-oDesk로 설립되었고 2015년에 업워크로 브랜드를 변경한 후,
2018년 10월에 나스닥NASDAQ에 상장했다.

업워크는 고객기업이 플랫폼을 통해 경제적이고 효율적으로 인력충원
을 할 수 있도록 돕는다. 이들은 특히 플랫폼의 사용자 중 고객의 관점
을 좀 더 중시하는 경향을 보이는데, 고객에게 크게 3가지 가치(품질, 비
용, 안전성)를 소구한다.

- 품질Proof of Quality

  기업고객에게 기존 작업 결과물과 고객 리뷰를 참고할 수 있도록

하고 신원을 검증하는 등의 프리랜서 품질을 보장.

- 비용-No cost until you hire

    고객이 실제 프리랜서의 서비스를 구매하기 전까지 인터뷰나 비딩에 소요되는 비용은 고객에게 청구하지 않음.

- 안전성 Safe and Secure

    고객의 데이터와 정보 보안을 준수하며, 이를 전담하는 팀을 두고 24시간 고객기업을 지원.

업워크는 기업고객이 보유한 문제를 크게 고용과 프리랜싱의 문제로 분류해 정의한다.

고용의 문제는 ① 직무 다양화, 고급화로 적합한 인재구인의 어려움, ② 저성장 기조 및 인력 구조 경직에 따른 고용부담, ③ 글로벌/재택/디지털 등 일하는 방식의 변화 요구 등이며, 프리랜싱 서비스가 보유하고 있던 문제는 ① 고객에게 필요한 일을 정형화하기 어려움, ② 그 일을 수행할 수 있는 검증된 인재를 구하기 어려움, ③ 적절한 인건비의 산정이 어려움, ④ 협업 및 커뮤니케이션의 어려움으로 분류한다.

업워크는 고객의 이러한 어려움을 해결하기 위해, 클라이언트에게 더 좋은 긱 워커 프리랜서를 더 적절한 가격에 더 빠르게 제공하는 것에 집중한다. 클라이언트가 프로젝트를 등록하면, 경쟁입찰 방식으로 프리랜서들이 견적을 제출할 수 있도록 하며, 고객은 이러한 프리랜서들의 제안과 견적을 확인한 후 용역 계약을 체결하는 구조다.

업워크가 고객을 대상으로 제공하는 고객가치는 다음과 같다.

(프리랜서) 인재에게 제공하는 가치	(고객) 클라이언트에게 제공하는 가치	업워크에 제공하는 가치
빠른 일자리 검색 양질의 프로젝트를 빠르게 찾을 수 있음	**우수한 인재풀** 자체 인증 프로그램을 통한 검증된 인재풀에 접근	이러한 플라이휠은 장기적인 관계와 반복적인 사용을 통해 규모가 커지고 반복적인 수익을 창출하는 매우 탄탄한 이중 옵트인 플랫폼
적기 정산 제때 안정적으로 정산받을 수 있음	**빠르게 인재풀에 접근** 수분 내에 제안을 받을 수 있음(계약까지 평균 3일 소요)	
평판 구축 다양한 고객과 장기적인 신뢰/관계를 형성할 수 있음	**비용효과성** 경쟁력 있는 가격을 통해 채용 예산을 더 늘릴 수 있음	
AI를 위한 도구 양면 시장에서 작업을 간소화하고 효율성을 높일 수 있는 도구 제공	**일의 효율과 효과 증대** 일의 흐름에 따라 일 전체의 과정을 관리	

- 양질의 인재Quality talent : 자체 인증 프로그램을 통한 검증된 인재풀에 접근.
- 인재풀을 빠르게 활용Fast access to talent : 수분 내에 제안을 받을 수 있음(계약까지 평균 3일 소요).
- 비용 효과적인 프로젝트Cost-effective projects : 비용효과성, 채용보다 평균 30% 절감 가능.
- 효율적, 효과적 작업Work efficiently, effectively : 검색~결제 지급까지 워크플로Workflow에 따라 지급 가능.
- 유연성Flexibility : 업워크가 제공하는 다양한 솔루션으로 확장 가능.

기업의 새로운 인재전략

: '인재고용Talent Acquisition'이 아닌 '인재활용Talent Access'

업워크의 CHRO이자 HR/Talent Strategist인 토니 버펌Tony Buffum은 기업이 추구해야 할 새로운 인재 전략으로 기존의 인재 확보와 조직 설계에 대한 기존의 통념과는 다른, 인재활용이라는 새로운 접근을 제시한다.

이는 업워크 등 글로벌 디지털 인재 플랫폼 기업과 같이 유연한 직무 체계 및 근무방식을 가진 글로벌 기업이 활용하는 방식으로, 기업은 소수의 핵심 인재만 직접 고용하여 집중적으로 육성하는 데 투자하고 나머지 인력은 외부의 온디맨드형 인재인 긱 워커 프리랜서를 전략적으로

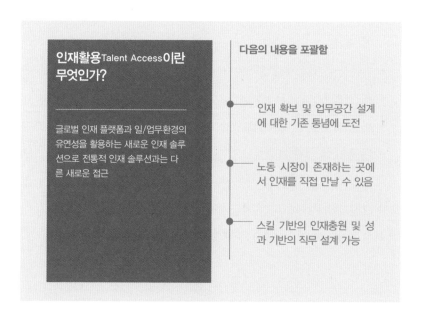

인재활용Talent Access이란 무엇인가?

글로벌 인재 플랫폼과 일/업무환경의 유연성을 활용하는 새로운 인재 솔루션으로 전통적 인재 솔루션과는 다른 새로운 접근

다음의 내용을 포괄함

- 인재 확보 및 업무공간 설계에 대한 기존 통념에 도전

- 노동 시장이 존재하는 곳에서 인재를 직접 만날 수 있음

- 스킬 기반의 인재충원 및 성과 기반의 직무 설계 가능

활용해 일을 완수하는 형태의 충원 방식을 말한다.

인재 '활용' 전략이 기존의 인재 '고용' 전략과 다른 점은 다음과 같다.

- 속도Speed : 직원 고용의 경우 일을 시작하는 데까지 소요되는 시간
  이 16일 이상 걸리는 데 반해 긱 워커를 활용할 경우 3일 이내 소
  요되어 더 빠르다.
- 인재풀Talent Pool : 고용의 경우 실직 상태의 풀타임 구직자 풀에서만
  인재를 선택해야 하는 반면, 긱 워커를 활용할 경우 스스로 독립근
  로자로 일하기로 한 더 많은 인재 풀 중에서 인재를 고를 수 있다.

인재충원 1.1031 vs 인재충원 2.0?

	인재 '획득' (전통적 고용 방식)	인재 '활용' (업워크Upwork 방식)
속도	작업 시작까지 16일 이상 소요	작업 시작까지 최소 3일 소요
인재풀	풀타임 일자리를 찾는 실업 상태 인재 위주	독립적으로 일하기를 선택한 수요가 많은 영역의 인재 위주
품질	충원률 40%, 순추천지수(NPS) 점수 40	유효 노출률 85%, NPS 점수 60점 이상
비용효과성	더 많은 레이어, 더 높은 마진	더 적은 레이어, 더 많은 비용 절감(평균 30~50%)
유연성	길고 엄격한 계약	단기, 장기, 비즈니스 요구 사항 변화에 따라 동적으로 확장
투명성	고객 평가나 과거 실적에 대한 가시성이 없으며 재개만 됨	작업 내역 및 고객 피드백이 모두 게시되고 검색 가능

출처 : Tony Buffum, Upwork, Talent 2.0: Time to Update! It's about Access,
not Acquisition, SHRM Annual(2022)

- 품질Quality : 직원을 고용할 때보다 긱 워커를 활용할 경우 일의 품질이 더 좋다. NPS(순추천지수)가 훨씬 높다.
- 비용효과성Cost-effectiveness : 긱 워커를 활용할 경우 레이어layer가 적어 직접 직원을 고용할 때 대비 평균 30~50% 정도 비용이 더 절약된다.
- 유연성Flexibility : 고용은 기간이 길고, 까다로운 계약이 필요한 반면, 긱 워커를 활용하면 비즈니스 수요에 따라 기간, 규모 등을 유연하고 탄력적으로 확장 가능하다.
- 투명성Transparency : 고용은 이력서 외에는 과거 성과나 고객 평가 등을 참고할 수 없는 반면, 긱 워커를 활용할 경우 업무 이력이나 고객 피드백을 참고할 수 있다.

업워크는 인재활용 전략의 효과를 극대화하기 위해, 다음 그림과 같이 일의 성격과 전략적 가치에 따라 긱 워커의 활용 수준을 달리하는 방식을 제안한다.

인재활용 전략은 과거의 인재고용 전략보다 종합적이고 유연하며, 경제적으로 기존의 내부 인력과 외부 인력을 믹스해 활용하는 방안이다.

전략적인 가치가 낮은 일은 구체적 단기 과업 위주의 작은 산출물을 얻을 수 있는 긱 형태로 인재를 활용한다. 그보다 더 가치가 높은 일에는 하나의 프로젝트 안에 다양한 산출물을 얻을 수 있는 프로젝트project 형태로 외부 인재를 활용한다. 그리고 회사의 전략적 목표 달성을 위한 가치가 높은 일에는 긱 워커에게 상시적 역할을 부여해, 팀의 부족한 역

업워크의 긱 워커 활용 수준을 높이는 방식 제안

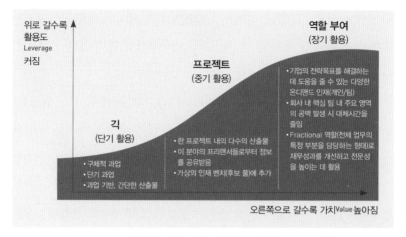

위로 갈수록
활용도
Leverage
커짐

역할 부여
(장기 활용)

프로젝트
(중기 활용)

긱
(단기 활용)

- 기업의 전략목표를 해결하는 데 도움을 줄 수 있는 다양한 온디맨드 인재(개인/팀)
- 회사 내 핵심 팀 내 주요 영역의 공백 발생 시 대체시간을 줄임
- Fractional 역할(전체 업무의 특정 부분을 담당하는 형태)로 재무성과를 개선하고 전문성을 높이는 데 활용

- 한 프로젝트 내의 다수의 산출물
- 이 분야의 프리랜서들로부터 정보를 공유받음
- 가상의 인재 벤치(후보 풀)에 추가

- 구체적 과업
- 단기 과업
- 과업 기반, 간단한 산출물

오른쪽으로 갈수록 가치Value 높아짐

출처 : Tony Buffum, Upwork, Talent 2.0: Time to Update! It's about Access, not Acquisition, SHRM Annual(2022)

량을 보완하고 전문성을 높여 재무성과에 기여하는 형태로 인력을 적극 활용한다.

토니 버펌은 과거 GE, Stanley Black & Decker, FLIR Systems 등의 회사에서 오랫동안 HR 리더로 근무했는데, 그동안 자신을 비롯한 많은 HR 리더가 인재 전략을 수립할 때 인재활용 전략을 접목하여 긱 워커 프리랜서 그룹을 활용하는 것을 우려했다고 고백했다.

당시에는 프리랜서가 노동력의 상당 부분을 차지한다면 기업의 사명을 유지하거나 기업의 고유한 문화를 유지하기가 더 어려울 것이라고 생각했고, 프리랜서가 정규직 직원만큼 유능하지 않고 재능이 없다고 믿었으며, 긱 이코노미를 통해 어떤 유형의 인재를 이용할 수 있는지 잘 몰랐다고 한다. 또한 실무적으로도 고용한 팀을 사무실에서 일하게 하고 싶

은 욕구, 원격 근무자 및 하이브리드 팀을 온보딩하고 관리하는 어려움
도 장벽이 되었다고 한다. 하지만 기술의 발전과 세상의 변화로 원격고용
솔루션, 온보딩 및 협업 툴 등 혁신적인 업무생산성 관리 툴의 출현으로
이러한 문제를 극복할 수 있게 되었다고 말한다.

 버펌은 변화하는 환경에 맞추어 기업의 HR 리더들이 이미 긱 워커 그
룹에 대한 기존의 통념에서 벗어났으며, 재택근무에 익숙해지고 프리랜
서 네트워크를 통해 사용할 수 있는 인재에 대해서도 이해도가 높아졌
기 때문에, 수많은 글로벌 선도기업의 HR 부서가 이미 프리랜서 직원을
활용해 기업의 전략과제를 해결하는 부분을 인력계획에 포함시킨다고
설명하면서, 더 많은 HR 리더가 인재활용 전략을 접목해 자사의 HR 전
략을 업데이트해야 한다고 주장한다.

디지털 인재 플랫폼의 고객가치 제안 ② 검증 - 적합성

디지털 인재 플랫폼은 사용자의 접근성과 사용자들의 세부적인 상황이나 역량을 더 잘 판별할 수 있도록 하는 다양한 근거 데이터를 제공한다. 기업에는 이미 회사의 확립된 전략적 방향에 현재 적합한 기술과 행동을 보유한 인재를 더욱 잘 식별할 수 있도록 돕고, 긱 워커에게는 자신의 노동을 더 즐겁고 의미 있는 일에 투입할 수 있는 기회를 제공해 기업과 노동을 돕는다.

기업에는 이미 회사의 확립된 전략적 방향에 현재 적합한 기술과 행동을 보유한 인재를 더욱 잘 식별할 수 있도록 돕고, 긱 워커에게는 자신의 노동을 더 즐겁고 의미 있는 일에 투입할 수 있는 기회를 제공해 매칭 성과가 극대화될 수 있도록 한다.

기업이 디지털 인재 플랫폼을 통해 얻는 '검증'의 가치와 혜택

디지털 인재 플랫폼은 기업에 필요한 외부 긱 워커 인력의 적합성fit을 검증할 수 있도록 돕는다.

기업 입장에서 전략적 충원strategic staffing은 '조직의 비즈니스 전략을 지원하고 효율성을 향상시키기 위해 미래 지향적이고 목표 지향적인 방식으로 조직에 인력을 배치하는 프로세스'로 정의된다. 전략적 충원의 과정에서 적합성을 고려하는 것은 상당히 중요한데, 이를 원활히 활용하기 위해서는 전략적 충원의 목표에 맞게 긱 이코노미를 도입할 수 있는 관련 제도와 프랙티스를 정합하게 만들어나가는 것이 매우 중요하다. 충원을 진행하는 과정에서 이러한 정합성이 결여된 경우, 아무리 많은 인적자본 투자를 해도 회사에 기여하는 가치는 미미하다는 연구결과도 있다. (Youndt et al., 1996)

피터 드러커는 "격동의 시대에 가장 위험한 일은 격동 그 자체가 아닌 과거의 방식대로 행동하는 것The greatest danger in times of turbulence is not the turbulence; it is to act with yesterday's logic."이라고 말했다. 오늘날과 같은 격동의 시대에는 전략개발, 성과관리 등 다양한 분야에서 과거보다 민첩하고 역동적인 새로운 모델과 접근방식이 필요하다. 인사의 충원 기능도 예외가 아니다. 더욱 유연하고 전략적인 충원을 위해서는 기존의 정규직 고용 방식만 고집할 것이 아니라 아래 세 가지 영역의 핏fit을 맞출 수 있는 다양한 외부인력을 진행하려는 포지션의 성격을 균형적으로 고려해 충원하는 것이 중요하다.

① 인재-직무 핏fit as person-job match

디지털 인재 플랫폼은 기업이 충원하려는 직무/과업과 인재의 핏이 잘 맞는지 검증할 수 있도록 도와준다. 디지털 인재 플랫폼은 프리랜서들에게 더 많은 긱 웍의 기회를 확보하기 위해 자신의 이력서에 역량, 전문성, 경험 등을 더 잘 기술할 수 있도록 가이드하고, 마치 상품 카탈로그처럼 긱 워커가 제공할 수 있는 일의 범위와 상세내용, 용역비용, 수행기간, 고객가치 제안 등을 상세히 기록하도록 안내해 여러 긱 워커들과 차별화하고, 더 많은 수입을 얻을 수 있도록 유도한다.

디지털 인재 플랫폼이 제공하는 긱 워커 프로필이나 서비스 카달로그를 통해 고객기업은 긱 워커가 효과적인 직무 수행에 필요한 역량을 가지고 있는지 확인하게 된다. 특히 다른 긱 웍을 의뢰한 고객기업의 프로젝트 후기 리뷰를 통해 긱 워커 스스로 기술한 역량, 전문성, 경험을 보유하고 있는지, 혹은 보유한 역량, 전문성, 경험 들이 단위 과업이나 직무에 잘 발현되는지, 일의 결과물이 고객기업에 실제 어떠한 성과로 기여되었는지 등을 추가적으로 검증할 수 있게 되어 인재-직무 간 핏을 더욱 잘 판단할 수 있도록 도와준다.

② 프로젝트-스킬 핏fit as project-skill match

디지털 인재 플랫폼은 기업이 의뢰하려는 프로젝트와 긱 워커가 보유한 스킬과의 핏을 확인할 수 있도록 돕는다. 긱 워커를 충원하는 기업 입장에서는 지금 긱 웍으로 진행하려는 프로젝트 과업을 수행하는 데 필요한 구체적인 스킬 셋을 확인하는 것은 매우 중요한 일이다.

급변하는 환경은 기업으로 하여금 기존의 직무 중심 HR에서 스킬 중심 HR로 인사기조를 바꾸어 인사운영의 기본 단위를 축소하게 만들었다. 환경변화에 따라 새로운 과제와 업무가 지속적으로 생겨나면서 다소 경직된 일의 단위인 직무job나 역할role보다 더 작은 업무 단위인 스킬skill 단위까지 일을 쪼개고, 그 스킬을 보유했는지 여부를 확인하여 직원에게 일을 부여하는 형태가 된 것이다.

자연스럽게 기업은 과거 직무를 수행하는 데 요구되는 역량을 관리하는 데 그치지 않고, 조직원들이 보유하고 있는 스킬 셋을 관리하기 시작했다. 또한 과업/과제와 같은 프로젝트 단위의 업무를 완수하는 데 요구되는 스킬을 정의하고, 해당 스킬을 보유한 인력을 신속하게 충원해 일을 빠르고 완성도 있게 완수하는 것makes work done을 중요시하게 되었다. 기업 입장에서는 우리 회사가 향후 해나가야 할 일들에 필요한 스킬을 정의하고, 해당 스킬을 보유한 인재를 확보하는 것이 중요해졌다는 의미이기도 하다.

기업은 이러한 스킬을 인증하기 위한 방안으로, 임직원의 역량 및 학습 이력을 통합 관리하고, 학습에 대한 동기부여 및 보상 차원으로 오픈배지digital badge를 활용한다. 기존 직원이 보유하고 있는 학위/자격 외 다양한 교육 이력이나 자격을 인증하여, 인사 배치 및 조직 역량 강화에 활용하려는 목적이다. 기업이 처한 환경의 빠른 변화가 인력운영의 역동

탤런트뱅크 플랫폼의 프리랜서 프로필 화면

출처 : 필자의 탤런트뱅크 홈페이지 프로필

보유 스킬을 인증하는 오픈 배지 예시

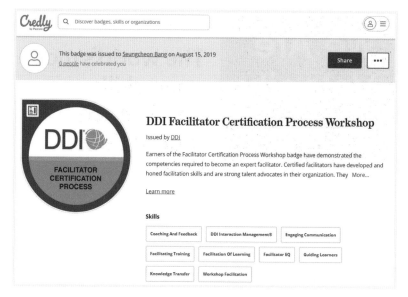

출처 : 필자의 Credly 프로필

성과 민첩성을 동시에 요구하고 있는 셈이다.

SAP SuccessFactors는 데이터 소유의 개념이 추가되는 Web 3.0 환경에서 검증 가능한 개인의 경력정보self-sovereign verifiable career identity의 중요성을 언급한다. 이는 개인의 경력정보를 증명할 수 있고, 임의로 변경 불가능한 디지털 자격으로 변환한 후 개인 디지털 월렛에 저장해 자기 데이터의 주권을 노동자 개인에게 부여하는 것을 의미하는데, 최근의 디지털 인재 플랫폼들은 다양한 기술을 활용해 이러한 근로자의 보유 스킬을 확인할 수 있는 장치를 마련하고 있다. SAP은 Korn Ferry, Aon, Recruit, HireRight 등의 다양한 글로벌 HCM(Human Capital Management

Workday의 Skills Cloud 서비스

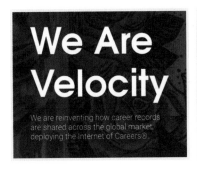

출처 : 워크데이

Solution, SAP의 SuccessFactors나 Workday가 대표적) 솔루션 및 Work-Tech 벤더들과 함께 Velocity Network라는 오픈소스 블록체인 기반의 경력증명 연대를 맺고, 전 세계 약 10억 명의 직원들을 대상으로 경력정보를 증빙하고 있다.

글로벌 HCM 솔루션 Workday 역시 Skills Cloud라는 서비스를 통해, 스킬을 기준으로 적합한 직무 및 업무에 내부 직원을 연결할 수 있는 기능을 제공하고 있다. 이 솔루션은 기업의 HR 시스템, 온라인 스킬 평가, 직무 프로필, 직무 이동 등의 HR 변화, 이력서, 채용 시장 데이터, 온보딩 자료, 성과 검토, 교육 및 인재 시스템 등 다양한 소스에서 추출한 데이터를 기반으로 기업이 더욱 효과적으로 내부 인재를 활용할 수 있도록 돕는다.

국내에서도 한화그룹의 엔터프라이즈 블록체인사社는 NFT CV라는 개인의 경력, 스킬, 자격, 그리고 기존 프로젝트에서의 이력(만족도, 고객 평가) 등을 블록체인 기반으로 검증해주는 서비스를 출시해 운영 중이

한화그룹의 엔터프라이즈 블록체인사社 NFT CV

출처 : 티타임즈 TV, 내 재능을 왜 NFT CV로 관리해야 하나?(2022)

다. NFT CV는 개인의 이력/자격/창작물 등 재능의 상세 내용과, 그 거래 내역 같은 재능자산을 담은 블록체인 기반의 이력서이자 포트폴리오를 말한다.

글로벌 인재 개발 솔루션사인 Cornerstone OnDemand는 Skills Graph라는 AI 스킬 개발 엔진을 통해 전 세계 모든 산업에 속한 수백만 개의 직무에서 추출한 5만 3,000개 스킬을 기반으로 직원에게 필요한 스킬을 연결하고, 스킬을 개발하는 데 필요한 교육용 콘텐츠를 제공한다.

또한 Cornerstone Explorer라는 솔루션을 통해 기존의 인재, 콘텐츠, 스킬 데이터를 기반으로 개인화된 스킬 학습 경로를 생성하고, 가장 관련성 있고 영향력 높은 학습 콘텐츠를 필요한 순간에 제공하고, 멘토, 커리어 패스를 비롯한 더 개인화되고 조율된 자기 주도적 학습 경험을 제안한다.

이렇듯 디지털 인재 플랫폼은 향후 이러한 다양한 기술의 도입을 통해 기업과 프리랜서 간의 정보 비대칭과 허위 이력 등 기존의 문제를 해결해 기업에는 충원의 신뢰도를 높이고, 노동에는 실질적인 경력개발 방향을 제시하는 방식으로 프로젝트와 스킬 간의 핏을 높여가고 있다.

③ 인재-조직 핏fit as person-organization match

디지털 인재 플랫폼은 인재와 우리 기업 간의 핏도 검증할 수 있도록 도와준다. 최근의 급변하는 경영환경에는 앞선 인재-직무 핏, 프로젝트-스킬 핏도 중요하지만, 우리 기업의 미래전략 실행에 요구되는 스킬과 행동을 미리 예측하고 변화하는 전략방향을 향해 스스로 선제적으로 변화할 수 있는 개인의 능력에 초점을 두는 '인재-조직 핏'도 간과할 수 없다.

조직이 함께 협업하며 일하는 환경에서 조직문화에 맞지 않는 인재를 충원하는 것은 일의 완수를 방해하여 결과적으로는 전환비용 혹은 매몰비용을 발생시킬 수 있기에, 이러한 인재-조직 핏은 더욱 중요하다.

디지털 인재 플랫폼들은 별도의 담당 인력을 두거나, 인공지능 기술을 활용한 알고리즘에 기반을 두어, 프리랜서를 기업에 추천하기 전에 이러한 인재-조직 핏을 고려하고 있다.

플랫폼 별로 상이하나, 대부분의 경우는 기업을 전담하는 프로젝트 담당 매니저를 두고, 구조화 면접의 결과나 기존 고객 대상 레퍼런스 체크 결과 등 다양한 데이터를 참고해 인재-조직 핏을 갖춘 인재를 추천하는 방식을 취하는 실정이며, 향후 다양한 IT 기술을 활용해 보완해나갈 계획이다.

디지털 인재 플랫폼은 이렇듯 다양한 정보를 기반으로 프리랜서의 역량 KSAO(Knowledge, Skill, Ability, Other characteristics)뿐만 아니라, 구체적인 스킬 셋과 실제 프로젝트 경험, 조직에 부합하는지 여부까지 검증하여 충원할 수 있도록 하여 기업에 신뢰할 수 있는 대안적 충원 솔루션으로 기능하며, 기업의 전략적 충원을 지원하는 역할을 한다.

긱 워커가 디지털 인재 플랫폼을 통해 얻는 '검증'의 가치와 혜택

① 적합도 : 인재-직무 핏, 프로젝트-스킬 핏, 인재-조직 핏

긱 워커 역시 기업처럼 디지털 인재 플랫폼을 통해 자신의 직무, 스킬, 역량이 조직이 원하는 인재상, 프로젝트 및 직무의 스킬 셋 등과 부합하는지 그 적합성fit을 확인할 수 있다. 긱 워커 입장에서도 이러한 세 가지 핏fit은 일을 선택할 때 매우 중요한 요소임은 마찬가지다.

디지털 인재 플랫폼은 긱 워커에게 프로젝트와 관련된 정보(예상 수행 기간, 근무지, 근무형태, 필요 역량과 경험, 프로젝트의 배경과 의뢰내용 등)와 고객기업과 관련한 정보(사명, 기업 규모와 실적, 웹사이트, 기존 프로젝트 발주이력 등)를 제공함으로써, 긱 워커로 하여금 이러한 정보를 사전에 획득하고, 프로젝트 수행여부를 결정하는 데 활용하도록 돕는다.

기업고객 정보 예시

② 신뢰도 : 평판 확인 및 고객의 지불/협업역량에 대한 신뢰도 판단

긱 워커는 디지털 인재 플랫폼이 제공하는 해당 기업에 대한 평판 정보를 통해 고객의 지불능력과 협업능력에 대한 신뢰도를 판단할 수 있다. 긱 워커는 일을 선택할 때 기업의 재무상황, 지불능력 등의 정량적인 정보뿐 아니라, 다양한 정성적인 요인들도 함께 고려한다.

예를 들어, 고객기업의 업무환경과 분위기는 어떤지, 대금지급은 제대로 이루어지는지, 업무와 관련해 사전에 약속된 규약은 잘 준수되며, 긱 워커를 인간적으로 존중하고 예의 있게 대우해주는지, 보고 체계는 어떻게 되고, 업무에 대한 명확한 디렉션이 주어지는지 등의 다양한 정보를 플랫폼에 문의하기도 한다. 이러한 내용들은 긱 워커 입장에서 긱 윅과 프로젝트와의 적합성을 판단하는 데 더욱 중요한 요소가 된다.

③ 타당도 : 과업의 가시성과 수행 가능성을 확인할 수 있는 기회 제공

긱 워커는 디지털 인재 플랫폼이 제공하는 고객과의 커뮤니케이션 기회를 통해 과업이 현실적이며 실행할 수 있는 수준인지 가시성feasibility과 수행 가능성viability을 확인하는 과정을 거친다. 플랫폼이 제공하는 프로젝트 관련 정보만으로는 과업의 명확성이나 과업의 수준을 판단하기 어려울 수 있고, 플랫폼을 통해 확인한 고객 평판만으로도 실제 프로젝트를 잘 수행할지 판단하기 어려울 수 있어 이러한 추가적인 확인 및 검증 프로세스는 긱 워커의 의사결정에서 매우 중요하다.

이에 대부분의 디지털 인재 플랫폼은 프로젝트에 착수하기 전 다양한

프로젝트 정보의 내용

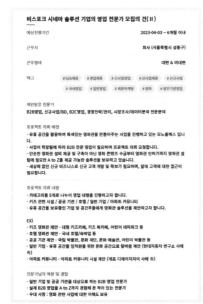

출처 : 탤런트뱅크

방식으로 기업과 프리랜서 간의 사전 커뮤니케이션을 유도한다. 고객과의 첫 대면/온라인 미팅은 무료로 진행하여 상호 원하는 과업의 수준과 배경을 직접 소통하게 하거나, 사전 질의사항을 주고받게 해 과업범위나 예외사항에 대한 근거를 충분히 마련하게 하기도 한다. 앞의 그림은 탤런트뱅크에서 조회할 수 있는 프로젝트 정보의 내용이다.

기업과 전문가의 매칭을 돕는 인재매칭 플랫폼 탤런트뱅크는 긱 이코노미가 대한민국에 태동하기 시작한 2016년부터 서비스하고 있는 대표적인 디지털 인재 플랫폼이다.

탤런트뱅크는 고숙련, 고경력 인재매칭 플랫폼을 표방한다. 서비스 초기부터 중견기업 임원 이상, 대기업 팀장 이상의 기준을 걸고 숙련도와 경력을 검증하기 위해 심층적인 스크리닝 프로세스를 거친다.

1단계로 서류 심사를 통해 지원자의 보유경력과 역량 KSAO를 확인하고, 2단계로 해당 산업/분야의 전문성을 지닌 TA$^{talent\ assessor}$ 및 PM$^{project\ manager}$ 그룹이 대면 인터뷰를 통해 지원자가 기술한 경력과 역량을 입체적으로 평가한다. 인증이 완료된 후 이들은 전문가로 인증되며, 플랫폼에 의뢰되는 다양한 분야의 프로젝트 중 전문가가 등록한 전문분야에 해당하는 프로젝트를 이메일로 받아볼 수 있다.

전문가 심층 검증 프로세스

탤런트뱅크는 3가지 기준 [고급, 검증, 신뢰]를 바탕으로 전문가를 검증합니다.
철저한 검증을 통과한 인증 전문가만이 기업 고객의 의뢰를 받아 프로젝트를 수행할 수 있습니다.

프로필 작성	서류 심사	대면 인터뷰	인증 완료
· 전문가가 자신의 역량·경험 위주로 기술 (기본 정보, 학력, 경력, 프로젝트 수행 이력 등) · 자격증, 포트폴리오 제출 (필요시)	· 전문가가 제출한 서류 검토 · 전문 분야의 경력·전문성·역량 수준 확인 · 대기업 부서장, 중소·중견 기업 임원 이상, 공인 자격 보유자 · 석박사 학위자 우대	· 전문가가 제출한 서류 검증 · 전문성·역량 검증을 위한 구조화 면접 - 기술 (Technical) 역량 - 프로젝트 매니지먼트 스킬 - 커뮤니케이션 스킬 - 인성 검사 (필요시)	· 최종 승인 - 승인 후, 인증 전문가는 자신의 전문 분야별 프로젝트 지원 가능

탤런트뱅크 TA 소개

탤런트뱅크 TA(Talent Assessor, 재능 검증인)는 국내외 기업에서 HR 분야 임원을 역임한 전문가로
서류 심사, 대면 인터뷰를 통해 전문가의 역량을 검증합니다.

TA Talent Assessor	역할	전문가 검증	서류심사, 대면 인터뷰를 통해 비즈니스 문제를 해결할 수 있는 전문가로서의 역량 검증
		전문가 인증	TA의 검증을 거쳐 인증을 받은 전문가에게 탤런트뱅크의 다양한 서비스(프로젝트, 온라인자문, 헤드헌팅, 콘텐츠 킹필진)에서 활동할 수 있는 자격 부여
	프로필	김용수	前 LG그룹 (주)지투알 경영지원본부장/CHO 前 LG전자(주) 글로벌 HR 그룹장
		안경섭	前 Applied Materials Korea, HR Director 前 Dimension Data Korea, HR Director 前 한국유니시스, HR Business Partner

탤런트뱅크가 찾는 전문가

탤런트뱅크에서 필요한 순간 필요한 만큼 자유롭게 일하며,
자신의 전문성으로 기업의 비즈니스 고민을 해결할 전문가를 찾습니다.

내 전문성으로 기업의
비즈니스 고민을 해결할 전문가

현업에서 쌓은 전문성을 살려
N잡에 도전하고 싶은 전문가

Talentbank

국가 기술 자격을 보유하신 전문가
(기술사, 기능장, 기사, 산업기사, 기능사 등)

고객 베이스와 **영업 채널을
확장하고 싶은 개인 사업자**

여기서 끝이 아니다. 3단계로 고객이 의뢰한 프로젝트에 적합한 전문 가를 선별해 추천하는 과정에서 ① 인재-직무 핏, ② 프로젝트-스킬 핏, ③ 인재-조직 핏을 모두 고려하여 고객에게 3배수의 전문가를 추천한다.

이 과정은 전문가 인증 프로세스에서 2차 심층 인터뷰를 담당했던 TA 및 PM 그룹이 담당하는데, 이들이 직접 청취한 고객의 프로젝트 기대치 와 수행범위, 예산 등을 고려해, 실제 자신들이 인터뷰한 경험과 인재 데 이터베이스에 기록된 인재 특성에 기반을 두어 프로젝트 수행에 최상의 적합성을 가진 전문가를 추천한다.

탤런트뱅크는 2023년 7월 현재 경영전략, 신사업, 인사, 재무, IT, 디자 인 등 비즈니스 영역별 전문역량을 갖춘 17,300명의 프리랜서 풀(지원자

분야별 전문가 분포(가입자 기준)

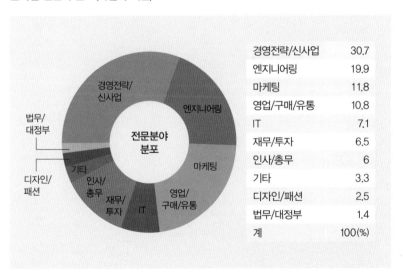

분야	비율
경영전략/신사업	30.7
엔지니어링	19.9
마케팅	11.8
영업/구매/유통	10.8
IT	7.1
재무/투자	6.5
인사/총무	6
기타	3.3
디자인/패션	2.5
법무/대정부	1.4
계	100(%)

탤런트뱅크 전문가의 전문 분야

기업 고객이 생각하는 경영의 모든 문제가 탤런트뱅크의 서비스 영역입니다.
탤런트뱅크는 산업 전반에 걸친 16,000명 이상의 전문가와 함께합니다.

산업 분류 전문가 영역

제조
전기·전자·제어 / 기계·설비 / 자동차 / 의류·패션 / 생활용품·소비재 / 화장품·뷰티 / 가구·목재·제지 / 농업 / 여업·수산업 / 광업·광물 / 임업 / 철강 / 금속·재료 / 조선 / 항공 / 우주 / 식품가공 / HMR 개발 / 반도체 / 환경 / 바이오 / 통신 / 광학·디스플레이

화학
석유·화학 / 에너지 / 섬유

판매·유통
백화점 / 대형마트 / 홈쇼핑 / 라이브 쇼핑 / 온라인 쇼핑몰·오픈마켓 / 이커머스 / DIY 스토어 / 해외무역 / 운송·운수 / 물류(3PL·4PL)

건설
건설 / 건축 / 토목 / 시공 / 도시환경 / 인테리어·조경 / 환경·설비 / 부동산·임대·중개 / 브랜드

서비스
호텔 / 여행 / 항공 / 외식업 프랜차이즈 / 시설관리·경비·용역 / 방역·소독 / 레저·스포츠·여가 / 렌탈·임대리스 / 웨딩·상조·이벤트 / 뷰티·건강 / 테마파크 / 기타 서비스업 / 사진·영상분석 / 음악·음향 / 구인 구직 채용

IT·웹·통신
솔루션·SI·ERP / CRM / 웹에이전시 / 쇼핑몰·오픈마켓 / 포털·인터넷 / 콘텐츠 / 네트워크·통신 / 모바일 앱 / 하드웨어 장비 / 정보보안·백신 / IT컨설팅 / 게임 / 암호화폐 / 블루투스 / 클라우드

은행·금융
인터넷 은행 / 은행·금융·저축 / 대출·캐피탈·리스 / 증권 / 보험 / 카드 / 모바일페이 / 기타 금융

미디어·디자인
신문·잡지·언론사 / 방송사·케이블 / 연예·엔터테인먼트 / OTT / 광고·홍보·전시 / 영화·매니지먼트 / 공연·예술·문화 / 출판·인쇄·사진 / 캐릭터·애니메이션 / 벤툰 / 디자인·설계

의료·제약·복지
제약 / 보건 / 바이오 / 헬스케어 / 임상 / 의료기기 / 사회복지 / 요양병원 / 종합병원 / 건강검진

교육
초등교·대학 / 입시학원·어학원 / 어린이집 유치원 / 교재 학습지 / 전문·기능학원

기관·협회
정부·공공기관·공기업 / 협회·단체 / 법률·법무·특허 / 세무·회계 / 연구소 / 방위산업

직무 분류 전문가 영역

경영·비즈니스
사업기획 / 경영전략·관리 / 경영혁신 / 사업제휴 / 해외사업 개발 / 신공장 / 사업제휴 / O2O 비즈니스 / O4O 비즈니스 / ERP / 컨설팅

영업
해외영업 / B2B영업 / B2C영업 / 영업기획 / 이커머스MD / IT·솔루션영업 / 리테일영업 / 부품·소재영업 / 점두 셀러영업 / 제약영업 / 기술영업 / 금융·보험영업 / 영업교육·조직관리

유통·물류·서비스
구매·조달 / 물류운영(SCM) / 수출입·무역 / 3PL·4PL / 배달·배송 / 택배 운송 / 고객상담·CS / 벤더등록 / 리테일MD / 매장관리 / 프랜차이즈

제조·엔지니어링
연구개발·설계 / 생산기술 / 공정·단축·중설 / 설비·공정 품질 / 품질관리 / 공정·품질·생산기획 / 원재료 시뮬레이션 / 검사·시운전 / 시작·프로젝트리더 / 스마트공장 / 공정·생산

건설
부동산 개발·분양 / 감리 / 자산 / 자산유동화개발 / 건축·설계디자인 / 시공 / 시행 / 감리 / CM·PM

재무·투자·세무
재무회계 / 관리회계 / 자금운영 / IR / IPO / M&A / 재무기획 / 원가관리 / 내부통제 / 기업승계 / 세무 컨설팅

마케팅
마케팅전략 / 브랜딩 / 홍보·PR / 온라인·디지털마케팅 / B2B마케팅 / 상품기획·MD / 퍼포먼스마케팅 / 콘텐츠·바이럴 마케팅 / 해외마케팅 / 영상·이벤트·프로모션 / 디자인스 / CRM / 텔레마케팅 / 카피라이터

IT
PM(프로젝트관리) / 프론트엔드 / 앱·백엔드 개발 / 앱 개발 / iOS·안드로이드 / 액티비티 앱 / 데이터베이스·개발·관리 / QA·테스트·검증 / 임베디드 시스템 / 서비스 기획 / 쇼핑몰 기획 / 사업웹(IOT) / 게임 기획 / 정보보안 개발 / 보안·네트워크 / 블록체인 / 디지털화폐 / AI·ML / CTO / 풀스택 개발

인사·총무·교육
인사기획·관리 / 총무·관리 / 교육기획·운영 / 노무관리 / 채용·리쿠르팅 / 평가·보상 / 조직문화 / 급여 / 임원 / 환경안전관리

디자인
제품·산업 디자인 / 패션·의류·잡화 디자인 / 화면·편집 디자인 / 광고·영상 디자인 / 웹·앱 디자인 / 공간·인테리어 디자인 / 그래픽디자인 / UX·CX·BX 디자인 / 캐릭터 디자인 / 사진

법무·특허
법무 / 특허 / 변리사·공증 / 라이선스 저작권 / 법률 감사인

의료
의사 원격사 / 간호사 / 약사 / 물리치료사 / 임상병리사

정부·공공기관
정부지원사업 / 공공입찰·조달 / 대관업무 / 지역전문가 / 심층조사(리서치) / 기자 / 번역 / ESG

탤런트뱅크 전문가

탤런트뱅크의 전문가는 40%가 10대 기업 출신으로
전문지식, 경험, 네트워크를 통해 기업 비즈니스 문제의 맞춤 해결책을 제시합니다.

전문가 회원 중 40%가 10대 기업 출신
2022.06.01 기준

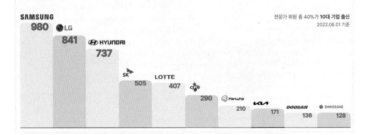

SAMSUNG 980 / LG 841 / HYUNDAI 737 / SK 505 / LOTTE 407 / CJ 290 / Hanwha 210 / KIA 171 / DOOSAN 136 / SHINSEGAE 128

기준)을 보유하고 있으며, 이중 인증된 전문가는 4,896명(인증률 약 30%)에 이른다.

서비스 초기에는 전문가의 풍부한 경험과 네트워크가 중요한 경영전략 수립과 영업, 유통 등의 프로젝트 분야가 주를 이뤘지만 최근에는 IT 개발, 마케팅, 디자인 등 최신 기술 역량과 트렌드에 민감한 분야의 프로젝트가 늘면서 전문가들의 평균 연령도 낮아지는 추세다.

2021년 당시 전문가 평균 연령은 49.5세로 40~50대 비중이 높았으나, 점차 30대 비중이 늘어 2021년 2.7%에서 현재 10.7% 수준까지 상승했다. 40대 가입자 비중도 17.8%에서 27.2%로 증가했다. 반면 50~60대 가입자 비중은 각각 52.5%에서 42.4%로, 27.0%에서 18.7%로 감소했다.

기업고객의 재의뢰율은 60%를 웃돈다. 탤런트뱅크 서비스의 경제적 효용가치를 경험한 기업고객이 최초 의뢰보다 더 큰 규모의 프로젝트를 재의뢰하는 건수가 늘고 있다. 또한 프로젝트 평균단가 상승과 함께 올해는 특히 30~40대 전문가의 가입도 함께 증가하여, 디지털 인재 플랫폼의 이상적인 플라이휠이 점진적으로 기능하는 추세에 접어들었다.

탤런트뱅크에 전문가로 가입하면 6,000여 개에 달하는 기업고객의 프로젝트 의뢰 분야에 따라 인공지능 AI 매칭으로 맞춤형 프로젝트를 손쉽게 받아볼 수 있으며, 현재 인증된 전문가가 수행하는 프로젝트의 평균단가는 약 1,000만 원 수준이다.

탤런트뱅크는 기업에 필요한 주요 프로젝트를 선제적으로 상품화하여 고객에게 제공하는 방식으로 고객의 어려움을 돕고 있다.

긱 워커가 제공하는 서비스 중, 해외사업 진출방안 수립이나 정부지원금 확보, 특허 및 인허가 취득, 온라인몰 입점, ERP 도입 및 구축과 같은 기업의 수요가 높은 상품을 간편하게 찾아 컨설팅 프로젝트를 의뢰할 수 있는 '프로젝 T 서비스'를 통해 기업이 의뢰해 자문을 받아야 할 내용을 선제적으로 제안해 서비스하는 형태로 기업고객에게 도움을 준다.

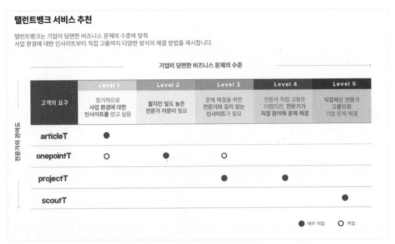

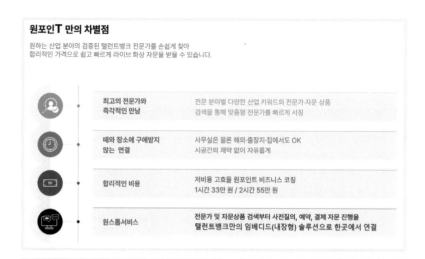

원포인 T 만의 차별점

원하는 산업 분야의 검증된 탤런트뱅크 전문가를 손쉽게 찾아
합리적인 가격으로 쉽고 빠르게 라이브 화상 자문을 받을 수 있습니다.

최고의 전문가와 즉각적인 만남	전문 분야별 다양한 산업 키워드의 전문가·자문 상품 검색을 통해 맞춤형 전문가를 빠르게 서칭
때와 장소에 구애받지 않는 연결	사무실은 물론 해외·출장지·집에서도 OK 시공간의 제약 없이 자유롭게
합리적인 비용	저비용 고효율 원포인트 비즈니스 코칭 1시간 33만 원 / 2시간 55만 원
원스톱서비스	전문가 및 자문상품 검색부터 사전질의, 예약, 결제 자문 진행을 탤런트뱅크만의 임베디드(내장형) 솔루션으로 한곳에서 연결

탤런트뱅크 베테랑 패키지

기업의 필요인력을 운영함에 있어 고정비를 줄이고 탄력적으로 운영할 수 있도록 해당 기업 출신 인력을 프로젝트 형태로 현업에 투입할 수 있도록 지원

상품 정보 퇴직한 인력이 현직에서 수행하던 업무를 다시 담당함에 있어 고용이 아닌 프로젝트로 운영할 수 있도록 지원하는 서비스

- 기업의 인력 운영을 효율화 하기 위하여 상시 고용 인력과 프로젝트 기반 인력을 탄력적으로 운영하고자 하는 기업 대상
- 기업의 M&A 등으로 인력 구조조정을 해야 할 때, 필요 인력을 고용이 아닌 방식으로 운영해야 하는 기업의 수요 흡수
- 은퇴 인력의 역량을 한시적으로 또는 특정 프로젝트를 추진하기 위하여 활용해야 할 상황에 대한 대안 제시
- 외투기업, 조직 구조 변경 기업에서 선호

구분	프로젝트타입
개요	탤런트뱅크 전문가(가입) 프로젝트 운영
과금 체계	클라이언트 수수료 베이스
전문가 운영	탤런트뱅크 전문가와 동일 (사업소득세)
적용	소수 전문 인력, 2년 이내 운영 시 적합

Talentbank

'원포인 T 서비스'는 본 프로젝트를 시행하기 전, 각 산업별 최고 전문가와 온라인으로 만나 1:1 화상자문 형식의 원포인트 레슨을 받을 수 있는 경제적인 상품이다.

'스카웃 T 서비스'는 이미 검증된 전문가를 고객사 임원으로 추천해

재고용을 연계하며, '아티클 T 서비스'는 실무 경험이 없으면 알 수 없는 분야 및 기능의 비즈니스 노하우를 공유한다.

또한 경기침체와 지속적인 저성장에 맞물려 자체적 비용구조 개선 혹은 HQ의 인력구조 개선 요구에 대응하기 위해 정규직을 비정규직화하는 시도를 늘리는 외국계 기업을 대상으로 선제적으로 베테랑 패키지veterans package 상품을 출시하여 기업이 해당 기업 출신의 퇴직 인력을 프로젝트 형태로 현업에 재투입할 수 있도록 지원한다.

이와 같이 적합성에 특화된 해외 유사한 콘셉트의 플랫폼으로는 톱탤Toptal, 크루Crew 등이 있다. 탤런트뱅크를 포함한 이 세 플랫폼은 시장의 최상위 고숙련 프리랜서 풀을 중개한다는 공통점은 있으나, 앞의 두 플랫폼은 좀 더 특화된 플랫폼만의 전문분야, 즉 버티컬vertical을 가진다는 차이점이 있다.

톱탤은 소프트웨어 개발자, 디자이너, 파이낸스 전문가, 프로덕트 매니저, 프로젝트 매니저 등 직종에 특화된 프리랜서 풀을 보유하고 있으며, 크루 플랫폼은 마케팅, 크리에이티브, 테크 분야의 프리랜서 인재에 특화되어 있다.

이 중 톱탤의 검증 절차는 더욱 엄격하다. 고객이 의뢰한 과업을 시작하기 전에 테스트를 받고, 톱탤의 분야별 전문가의 검증을 받아야 한다. 다단계 심사 프로세스는 코드 검토, 포트폴리오 검토, 실시간 테스트 및 영어 능력 테스트를 통과해야만 한다. 이러한 과정을 거쳐 플랫폼이 검증한 전문가는 전 세계 최고 수준의 기업들이 의뢰한 프로젝트들을 수행할 수 있는 기회를 가진다. 톱탤에 현재 활동하고 있는 전문가는 2022

년 3분기 기준 약 5만 5,000명에 달하며, 전체 지원자 220만 명 중 상위 3%에 해당하는 숫자다.

디지털 인재 플랫폼의 고객가치 제안 ③ 보증-효율성

디지털 인재 플랫폼은 기업과 고숙련 프리랜서의 역할 및 의무의 이행을 보증하는 기능을 제공함으로써, 기업과 프리랜서 모두에게 업무의 효율성을 높이는 역할을 수행한다.

기업이 디지털 인재 플랫폼을 통해 얻는 '보증'의 가치와 혜택

① 비용효율성 : 거래비용 절감, 임시직 활용, 입찰을 통한 비용절감

디지털 노동 플랫폼이 제공하는 강화된 상호 접근성과 적합성, 그리고 유연성은 기업이 비용을 절감하도록 돕는다. 인재를 모집하고, 선발하여, 고용 혹은 단순 충원을 진행하는 데 소요되는 탐색비용, 협상비용, 과업 이행 보장비용 등 사전 거래비용부터, 규약 준수를 유도하는 보증비용, 규약 미준수 시 분쟁비용, 계약을 위한 보증비용 등 사후 거래비용까지 거래비용 전반을 현저하게 줄인다.

더불어 정규고용이 아닌 형태의 충원으로 인건비성 비용의 절감을 돕는다. 다수의 프리랜서 자원을 대상으로 선택적으로 지금 필요한 직무/과업에 필요한 역량/스킬을 소싱하는 충원의 형태는 기업에 외부채용-buy과 내부육성make의 중간 형태인 임대/공유borrow or share라는 대안을 제공하여, 기존의 정규직 고용이 아니라 프로젝트, 시간, 업무별로 '필요한 사람'를 '필요한 만큼만' 충원하게 하므로 기존 인건비 대비 비용절감 효과가 크다.

이렇게 기업이 필요할 때 필요한 만큼의 인력만 활용하게 되면, 일반적인 정규직 고용에서 발생할 수 있는 잉여시간을 최소화할 수 있다. 실제 일에 투입된 시간을 기반으로 산정한 비용이나 사전에 약속된 서비스의 가격만 지급하면 되기에, 비용이 줄고 직접고용의 부담을 줄일 수 있어 장기적으로 기업의 효율성 제고에 기여할 수 있다.

경우에 따라 프리랜서가 가진 경험과 전문성이 복수의 프리랜서 자원의 전문성을 비교해 선택적으로 충원할 수 있는 상황이 되는 경우에는 입찰방식bidding을 통해 최적의 비용을 구현할 수 있는 구조가 되므로 추가적인 비용절감으로 효율을 높일 수 있다. 예를 들어, 전 국민생활 솔루션을 표방하는 숨고Soomgo*는 고객이 최적의 거래비용을 확보할 수 있는 솔루션을 제공한다.

서비스를 원하는 클라이언트는 우선 숨고 플랫폼에서 원하는 분야와 시간, 장소 등의 조건을 입력하고, 이후 의뢰 조건에 적합한 해당 고수(전문성을 갖춘 프리랜서)들이 각자 견적을 보낼 수 있다. 클라이언트는 1회당 5개 견적을 받아 비교해볼 수 있으며, 고수는 견적을 보낼 때마다 일정 금액(크레딧)을 지불해야 하지만, 클라이언트는 고수를 찾는 과정에서는 전혀 비용을 부담하지 않는다. 이를 통해 기업은 여러 전문가의 서비스 내용과 가격을 비교할 수 있고, 고수 전문가는 자신의 상황에 맞는 서비스와 가격을 제안할 수 있다. 이러한 과정을 거쳐 기업은 예산 상황

---

* 2015년부터 서비스 중인 숨고는 숨은 고수 찾기를 뜻하는 말로 다양한 서비스를 제공하는 전문가와 고객을 연결해주는 플랫폼이다. 이사, 청소, 인테리어 등 홈서비스부터 디자인, IT 개발 등 전문 서비스까지 제공할 수 있는 72만 명의 고수가 플랫폼에서 활동하고 있다.

과 프리랜서 희망에 맞는 적정 가격을 조율하고, 최종 선택하여 아웃소싱 비용을 절감하게 된다.

② 관리효율성 : 탐색-산출물관리-결제, 업무 진행/예산 관리

디지털 인재 플랫폼은 일반적인 고객경험(인재 탐색/모집, 충원/계약, 산출물관리, 결제)의 전반을 IT 시스템을 기반으로 관리하는 기능을 제공한다. 일부 디지털 노동 플랫폼들은 특화 서비스를 제공해, 프로젝트에 소요되는 인력과 예산을 프로젝트 진행 타임라인에 맞춰 실시간으로 관리할 수 있도록 지원하여 기업의 효율성을 극대화할 수 있도록 돕는다.

글로벌 시장의 대표적 디지털 인재 플랫폼인 파이버는 기업이 아웃소싱하는 프로젝트의 관리를 효율적으로 지원하기 위한 B2B 서비스인 Fiverr Enterprise를 운영한다. 이 서비스를 활용하는 기업은 구독료를 납부해 여러 부서에 배부할 수 있는 50개의 개별 계정을 부여받고 프로젝트별로 투입된 인력과 비용을 대시보드 형태로 스스로 관리할 수 있다. 이러한 솔루션의 활용은 기업의 긱 워커 충원 및 관리 프로세스 중 많은 부분을 대행해주어 HR이나 재무부서의 핵심성과지표[KPI] 달성을 도울 수 있다.

HR 입장에서는 외부 프리랜서 모집, 선발, 고용의 모든 단계를 플랫폼이 대행해주므로 충원에 소요되는 리드타임을 줄일 수 있으며, 재무나 구매부서 입장에서도 전체 비용소요를 실시간으로 투입된 인력과 연계해 확인할 수 있어 KPI 관리에 효과적이다.

ADP 사 기업이 외부의 디지털 인재 플랫폼의 도움 없이 자체적으로

출처 : 파이버

출처 : ADP

프리랜서independent contractor 업무관리와 지불 등을 더 효율적으로 수행할 수 있도록 Work Market 솔루션을 출시했다. 플랫폼이 온보딩, 역량 검증, 긱 워커와의 소통, 지불 및 현황 분석 등의 고객경험 전반을 IT 시스템을 기반으로 관리할 수 있도록 지원하는 것이다.

③ 완수보증 : 약속된 성과 수준으로의 완수, 책임 있는 A/S

디지털 인재 플랫폼은 승인 프로세스와 품질 기준을 기반으로 고객과 프리랜서가 사전에 협약한 성과 수준(과업 범위와 산출물의 품질)에 부합하는 긱 웍이 완수될 수 있도록 돕는다. 뿐만 아니라, 긱 워커의 사정으로 정해진 기한 내에 합당한 성과 수준에 부합하는 서비스를 제공하지 못한 경우에는, 다른 긱 워커나 유사한 프로젝트를 대신 수행해 고객과 약속된 성과 수준에 부합하는 서비스의 완수를 보증하는 기능을 제공한다.

이와 같이 디지털 인재 플랫폼은 플랫폼의 네트워크 효과를 통해 다양한 프리랜서를 비교 탐색하고, 가장 적합한 인재를 충원해 업무를 수행하는 모든 과정과 산출물을 관리/통제해 근로의 대가를 지불하도록 함으로써, 거래비용을 절감 및 효율화할 수 있는 대안적 솔루션으로서 기능하며, 기업의 전략적 충원을 지원하는 역할을 한다.

긱 워커가 디지털 인재 플랫폼을 통해 얻는 '보증'의 가치와 혜택

① 시간효율성 : 영업, 마케팅, 기타 행정업무 등 대행

긱 워커는 끊임없이 새로운 일의 기회를 발굴하고, 기존의 프로젝트 수행과 미래 프로젝트 수행을 위한 숙련을 추구하는 시간에 대부분의 시간을 써야 한다. 기성의 프로젝트 관리에 너무 많은 시간을 할애하면, 시간관리의 효율성이 훼손되어 수입을 극대화하기 어렵다.

긱 워커는 자신의 전문성과 역량을 기반으로 제공 가능한 서비스의 명세서를 일종의 홍보 브로셔처럼 판매자 페이지credentialed storefront에 24시간 노출하여 고객을 유입할 수 있다. 영업과 마케팅 기능을 도와 긱 워커가 더 많은 일거리를 확보할 수 있도록 돕는 것이다. 뿐만 아니라, 일부 플랫폼들은 더 많은 프리랜서에게 편리함을 제공하고 지속적으로 플랫폼에 머물 수 있도록 다양한 행정적 부가서비스를 제공하기도 한다.

예를 들어, HR테크 기업을 표방하는 채용 플랫폼 원티드wanted는 국내 개발자 중심의 채용 플랫폼의 강력한 경쟁력을 기반으로 원티드 긱스wanted gigs라는 긱 이코노미 서비스를 운영 중이다. 원티드 긱스는 주로 IT 엔지니어로 추정되는 프리랜서 긱 워커의 페인포인트painpoint(불편함을 느끼는 지점)를 해결하기 위해, 그들의 종합소득세 신고, 세무 상담, 종합 자산관리, 법률 상담, 종합 건강검진, 전문가 커뮤니티 제공 등의 혜택을 묶어 제공하는 긱스 패키지를 운영하고 있다.

또한 프로젝트 수행 실적이 좋은 우수 프리랜서를 등급별로 관리하여 커리어에 관련된 직무역량을 향상시킬 수 있는 교육을 제공하며, 프리랜

원티드 긱스의 긱 워커 등급관리

긱스 등급	브론즈	실버	골드	다이아몬드
분쟁 조정	O	O	O	O
표준 계약서	O	O	O	O
클라우드 서버 할인	O	O	O	O
착수금 지급	X	O	O	O
명절 선물	X	X	O	O
원티드 공식 웹 명함	X	X	O	O
수수료 인하	X	X	X	O

원티드 긱스의 긱스 패키지 화면

출처 : 원티드 긱스

서의 소속감을 고취시킬 수 있도록 착수금을 선지급하거나 명절 선물을 제공하여 지속적으로 긱 워커가 원티드 긱스 플랫폼을 이탈하지 않고 긱 이코노미에 참여하도록 유도하고 있다.

② 관리효율성 : 일정 및 청구 등 업무관리(비서 역할) 대행

긱 워커는 디지털 인재 플랫폼에서 각자의 긱 웍을 등록하고, 판매하고 유통하며, 진행상황을 관리하고, 정산까지 받을 수 있으므로 자신의 경제활동 기반을 디지털 인재 플랫폼에 두게 되었다. 일부 플랫폼에서는 이러한 서비스 과정을 고객의 니즈에 맞게 프로젝트 시작부터 완수까지의 프로세스를 책임진다는 의미에서 풀필먼트fulfillment로 명명하기도 한다.

디지털 인재 플랫폼은 자신이 수행하는 여러 긱 웍과 관련된 모든 활동을 온라인을 통해 대행해주고 관리해주므로 프리랜서가 자신의 업무를 더 적은 시간으로, 더 효율적으로 관리해나갈 수 있도록 지원하는 역할을 한다. 또한 긱 워커가 수행하는 각기 다른 프로젝트의 완수 일정에 따라 플랫폼의 수수료를 제하고 최종적인 보수를 수령할 수 있도록, 계약의 시작부터 수행 및 종료 과정까지 전체 프로세스를 효율적으로 관리하는 역할도 수행한다.

인텔리전트 오토메이션 솔루션 리전Legion은 AI를 사용해 근로자가 수익을 최적화할 수 있게 여러 긱 워커의 일정을 조율해주는 솔루션이다. 긱 워커는 리전 솔루션의 도움을 받아 최대의 수입을 최적의 효율로 얻을 수 있는 스케줄을 제안받아 오전에는 필즈 커피, 오후에는 스타벅스, 저녁에는 피츠 커피에서 근무하는 일정을 채택할 수 있다. 또한 같은 로

직을 통해 고용주 사용자가 최적의 인력 운영을 할 수 있도록 대시보드를 관리해주는 기능도 보유하고 있다.

③ 지불보증 : 지불의 완결 및 추심 기능

긱 워커가 디지털 인재 플랫폼에게 기대하는 것에서 가장 큰 요소 중 하나는 수입을 안정적으로 확보하는 것이다. 이를 위해서는 플랫폼을 통해 확보한 다양한 소득을 체계적으로 관리하는 것이 필요하다. 이러한 과정에서 노동 서비스의 대가를 정산받는 일은 매우 중요한데, 디지털 인재 플랫폼은 이 과정을 지원 및 대행한다.

온라인 프리랜서는 다수의 클라이언트 다수의 프로젝트 과업을 수행하면서 일의 완료에 따라 부정기적으로 보수를 받는 특성을 지니므로, 급여일이 정해져 있지 않아 고정 수입을 얻기 어려우며, 각각의 긱 워이 끝나는 시점에 정산되는 경우가 많다 보니 특정 기간의 소득을 예측하고 관리하기 쉽지 않다. 또한 고객의 프로젝트 산출물 검수가 지연됨에 따라 생길 수 있는 정산 지연 등도 이슈가 될 수 있다. 뿐만 아니라, 여러 이유로 핑계를 대고 고의적으로 지급을 미루는 사례도 일어날 수 있다.

디지털 인재 플랫폼은 이러한 상황을 사전에 방지하기 위해 에스크로 방식의 지불보증을 진행하는데, 프로젝트 계약이 성사되는 시점에 먼저

파이버 플랫폼의 지불 프로세스

긱워커(판매자)가 자신의 서비스를 $100에 플랫폼에 등록합니다.

SaaP 모델에 따라 판매자는 먼저 시장에 서비스 제공 사항을 나열합니다. 각 서비스에는 작업 범위, 배송 시간, 가격 및 기타 서비스 사양이 잘 정의되어 있습니다. 수백만 개의 이러한 긱 서비스가 광범위한 서비스 카탈로그를 구성하며, 구매자는 이를 통해 자신이 원하는 정확한 서비스를 검색하고 탐색할 수 있습니다.

고객(구매자)은 파이버에 $105.50를 지불합니다.

구매자가 카탈로그를 탐색하여 원하는 서비스를 찾으면 주문을 하고 파이버에 긱 워에 대한 대금과 구매 금액의 5.5%에 해당하는 서비스 수수료를 지불합니다. $50 미만 구매의 경우 구매자는 소액 주문 수수료 $2를 추가로 지불합니다.

긱 워커는 주문 즉시 일에 착수합니다.

주문 시 파이버는 구매자에게 지침이 포함된 브리핑 문서와 함께 긱 업무에 대한 설명 파일을 판매자에게 보내도록 요청합니다. 판매자는 이를 받은 후 즉시 프로젝트 작업을 시작할 수 있습니다. 또한 프로젝트 과정에서 플랫폼을 통해 지속적으로 소통하고 협업할 수도 있습니다.

파이버는 판매자에게 $80를 지불합니다.

프로젝트 납품 후 14일 동안 구매자가 문제를 제기하지 않으면 파이버는 거래액의 80%를 판매자가 인출할 수 있도록 합니다.

플랫폼이 고객으로부터 서비스 금액을 수령한 후, 이를 보관하고 있다가 서비스가 종료되는 시점에 일정 수수료를 제하고 긱 워커에게 지급하는 방식이다.

파이버의 대금 지급 프로세스는 먼저 긱 워커가 자신의 서비스를 플랫폼에 $100에 등록하고, 고객은 플랫폼이 수취하는 서비스 비용 $5.5를 더해 플랫폼에 $105.5를 지불한다.

결제가 완료되면 긱 워커는 과업을 개시하고, 플랫폼은 고객이 긱 워커에게 필요한 작업에 대한 상세사항을 보내도록 가이드하며, 긱 워커는 이에 기반해 프로젝트에 착수한다. 프로젝트가 진행되는 중간에도 파이버 플랫폼을 통해 프로젝트 진행에 관해 소통하며 협업할 수 있다. 최종적인 납품과 대금지불은 프로젝트 산출물 납품 후 14일이 지나고, 서비스에 문제가 없을 경우 플랫폼은 서비스 금액의 80%를 수령하는 방식이다.

Case #3. 파이버의 보증 - 효율성

파이버는 2019년 4월 뉴욕 증권거래소NYSE, New York Stock Exchange에 상장한 스타트업이다. 텔  아비브에 본사를 두고 전 세계 7개 국에 지사를 운영한다. 창업자인 미샤 카우프만Micha Kaufman은 이스라엘 변호사 출신의 연쇄창업가다.

그는 기존 프리랜싱 서비스가 여전히 오프라인 기반이며, 프리랜서별 개인차가 큰 올드스쿨 비즈니스인 데 착안해 이 비즈니스를 시작했다고 한다. 창업자의 창업 동기와 유관하게 프리랜서의 수입 극대화나 권리 보호에 더 치중하는 모습을 보인다.

파이버는 특히 고객의 효율성을 높이는 IT 시스템 구축에 주력한다. 특히 양면 시장 사용자 중 프리랜서 관점을 더욱 중시하는 경향을 보인다. 파이버는 시장의 문제jobs to be done와 시장의 상황(양질의 고용 일자리는 감소하고, 팬데믹 이후 더 유연한 근무에 대한 수요가 증대되며 경제적 자유에 대한 니즈가 증대되는 환경)에 기반해, 프리랜서에게 더욱 친화적인 플랫폼을 구축하면서 사업을 영위한다.

파이버는 프리랜서 마켓플레이스Freelance Services Marketplace를 표방한다. 판매자인 Seller(프리랜서)가 자신이 제공하는 서비스를 상품으로 만들어 카탈로그처럼 플랫폼에 게시하는 마켓플레이스 방식으로 운영된다. 프리랜서는 7~30개의 긱 상품을 만들 수 있고, 순위가 높아질수록 더 많은 상품을 제공할 수 있다. 실제로 파이버의 프리랜서 회원 수는 2019년 말 기준 240만 명이었으나, 2020년 3분기 310만 명까지 (그 이후로는 미공개) 증가했다.

파이버 플랫폼에는 갓 시장에 뛰어든 프리랜서부터 고숙련 프리랜서까지 다양한 전문성과 역량을 보유한 프리랜서들이 각자의 상품을 제공하고 있다. 완성도 높은 작업을 원하는 고객을 위한 전문 등급인 '파이버 프로fiverr pro'를 두어 플랫폼이 직접 심사 및 검증을 마친 전문가들을 중개하기도 한다.

파이버가 플랫폼의 공급 측 사용자인 긱 워커 프리랜서들에게 제시하는 고객가치는 다음과 같다.

- 프로젝트 수주를 위한 입찰/협상 없음 : 프로젝트를 수주하기 위해 비딩을 하거나 직접 고객과 협상할 필요 없음.
- 거래 기회 극대화 : 플랫폼이 프리랜서가 프로젝트를 가져갈 수 있는 기회(파이프라인)를 극대화하는 역할을 대행해줌.
- 유연한 진행과 컨트롤 : 긱 워커가 주문을 승인하고 관리할 수 있는 기능을 구현해 일정을 사전에 협의하는 등의 유연하고 주도적인

일의 진행을 가능하게 함.

- 원활한 결제 및 비즈니스 지원 : 고객이 더 번거롭지 않도록 원활한 결제 기능 및 비용 입금을 위한 플랫폼을 제공함.
- 공식 판매자 페이지 제공 : 프리랜서가 자신의 서비스를 게시할 수 있는 (플랫폼 인증) 공식 판매자 페이지 기능을 제공함.
- 성공관리 및 지원 : 프리랜서가 플랫폼에서 비즈니스를 확장할 수 있도록 전담 Seller Success Manager를 두고 교육과 컨설팅, 마케팅 등을 제공함.

여기서 볼 수 있듯 파이버는 경쟁사인 업워크와는 다른 'Service as a product 모델'을 지향하는데, 이는 상품화/규격화된 컨설팅/자문 등의 용역서비스를 제공하면서 그 서비스에 대한 비용을 프리랜서의 시간 단위에 가격을 매기는 것이 아니라 상품 단위에 가격을 매기는 형태로 진행하는 것이다. 파이버는 이러한 서비스의 상품화를 통해 '아마존' 같은 프리랜서 플랫폼을 만드는 것을 목표로 하며, 파이버를 이용하는 고객은 프리랜서가 내세우는 서비스의 결과물, 금액대와 사용자 평점, 리뷰를 살펴보고 쇼핑하듯 선택할 수 있다.

파이버는 또한 다양한 채널을 통해 고객이 온디맨드 방식으로 유연한 충원을 진행할 수 있도록 돕고 있음을 강조한다. 특히 소기업들이 정규직 직원을 고용하지 않고, 필요할 때 프리랜서와 작업하면서 인건비, 임차료 등 고정비용을 줄일 수 있음을 소구한다. 또한 예산과 목표일, 작업계획서를 제공하면 원하는 비용에 작업을 완수할 수 있도록 솔루션을 통해 관리해나갈 수 있음을 강조한다.

그렇게 기업은 프로젝트 과업이 납기 내 완수될 수 있도록 관리하는 데 집중하고, 프리랜서는 자신이 좋아하는 일에 전문성을 발휘해 의미 있는 성과를 창출할 수 있도록 파이버 플랫폼이 도울 수 있음을 사이트 전반에 걸쳐 설명한다.

파이버는 기업이 아웃소싱하는 프로젝트의 관리를 효율적으로 지원하기 위한 B2B 전용 Saas 솔루션인 Fiverr Enterprise를 개발해 고객에게 제공한다. 또한 Fiver Pro 솔루션을 통해 기업 프로젝트를 수행할 수 있을 정도로 역량과 전문성이 충분히 검증된 인재/서비스 카탈로그를 선별하여 제공한다.

고객기업들은 파이버가 제공하는 다양한 인재 솔루션을 활용하여 전

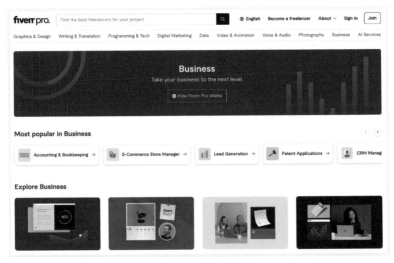

출처 : 파이버

문가를 소싱하고, 프로젝트의 진척을 관리하고, 프리랜서 정보를 공유하면서 팀과 협업해나갈 수 있으며, 손쉽게 예산을 편성하고, 투명하게 프로젝트 진행을 모니터링하면서, 대금 지불까지 원스탑으로 모두 간편하게 진행할 수 있다.

파이버는 이러한 고객과 프리랜서의 효율성을 돕는 방식으로 기업의 인재수요와 전 세계에 있는 전문적이고 재능 있는 프리랜서를 빠르고 효과적으로 매칭하여 기업과 프리랜서가 일의 미래를 함께 만들어가는 글로벌 커뮤니티를 이끌어가고 있다.

3장

미래는 이미 우리 곁에 와 있다.
모두에게 고르게 다가가 있지 않을 뿐.

윌리엄 깁슨William Gibson

사회변화가 촉진한
긱 이코노미

———

———

———

긱 이코노미가 가파르게 성장한 배경에는 과거 그 어느 때보다 급격하게 변화한 사회적 맥락이 존재한다. 디지털 전환으로 인한 일의 변화, 저출산 및 고령화로 인한 인구구조의 변화, 저성장과 만성 경기 침체로 인한 고용침체, ESG의 부각 등 다양한 사회적 변화가 맞물려 새로운 대안적 솔루션으로서 긱 이코노미의 성장을 촉진했다. 지금부터 이러한 배경을 하나씩 살펴보자.

디지털 전환이 일(직무)을 바꾼다

———

지켜보는 것만으로도 숨이 찰 지경인 오늘날 환경변화의 중심에는 디지털 전환digital transformation이 존재한다. 디지털 전환의 사례는 주위에서 쉽게 찾아볼 수 있다. 백화점이나 대형 마트의 유통 경쟁력은 온라인 쇼핑 앞에 그 힘을 상실해가고 우리 생활에 밀접한 여러 영역의 오프라인 서비스도 온라인 서비스로 대체되거나 변화하고 있다.

핸드폰 케이스로 유명한 케이스티파이CASETiFY가 좋은 예다. 케이스티파이는 오더 메이드 온라인 쇼핑몰로 스마트폰 케이스, 태블릿, 노트북 커버 등을 판매하는 홍콩 기업이다. 방탄소년단과 블랙핑크, 디즈니와 코카콜라 등 여러 아티스트나 브랜드와의 콜라보로도 유명하다. 케이스티파이의 성공은 소비자가 자신의 인스타그램에 올린 사진을 케이스티파이에 보내면 이를 바탕으로 전 세계 단 하나뿐인 맞춤 케이스를 제작해 보내주는 서비스에서 시작되었다.

서비스 문구는 이렇다.

'케이스타그램 : 인스타그램 사진에서 온 당신의 아이폰 케이스 Casetagram: Your iPhone case from your instagram photos'.

케이스티파이는 이러한 온디맨드 서비스를 기반으로 개인화된 다양한 굿즈를 판매하며 굿즈 기업이 아닌 테크 기업을 표방하며 글로벌 휴대폰 케이스 기업으로 성장했다.

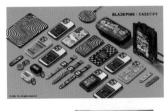

출처 : 케이스티파이

기존의 전통기업들조차 지속 성장을 위해서는 기존의 일하는 방식을 바꾸고, 구성원들의 디지털 역량과 스킬을 높여, 비즈니스의 본질을 디지털로 바꾸어 내야 하는 실정이다. 디지털 전환은 물리적인 자원과 작업 과정을 표준화하고 모듈화하여 디지털로 재구조화는 과정을 거친다.

서강대학교 김용진 교수는 기업이 디지털 기술을 활용해 비용의 효율을 실현하여 고객이 수용할 수 있는 적정한 가격에 개인화된 솔루션을 온디맨드 형태로 제공할 수 있게 되어, (고객에게 제공하는 가치가 높을수록 비용이 높아지던) 고질적인 가치-원가 딜레마를 해결하게 된 것이 디지털 전환의 가장 큰 기여라고 말한다.

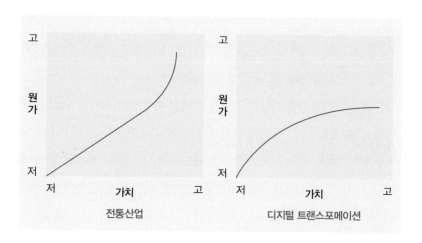

《디지털 트랜스포메이션 : 조직의 습관을 바꾸는 일》의 저자 황재선 SK 디스커버리 부사장은 디지털 전환을 '프로세스의 변화를 통해 일하는 방식을 바꾸고, 일하는 방식의 변화를 통해 사람(구성원)을 바꿔 결국 사업을 변화시켜 나가는 여정'이라고 정의한다. 지금의 디지털 전환은

기업의 가치-원가 딜레마를 해결하는 디지털 트랜스포메이션의 대두

김용진 교수
서강대학교

- DX는 온+오프라인을 결합해 온라인에서 오프라인을 통제할 수 있는 구조를 갖추는 것.
- 이를 위해 기업의 오프라인 자원이나 프로세스가 '표준화·모듈화·디지털화' 되어야 함.
- 비용 효율을 실현해 낮은 원가로 개별 고객 맞춤형 솔루션(On-demand)을 제공.

황재선 부사장
SK 디스커버리

일의 변화, 일하는 방식의 변화, 새로운 사람의 필요성 증가

단순히 기술의 변화만을 의미하는 것이 아니라, 경영 전반의 혁신과 비즈니스 모델의 전환까지도 포함한다는 것이다.

이러한 과정을 통해 기업은 고객의 물리적 경험, 기업의 비즈니스 모델 및 프로세스 등 산업 전반을 다양한 디지털 기술의 적용으로 혁신해나간다. 이에 따른 비즈니스 전략의 본질적 변화는 자연스레 조직문화나 일하는 방식의 혁신으로 이어져 고용과 노동 전반에 걸친 변화를 촉발하고 있다.

디지털 전환을 통해 전 산업의 구조가 디지털 중심으로 재편됨에 따라 기업의 직무체계 및 개별직무 또한 활발하게 변화하는데, 가치 사슬 value chain 상의 전통적 기존 직무에 대한 수요는 감소하는 한편 디지털 전환을 위한 조직과 그에 관련된 새로운 직무들은 하루가 다르게 생겨난다.

대한상공회의소는 2022년 발간한 보고서 〈대한상공회의소 SGI(지속성장 이니셔티브), 최근 노동시장의 현황과 특징〉에서, 노동시장의 부정적 측면으로 코로나가 촉발한 노동시장 미스매치를 꼽았다. 코로나 이후 IT 부문 중심으로 새롭게 생겨난 일자리는 소프트웨어 설계와 코딩 등 스킬을 많이 요구하는데, 기존 취업자들이 보유한 능력과 차이가 있다는 것이 주요 내용이다.

팬데믹 이후 전 산업에서 디지털 전환이 가속화되면서 기존의 IT 서비스 업종 외 금융, 건설, 제조 등 다양한 산업에서 IT 개발자를 채용하게 되었고, 공급 대비 많은 수요로 개발자 몸값이 천정부지로 치솟은 사례를 떠올려보면 노동시장의 불균형을 더 쉽게 공감할 수 있다.

한국직업능력개발원의 조사에 따르면, 2021년 SW 분야 개발인력 수요는 32만 6,450명인데, 공급은 18만 8,700명에 불과했다. 대한민국 인구 구조를 전체 기업의 고용 관점에서 볼 때 일할 수 있는 노동인구 수가 과거 대비 70%가량 줄어든 상황이다.

일반적으로 기업이 원하는 수준의 숙련도, 즉 독립적으로 자신의 업무를 수행할 수 있는 최소 5년 이상의 경력자 비중을 고려하면 그 수는 한 번 더 줄고 그중 뛰어난 전문성을 보유한 인력은 그중의 소수로 한번 더 좁혀진다.

지난 10년, 정보통신기술ICT, 인공지능AI, 사물인터넷IoT 등 디지털 기술은 새로운 직업의 생성과 소멸, 기존 직업의 직무와 과업 내용, 그리고 요구되는 역량과 스킬의 변화에 큰 영향을 미쳤다.

치열한 혁신 경쟁에 직면한 기업들은 인공지능을 비롯한 다양한 정보

기술을 자신의 제품과 서비스에 접목하면서 이를 더 독창적이고 매력적으로 구현할 수 있는 역량을 보유한 인재를 빠르게 확보해 새로운 비즈니스 모델을 만들어내고자 한다. 이러한 시장의 경쟁은 앞으로 더 심화될 것이므로, 미래 직업세계에서는 디지털 기술과 지식을 활용하는 역량이 매우 중요해질 것이다.

반면 이러한 디지털 전환의 가속화와 인공지능의 발전이 결국은 인간의 노동을 대부분 대체하고 말 것이라는 주장도 있다. 이러한 주장에 대해 전 영국 총리 정책 자문관 대니얼 서스킨드Daniel Susskind는《노동의 시대는 끝났다A world without work》에서 20세기 중반에 발명된 디지털 컴퓨터는 다양한 사무 작업의 혁신을 가져왔지만 인간의 필요를 완전히 없애지 못했고, 오히려 컴퓨터를 더 효과적으로 다룰 수 있는 전문 인력의 수요를 훨씬 늘리는 결과를 가져왔음을 설명했다.

그는 과거부터 지금까지 기술의 진보는 대체로 많은 노동자에게 도움을 주었지만, 틀에 박힌 업무를 반복적으로 수행해온 노동자들은 이익을 얻지 못했음을 강조했다. 이러한 관점을 경제학에서는 기술의 변화가 가지는 숙련 편향 경향skill biased이라고 하는데, 가령 변호사의 경우 광범위한 법률서류를 검색하고 정리해 검토하는 업무는 기술로 대체될 가능성이 높지만 배심원들 앞에서 탁월한 최종 변론을 펼치는 일은 대체되기 어렵다는 것이다. 즉, 틀에 박힌 업무를 수행하는 직업은 미래 기술로 대체될 가능성이 높지만, 틀에 박히지 않은 업무를 수행하는 직업에서는 미래 기술은 인간을 보완하는 선에서 도움을 줄 것이라고 설명한다.

오랜 기간 SNS 등의 검색 데이터를 분석해 거시적인 사회의 트렌드를 들여다보고 분석하는 데이터 과학자 (마인드 마이너) 송길영 박사는 여러 매체를 통해 '중간은 대체된다'고 말한다. 이 역시 같은 맥락에서 '기존 직업 중 평균적인 일들은 AI가 학습하기 때문에 누구나 할 수 있는 단순하고 반복적인 일을 하는 개인들은 결국에는 대체될 것이고, 깊게 공부하고 수련하는 (중간을 벗어난) 사람만이 직업 세계에서 살아남는다는 것이다.' 때문에 '독특하고 유일한 고유성 있는 일을 해낼 수 있는 개인의 능력이 더욱 중요해질 것'이라는 의미이기도 하다.

시민 데이터 사이언티스트 Citizen Data Scientist 개념도 다시금 주목받는다. 이들은 전문적인 데이터 과학자는 아니지만, 머신러닝 같은 데이터 과학 기술을 지원하는 소프트웨어로 데이터를 분석하고 새로운 관점을 발견, 제시하며 예측 모델을 만들어 비즈니스 결과를 개선하려는 사람이다. 기업 의사결정을 위해 데이터를 분석해서 의미 있고 효율적인 정보를 도출하는 분야인 BI Business Intelligence와도 연결되는 개념이다.

앞으로는 전문적인 코딩이나 데이터 과학 교육을 받지 않아도 마이크로소프트 Microsoft의 Power Apps 같은 소프트웨어 사용법만 배우면 기업의 가치 사슬의 모든 직무 종사자들이 엑셀 프로그램처럼 쉽게 데이터를 분석해 현재 이슈를 도출하고 미래 의사결정의 준거로 삼는 형태로 각자 맡은 업무의 생산성을 높이는 데 데이터 과학 프로그램을 활용할 수 있게 될 것이다.

이렇듯 지식과 정보에 대한 접근이 자유롭고 데이터 축적과 분석의 경계가 사라져가는 지금의 세상에서 산재한 기존의 정보 및 데이터를 논리적으로 융합하고 다양한 경험과 도구를 기반으로 정보와 데이터를 분석해 판단할 수 있는 통찰력 있는 인재에 대한 수요는 향후 더 늘어날 것으로 전망된다. 하지만 이러한 인재는 전 세계적으로 매우 희소하고, 기업 환경은 점점 더 세계화되고 있다.

치열한 글로벌 경쟁환경에서 기업은 결과가 불확실한 내부육성 전략 대신 명확한 스킬 셋과 성공적인 이력을 보유한 긱 워커를 외부에서 소싱해 비즈니스 성과의 불확실성을 최소화하려 할 수 있다. 이런 상황이 되면 기업은 전 세계에 퍼져 있는 고숙련 긱 워커를 다양한 디지털 인재 플랫폼을 통해 발굴하고 등용해 내부 비즈니스의 문제 해결이나 프로젝트에 활용하려는 동기가 커질 것으로 예상된다.

인구구조가 바뀌고, 사회적 비효용이 증가한다

우리나라는 인구구조의 변화로 어려움을 겪고 있다. 우리나라의 합계 출산율(15~49세 가임기 여성 1명이 가임기간 동안 낳을 것으로 예상되는 평균 출생아 수)은 OECD 국가 가운데(OECD 평균 1.58명)에서도 가장 낮은 0.78명(22년 기준)이며, 2023년 2분기의 합계 출산율은 0.7명 수준까지 떨어졌다.

저출산은 노동 부족 문제로 본격화될 우려가 큰데, 2022년 기준으로 우리나라의 출생아수는 24만 9천 명, 혼인 건수는 역대 최저인 19만 2천만 건, 엄마가 되는 나이는 평균 33세다.

이러한 인구구조 변화는 경제성장을 저해하는 한편 노동시장의 변화

우리나라의 합계 출산율

출처 : 통계청

를 야기할 것으로 예상되는데, 향후 실제적인 생산가능인구 감소와 노동력 투입의 감소에 대응하기 위해서는 여성 노동력을 비롯한 시니어 노동력 활용을 활성화해야 한다. 노동시장의 유연화를 통해 노동시장에서 탈퇴하더라도 다시 노동시장으로 쉽게 복귀할 수 있도록 노동시장의 경직성도 완화되어야 한다.

우리나라의 고령화 진행 속도도 OECD 국가 중 가장 빠르다. 고령화 문제는 오랫동안 한국사회의 이슈로 지적되어왔다. 저출산으로 인구는 점점 줄고, 평균 수명의 증가로 우리는 더 오래 산다. 2025년이 되면, 대한민국 고령인구는 1,000만 명에 달해 초고령사회에 진입하게 된다.

통계청에서 매년 발표하는 〈생명표〉는 연령별 사망률 통계로 산출되는 평균 생존 연수 데이터로, 이 표에 따르면 생산연령인구는 2017년 3,757만 명에서 2030년 3,395만 명으로 줄어들 예정이다. 또한 2020년 기준 평균수명은 83.5세(남자 80.5세, 여자 86.5세)다.

1980년 평균수명이 66.1세(남자 61.9세, 여자 70.4세)인 것에 비하면 지난

연도별 65세 인구(단위 : 명)

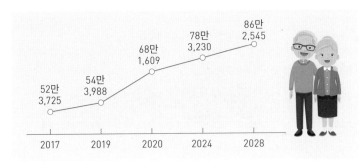

출처 : 국가통계포털

40년 동안 평균수명은 약 17년 증가했다. 저출산 및 고령화는 자연인구 감소와 생산가능인구 감소를 현실화시키고, 고령화의 심화는 고령층 빈곤율을 높일 것으로 전망된다.

은퇴도 본격화되고 있다. 베이비붐 세대(1995~1963년생)가 고령인구에 진입하는 시점인 2020년부터 은퇴연령은 급증하는데, 생산연령인구에서 벗어나(65세 이상) 은퇴연령에 도달하는 숫자가 2024년에는 78만 3,230명, 그리고 2028년에는 86만 2,545명으로 급격하게 증가한다.

통계청 국가통계포털에 따르면 2020년부터 7년간의 은퇴 인구는 총 535만 명으로 총인구의 10분의 1을 넘을 것으로 추산된다. 문제는 은퇴자 상당수의 노후 준비가 부족하다는 것이며, 국민연금의 소득대체율도 충분치 못한 상황이다. 최근 계속되는 부동산 가격의 하락까지 더해지면 이들의 삶의 질 문제는 점차 우리 사회의 중요한 사회문제로 대두될 것으로 예상된다.

신중년은 주된 일자리에서 퇴직(50세 전후)하고 재취업 일자리 등에 종사하며(72세) 노후를 준비하는 과도기세대(5060세대)를 말한다. 노동 시장에서 은퇴해야 하는 연령대로 인식되는 경향이 있는 고령자나 노인을 대신해 긍정적 의미를 담아 정책용어로 활용되고 있다. 통계청의 2021년 경제활동인구 조사 고령층 부가조사에 따르면, 현재 일하는 55 세부터 69세의 신중년 노동인구 중 40%에 달하는 272만 7천 명만 주된 일자리를 유지하고, 나머지 354만 7천 명은 다른 일자리로 이직하는 것으로 조사됐다.

주된 일자리를 유지한다고 해도 전문 관리직으로 일하는 신중년은 10명 중 1명꼴에 불과했다. 나머지 24%는 단순노무직으로 근무하거나 44%는 소득 수준을 낮춰 일하고 있었다. 퇴직 후 이직한 신중년의 경우 38%는 단순노무직, 51.8%는 상대적으로 소득 수준이 낮은 산업에 근무했다.

2018년 기준 우리나라 신중년 세대는 1,415만 명이다. 전체 인구 중 신중년(50~69세)이 차지하는 비중은 2017년 27%에서 꾸준히 증가하여 2021년에는 30%를 넘어 2026년에는 32.2%를 차지할 것으로 전망된다.

신중년은 경력을 살리지 못하더라도, 급여 수준이 낮더라도 더 오래 일하기를 희망한다. 같은 조사에서 '근로를 계속 희망하는가'라는 질문에 주된 일자리를 유지하는 신중년 인구의 91.2%는 일을 계속하기를 희망했다. 또한 기존 일자리에서 이직하는 신중년도 94.6%가 계속 일하고 싶어 했다. 근로를 희망하는 가장 큰 이유는 단연 생활비 보탬이었다.

정부는 이렇게 생애 주된 일자리에서 퇴직 후 전직이나 재취업을 희망하는 신중년을 위해 전직 지원 서비스를 제공하고 있다. 하지만 이용률은 높지 않고 실질적으로 만족도 높은 일자리를 찾아 전직하는 경우도 많지 않은 실정이다. 이러한 상황에서 앞으로 더 많은 시니어 숙련 노동자들이 풍부한 경험과 숙련도를 사장하지 않고 사회에 재활용할 수 있도록 하는 연결 창구가 필요한 시점이다.

이러한 고령의 숙련된 전문 인력들을 위한 재취업 및 지속근로 솔루션으로 긱 이코노미가 대안이 될 수 있다. 노동의 입장에서도 100세 시대를 살아가야 하는 현실에서 50대 중반의 나이에 퇴직해 새롭게 일을 할 수 있는 기회만큼 좋은 것은 없다. 자신이 가진 경험과 전문성을 필요로 하는 기업을 돕고, 더불어 소득을 통해 생활비에 보탬이 될 수 있다면 말이다.

다만 좋은 일의 기회, 안정적으로 소득을 제공할 수 있는 기업을 찾는 것이 어려운데, 이를 도울 수 있는 긱 이코노미 플랫폼을 통해 상호 안전한 탐색 과정을 거쳐 자신에게 맞는 긱 웍 프로젝트를 찾아 의미 있는 노동을 즐겁고 재미있게 제공할 수 있다면 기업과 노동, 사회적으로도 유용한 일이 될 수 있다. 그러한 관점에서 앞으로는 풍부한 경험을 갖춘 시니어 고숙련 노동자들이 더욱 활발히 긱 이코노미에 편입될 것이다.

저성장/경기침체 만성화로 정규직 고용이 줄어든다

2013년 미국 전 재무장관이자 하버드 대학교 전 총장인 로렌스 서머스는 장기 경기침체secular stagnation가 글로벌 경제의 뉴노멀new normal이 될 것이라 경고했다. 이러한 경기침체를 한 번 떨어진 경기가 지속적으로 유지된다는 측면에서 L자 경기라고도 설명한다.

팬데믹의 정점을 지난 2022년 말 기준, 세계 경제의 기반이 약해진 가운데 고조되는 글로벌 지정학적 불확실성은 경제 전반에 악영향을 미치며 이러한 예견을 더욱 현실화시키고 있다. 국제통화기금IMF은 2023년 경제성장률을 2.9%로 전망했는데, 전년도 성장률보다 0.7% 하향한 수치다. 다가오는 경기침체에 대한 두려움이 점점 더 커지고 있다.

고용은 대표적인 경기 후행적 지표다. 경기가 침체되고 기업의 사업구조가 재편되면 시장의 생태계에 영향을 미치고, 그렇게 시장의 구조조정 국면이 지속되면 고용의 침체가 이어진다. 경기가 나빠지면 기업은 일반적이고 관성적으로 고용을 줄이거나 기존의 인력을 내보내 비용을 줄여cut costs 스스로 생존하며 버티거나cut costs, 차근히 다음 국면을 준비하기 위한 전략적인 투자make strategic investment를 한다.

불경기에 인력을 줄이는 것은 기업의 고정비 중 가장 큰 비중이 인건비임을 고려하면 언뜻 당연한 접근처럼 보일 수 있다. 하지만 이러한 접근은 기업의 장기적 성장에 유효하지 않은 선택이 될 수 있다. 불

Figure 1. In the event of an economic downturn, executives would:

Make strategic investments

36%	Increase strategic partnerships
34%	Increase use of AI and automation
32%	Accelerate reskilling ✔
25%	Change business/product mix
23%	Increase M&A activity
22%	Outsource investment responsibilities

Cut costs

38%	Reduce operational costs / freeze expenses
33%	Curtail travel and/or mobility assignments
29%	Increase use of a variable staffing model
27%	Decrease bonus pools
26%	Reduce headcount ✔
23%	Slow down digital transformation
22%	Scale back investments in health and well-being

경기에 관성적으로 인력을 감축하는 의사결정은 기업의 미래에 그동안의 인적자원개발 노력과 팀워크, 조직문화, 업무 과정 개선 등에 투자한 비용을 매몰시키는 결과로 작용할 수 있다.

또한 이러한 의사결정으로 한번 무너진 직원들과 경영진 간의 신뢰는 향후 경기가 회복된다고 해도 쉽게 회복되기 어렵다. 이는 지속적으로 회사의 성장과 발전을 위한 자발적인 혁신과 변화를 추구할 수 있는 조직적, 인적 기반이 없어짐을 뜻하기 때문이다.

때문에 불경기가 길어지면 가급적 현재 고용 수준은 유지하면서 직무 생산성을 관리하는 것을 고려해야 한다. 핵심인력 또는 중추적인 직무 pivotal job와 역할 위주로 직무를 재설계하거나 업무의 프로세스를 개선하고, 잡 크래프팅job crafting 등의 방법을 통해 직원의 직무경험을 강화하는 접근이 더 유효할 수 있다.

대한상공회의소가 발간한 최근 보고서는, 2023년에는 경기둔화와 기저효과의 영향으로 취업자 증가세가 꺾일 가능성이 크며, 단기적으로 노동시장이 위축될 경우에는 생산가능인구 감소, 취업자 고령화 문제 등 국내 노동시장의 구조적 문제점도 확대될 것으로 예상했다.

정부는 이에 단기적으로 내년 노동시장의 위축에 적극 대응하되, 장기적으로는 국내 노동시장의 구조적 문제점을 해결하는 것과 해외 인재 유입 등 인재 부족에 대응하는 것, 일자리를 지속적으로 창출하는 등 기업의 인력 수요가 증가하는 분야의 일자리 창출 노력을 지속할 것이라고 발표했다.

이러한 실정에서 긱 이코노미는 인력 수요의 공백을 더욱 경제적인 일

시적 충원으로 해소하여 기업이 미래를 준비하도록 도울 수 있다. 노동인구에게도 고용이 어려운 실정에서 긱 워커를 선택해 지속적인 수입을 발생시키는 것이 의미 있는 대안이 될 수 있다.

과학기술정보통신부 소프트웨어 마에스트로 멘토인 강성재 대표는 "신규 스타트업이나 새로운 사업진출을 노리는 기업이 많아지면 직접 고용의 리스크를 감수하기보다는 외부의 전문가 그룹을 활용해 일을 진행하려 하는 경향이 커진다"며, "스타트업은 직접 IT 개발팀을 운영하기보다는 외부의 전문가로 개발팀을 꾸려 MVP를 구축하여 운영 후 투자를 받고 추가 개발을 진행하는 형태가 많다"고 설명했다.

그는 최근 소프트웨어 개발자를 중심으로 긱 워커가 증가하고 있음을 설명하면서, "다양한 루트로 뛰어난 기술역량을 보유한 개발인력을 검증하여 충원하는 것이 매우 중요한 세상이 되었다. 개발역량만 뛰어나다면 긱 웝 형태로 수행할 수 있는 프로젝트 수요는 여전히 시장에 존재한다"고 말했다. 실제로 IT 엔지니어 위주의 프리랜서 긱 워커를 매칭하는 원티드의 '원티드 긱스' 서비스의 매출액은 2021년 16억 7천만 원에서 2022년 48억 4천만 원까지 성장하며 단기간에 세 배 가까운 신장세를 보였다.

중소기업의 인력수급 불균형(미스매치)이 심각하다

중소기업의 인력수급 불균형은 생각보다 훨씬 더 심각하다.

2020년 중소기업 기본통계 내용을 살펴보면 국내 기업의 99.9%는 중소기업이며, 전체 기업 종사자의 81.3% (1,754만 명)는 중소기업에 근무하고 있다. 이렇듯 일자리의 80% 이상이 중소기업에서 나오는데도 노동인구 중에서 자발적으로 중소기업에서 일하려는 사람은 많지 않다.

구직자는 대기업을 선호하고, 중소기업은 일자리가 있는데도 맞는 사람을 구하지 못하며, 중소기업을 희망하는 구직자들조차 잘 알려지지 않은 중소기업 특성상 적합한 일자리를 찾지 못하는 실정이다. 중소기업에서 일하겠다는 사람은 늘어나는데, 정작 중소기업에서 일할 사람은 없는 상황은 어제오늘의 일이 아니다.

중소기업 입장에서는 1년 내내 상시 채용을 해도 원하는 인력을 뽑는 일은 매우 어렵고, 운 좋게 그런 인력이 입사한다고 해도 더 좋은 조건을 제시하는 대기업을 찾아 금방 이직을 한다. 구직자는 임금, 복지수준, 성장 가능성, 작업장 환경, 조직문화 등을 균형적으로 고려한다.

중소기업은 대기업 대비 임금/복지나 안정성의 차이가 크고, 사회적 차별 인식도 여전히 존재하므로 대부분 대기업을 선호하는 경향이 있다. 요즘 구직자들은 대기업에 취직이 되지 않으면 신성장 산업에 관련한 직

2020년 기준 중소기업 기본통계 주요 결과(단위 : 개, 명, 억 원, %)

구분	기업 수	종사자 수	매출액
2019년(비중)	6,890,203(99.9)	17,273,909(81.3)	26,537,548(47.1)
2020년(비중)	7,286,023(99.9)	17,541,182(81.3)	26,733,019(47.2)
증감(률)	395,820(5.7%↑)	267,273(1.5%↑)	195,471(0.7%↑)

업훈련을 수강하면서 실업급여 청년수당에 의존하며 취업 연기까지 불사한다.

물론 자세히 살펴보면 구직자가 원하는 다양한 고려요인을 충족하고, 다양한 성장의 기회도 제공해줄 수 있는 강소기업, 중견기업도 많이 있다. 하지만 구직자 입장에서 이러한 정보를 얻을 수 있는 채널이 부재한 실정이라 좋은 기업을 발견하는 것은 더욱 어렵다.

그러다 보니 많은 중소기업이 좋은 근로조건이나 복리후생을 갖추고 있음에도 중소기업 전체에 대한 부정적 이미지의 영향을 받아 우수한 인재를 뽑지 못하는 상황이 지속되다 못해 고착화되고 있다.

긱 이코노미 플랫폼의 중개 역할은 이러한 정보의 비대칭을 해결하는 데 기여할 수 있다. 재취업을 원하는 고숙련 인재, 겸업이나 부업을 원하는 프리랜서가 긱 이코노미 플랫폼의 중개를 통해 기업에 매칭되며 고용주로서의 기업에 대한 정보가 공개되는 것도 순기능이라 할 수 있다.

중소기업의 인력난은 특히 고숙련 고급 인재의 부족에서 명확히 드러난다. 그 이유는 시장에 고숙련 인재가 없어서가 아니라, 이러한 고숙련 고급 인재가 구직에 더 신중한 경향이 있어 쉽게 지원하지 않기 때문이다. 즉, 이러한 고숙련 인재를 노동시장에서 찾기가 매우 어렵다.

2019년 실시한 경제활동인구 조사에 따르면 석사급 이상 50~60대 비경제활동인구는 약 10만 명 이상이고, 실업자는 8,000명으로 집계되었다. 급격한 고령화로 퇴직 전문 인력의 수는 증가하며 팬데믹으로 인한 업황 악화, 이어진 경기침체를 감안하면 중장년 고학력 은퇴자의 수는 더욱 늘어날 것이다.

인력수급 불균형과 관련한 사회적 비효용의 이슈는 중소기업에 필요한 신입과 고급 인력이 시장에는 상당수 존재하지만 기업에는 연결되지 못하는 인력수급의 불균형을 정부나 민간이 적절한 솔루션을 통해 해결해주지 못한다는 점이다.

기업이 마주한 변화, 즉 직무변화, 인재 부족, 스킬 격차, 인력수급 불균형 등의 상황에서 기업이 원하는 역량을 보유한 사람을 원하는 시기에 원하는 업무에 배치할 수 있느냐는 매우 중요한 이슈가 된다. **긱 이코노미를 잘 활용하면 고급 인력을 필요로 하는 좋은 기업에 재취업하도록 연계할 수 있고 글로벌 경쟁력을 갖춘 강소기업에 역량 있는 신입 인력을 연결할 수도 있다.**

이렇듯 긱 이코노미는 다양한 방식으로 기업에 필요한 노동수요를 노동시장에서 빠르게 확보해 충원할 수 있는 대안을 제공한다는 면에서 중소기업의 미래에 중요한 경쟁력을 가져다줄 수 있다.

노동인구 유지를 위한 사회적 비용이 커진다

———

머서Mercer의 〈글로벌 인재 트렌드〉 2022~2023 리포트의 내용에 따르면 글로벌 고성장 기업들의 가장 큰 고민은 안정적으로 인력workforce을 유지하는 것이었다.

글로벌 기업들은 인재 부족으로 인한 전방위 구인난 가능성을 염려하고 있다. 향후 발생할 인재 부족은 산업 간의 구조조정으로 이어질 수

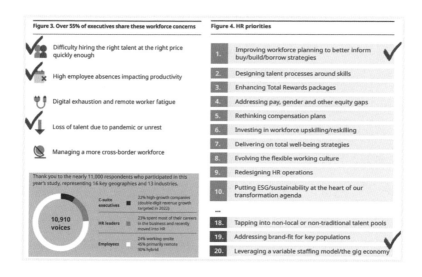

있으며, 일부 산업과 기업 소멸도 가능한 시나리오 중 하나다. 여러 국가와 기업에서 외국인 근로자 유입을 포함해 기업에 필요한 고숙련 인재를 선제적으로 확보하기 위해 노력해야 하는 상황이다. 이러한 국면에서 긱 이코노미는 의미 있는 충원의 대안이 될 수 있으며, 사회적인 비효용을 해소하는 데에도 기여할 수 있다.

긱 이코노미는 인력 공유경제다. 공유경제는 활용되지 않는 유휴 자원을 타인과 공유하여 불필요한 소비 자원의 낭비를 줄이고, 궁극적으로는 사회 공동의 이익 증가에 기여하는 경제활동이자 사회운동이라고 정의할 수 있다. 다양한 인재들의 독창적이고 가치 있는 지식과 경험, 전문성 등을 더 유의미하게 쓰일 수 있도록 하는 연결의 장을 마련하여 사회적 비효용을 해결하고 궁극적으로는 사회 전반의 이익 증가에 기여할 수 있다.

긱 이코노미는 국가적, 사회적으로 가치 있는 지식과 경험 및 노하우가 매몰되는 사회적 비용을 최소화한다.

매년 대기업 임원으로 은퇴하는 규모가 상당하다. 사회 전체를 하나의 관점으로 바라보면 이들의 소중한 지식과 경험, 노하우는 사회의 다른 곳에 충분히 도움이 될 수 있는 자원임에도, 실직과 동시에 이들이 기존에 가지고 있던 직무 전문지식과 노하우는 사회의 잉여가 되거나 사장되는 셈이다. 경업 이슈가 발생할 수 있는 기업 고유의 지식만 제외하고는 얼마든지 활용될 수 있는 귀중한 자원이 수요/공급을 매치해줄 수 있는 장이 없어 매몰되어버리는 사회적 비용이 발생하는 셈이다.

고숙련 고경력 인재매칭 플랫폼 탤런트뱅크는 이러한 은퇴 임원을 중소기업의 비즈니스 문제해결 니즈와 직접 연결함으로써 이들의 소중한 지식과 경험, 노하우가 잉여가 되거나 매몰, 사장되는 사회적 비효용을 최소화한다.

탤런트뱅크의 프로젝트 사례 중에는 대기업에서 30년간 해외영업을 수행한 프리랜서 전문가가 자신의 근무경험과 수많은 업계 인맥을 통해 몇 년간 골치였던 일본 거래처 확장과 영업/거래처 관리 프로세스를 정립해준 사례, 중견기업 기획 임원 출신의 프리랜서 전문가가 합작법인joint venture 설립/운영 경험이 없는 스타트업을 자문해 협력사 간 의견을 조율하고 잠재적 리스크를 정확히 파악해 합작을 마무리해준 사례 등 경험적 지식을 기반으로 기업의 비즈니스 문제를 해결한 사례가 다수 존재한다.

또한 긱 이코노미는 저성장 경기침체 상황에서 더욱 빛나는 대안이

될 수 있다. 미래 성장동력을 준비해 향후 경기가 회복되었을 때 본격적인 성장을 일굴 수 있는 자구책을 원하는 기업들은, 현재 사업에서의 공격적인 투자를 줄이고, 숨을 고르며 현재 사업의 내실을 다지는 한편 미래 사업을 차분히 준비하려고 한다. 새로운 일에는 새로운 사람이 필요하다.

일에 맞는 충분한 전문성과 역량을 갖춘 인력이 회사 내부에 없다면, 그에 맞는 인력을 외부에서 충원해야 한다. 경기침체 국면에서 그러한 인력 소요를 모두 고용으로 해결하는 일은 적절하지 않을 수 있다. 이러한 맥락에서 긱 이코노미 및 긱 워커의 활용은 우리 조직과 외부의 뛰어난 전문가 개인을 느슨하게 연결하고, 외부 충원을 통해 조직의 개방형 혁신open innovation 을 추구할 수 있는 좋은 방편도 될 수 있다.

4장

서로가 지나는 인생의 때가 다름을 이해sympathy하고
우선순위가 다를 수 있음을 공감empathy할 수 있다면
관계는 더 성숙해지고 신뢰는 더 견고해진다.

그냅 다브 Gnab Darb

기업은 왜
긱 이코노미가 필요한가?

Borrow & Share를 활용한 Talent Access 전략

DX
: 일이 다양해지며, 일의 내용도 바뀐다

우리는 혁신과 변화가 표준인 시대에 살고 있다. 이러한 시대에는 민첩한 기업만이 살아남을 수 있고 변화에 스스로 선제적으로 대응하는 기업만이 지속적으로 성장할 수 있다. 시스코 시스템즈Cisco Systems 회장 존 챔버스John Chambers는 빠른 기업은 항상 느린 기업을 이긴다고 단언했다.

반면 급변하는 환경에서 기업이 시장의 변화에 선제적으로 대응하기 위해 필요한 인적 자원을 자유롭게 확보하는 것은 점점 어려워진다. 디지털 트랜스포메이션은 시대의 일하는 방법을 변화시켰고, 준비되지 못한 변화를 마주하는 노동인구 중 숙련인구는 제한적인 상황이다.

서강대학교 경영학과 김용진 교수는 《오직 한 사람에게로 : 온디맨드 비즈니스 혁명》에서 기존의 물적자원 기반의 경제체제가 디지털 트랜스포메이션을 통해 지식 기반의 경제체제로 변화되며 지식활동의 중요성을 더욱 배가한다고 설명하면서, 산업과 고용 및 노동에 미치는 영향에 대해 다음과 같이 전망했다.

① 단순반복 업무나 예측 가능한 업무는 지적 노동, 중급 사무업무, 정밀한 육체노동까지 대부분 자동화되어 고용이 감소할 것이다.

② 인공지능이나 바이오 기술 같은 하이테크놀로지를 개발 및 운영하는 전문기술직은 더욱 다양해지고 세분화되어 수요가 늘고, 기술혁신에 부합하는 새로운 직업들이 향후 더 다양하게 만들어질 것이다.

③ 숙련 사무직은 프로젝트 기반 지식노동을 제공하는 형태로 변화해 전통적인 평생직장의 개념이 줄어들고 단기 고용을 중심으로 탄력적 고용 형태가 확대될 것이다.

2020년 세계경제포럼World Economic Forum에서 발간한 일의 미래 리포트에 따르면, 디지털 전환으로 2025년까지 20개 주요 국가에서 8,500만 개의 기존 일자리가 다른 일로 대체되며 새로운 유형의 일자리가 9,700만 개 이상 만들어질 것으로 예상했다.

한국도 마찬가지로, 2020년 한국고용정보원이 발간한 《한국직업사전 통합본 제5판》 자료에 따르면 2012~2019년 사이에 새롭게 생겨난 직업 분류는 5,236개로, 이 자료집에 등재된 총 1만 6,891개의 직업 분류 중 약 3분의 1에 해당한다.

새로 생긴 직업 분류는 4차 산업혁명 등 IT 기술 발전, 고령화 등 인구학적 변화 등의 사회 환경 변화, 정부 정책의 변화에 따른 것이다. 같은 기간 제품의 생산 중단과 디지털화 등 기술 발전에 따라 소멸된 직업 18개는 사전에서 빠졌다.

Convergence
: 산업간 융합으로 고용이 더욱 어려워진다

———

조시 버신 컴퍼니^{The Josh Bersin Company}가 발간한 〈HR Predictions 2023〉 리포트에는 산업 간의 융합^{convergence}으로 일이 새롭게 정의되고 있음을 강조한다. 직무와 커리어의 개념 또한 산업 간 융합으로 재정의되며 기존 산업과 직무의 경계가 무너지고 있다. 이는 디지털 전환을 거치며 대부분의 산업이 인접 산업과 비즈니스 모델로 확장되었기 때문이다.

전통 제조업이 전기자동차 산업에 뛰어들어 배터리와 배전 네트워크를 직접 구축하고 있으며, 아마존 같은 소매업체가 헬스케어 서비스에 참여하여 기존 사업자들과 경쟁을 시작한다. 제조업은 전기자동차, 배터리와 배전 네트워크를 직접 구축하며, 석유화학 회사는 수소 및 에너지 시스템 개발에 뛰어든다.

이러한 환경에서 고용주는 지원자의 레주메에 적힌 기업명만으로 지원자의 경험과 직무 역량을 유추할 수 없다. 또한 생소한 산업 및 직무 영역에서 현재 우리 조직이 보유한 스킬과 향후 필요한 스킬을 모두 이해하고 있어야 좋은 인재를 선발할 수 있다.

이 리포트는 이러한 국면이 기업에 더 많은 스킬과 새로운 직무, 그리

디지털 전환이 가져온 산업의 확장

소매업	헬스케어	뱅킹	텔코	미디어	자동차	에너지
상점 물류 푸드 서비스 배달 의약품 프로모션 멤버십	돌봄 간호 의사 시설 응급 조사 보험	지점 상품 세일즈 저당권 리스크 관리 애널리틱스 서비스	사회 기반 시설 네트워크 관리 서비스 테크놀러지 콜센터 디자인	인재 크리에이터 생산 영화 소셜 미디어 구독 출판	설계 제조 원천 공급망 공학 기술 서비스 딜러 안전	원천 탐사 생산 정제 배급 환경 안전 조사
배송	인포매틱스	핀테크	미디어	소셜 플랫폼	전기차	배터리
의약품 헬스케어	원격의료	암호	출판	크리에이터 이코노미	소프트웨어 엔지니어링	태양열, 전기
금융 서비스	IT 사이버보안	보험	5G	메타버스	반도체	에너지 시스템즈
옴니 채널	비즈니스 운영	제품 관리	컨설팅	배급	데이터 서비스	채굴

고 새로운 조직의 필요성을 증대시켰지만, 전통적인 고용으로 기업의 성장을 일구는 형태가 점점 어려워지는 상황이 도래했음을 강조한다. 이러한 맥락은 인재 부족, 스킬 격차 등과 함께 기업의 인력충원을 점점 더 어렵게 할 것이다.

한국의 고용시장은 이러한 변화의 양상을 그대로 반영한다. 지난 수년간 다양한 비즈니스 영역에서 디지털 전환이 계속되는 가운데 정부 주도의 스타트업 육성이 맞물려 다양한 창업기업들이 설립되었는데, 이는 고용시장의 SW 개발자 수요를 급격히 증가시켰다.

한정된 개발자의 공급과 희소한 고급 개발자의 수요가 급증하며 기업들의 개발인력 확보 경쟁이 본격화되어, 개발자 몸값이 단기간에 급격히 상승했다. 개발자 몸값 상승은 스타트업부터 대형 IT 기업에 이르기까지 영향을 미쳐, 중소중견 기업은 심각한 구인난에 시달렸고 대형 IT 기업은 한정된 고급 개발자를 두고 뺏고 뺏기는 경쟁을 지속하다가 과도한 인건비 증가로 수익성이 악화되는 결과를 초래했다.

이러한 경험을 통해 최근에는 기업 성과에 실질적으로 기여할 수 있는 개발자 역량을 입체적으로 검증하고 육성하는 것이 우선되어야 한다는 목소리가 커지고 있다. 개발자의 업무 효율과 생산성을 지속적으로 끌어올리기 위한 리스킬링과 업스킬링의 중요성 또한 부각되고 있다.

Talent Shortage
: 전 세계적으로 인재가 부족해진다

———

새로운 유형의 일자리가 늘어나면 새로운 분야의 전문성과 역량을 갖춘 인력은 점점 더 희소해지고 기업의 인재 부족talent shortage이 발생한다. 실제로 전 세계적으로 새롭게 생겨나는 일자리를 채울 수 있는 인재는 점점 더 부족해지고 있다.

타워스 왓슨Towers Watson과 옥스퍼드 이코노믹스Oxford Economics의 〈글로벌 인재보고서Global Talent 2021〉에 따르면, 한국은 심각한 인재 부족 국가로 2021년 필요 인력에 비해 공급이 9.3% 부족해진다고 예측했다. 다양한 분야의 인재 부족은 우리 기업들이 자연스럽게 해외 인재로 눈을 돌

산업 전반의 인재 부족

79%	79%	78%	78%	77%	77%	76%	73%
커뮤니케이션 서비스	에너지 & 유틸리티	헬스케어 & 생활과학	정보 기술	소비자 상품 & 서비스	산업 & 재료	운송, 물류 & 자동화	금융 & 부동산

리는 계기를 만든다.

해외의 실정도 마찬가지다. 팬데믹 이후 세계 경제가 조금씩 회복되면서 고용 수요는 꾸준히 회복되고 있으나 전 세계적인 인력 부족 현상은 증가하고 있다. 맨파워그룹Manpower Group의 2023년 인력 동향 보고서인 〈The New Human Age〉에 따르면, 글로벌 인재 부족은 2017년 중에 최고치를 달성하여 전 세계 고용주 5명 중 거의 4명이 2023년에 필요한 숙련된 인재skilled talent를 찾는 데 어려움을 겪는다고 보고했다.

콘 페리Korn Ferry가 2018년 발간한 〈Future of work: The global talent crunch〉 리포트에 따르면, 전 세계적인 숙련된 인재 부족은 생각보다 더 심각하다. 이 보고서는 인도를 제외한(인도는 노동연령 인구가 급증하여 인력 과잉이 기대된다) 전 세계의 숙련 인재 부족이 2030년 기준 약 8,500만 명이 될 것으로 예상했다. 또한 이러한 인재 부족으로 실현되지 못하는 연간 수익이 2030년 기준으로 약 8조 5천억 달러에 이를 것이라고 예견했다.

다음 그림과 같이 전 세계 많은 나라에서 고령인구가 은퇴 연령에 도달함에 따라 Z세대 노동인구의 증가로는 극복할 수 없는 심각한 인재

전 세계 인재 부족

대만	90%	프랑스	80%	이탈리아	75%
독일	86%	인도	80%	미국	75%
홍콩	85%	스페인	80%	노르웨이	74%
포르투갈	84%	영국	80%	네덜란드	73%
푸에르토리코	83%	오스트레일리아	79%	과테말라	72%
싱가포르	83%	캐나다	79%	폴란드	72%
헝가리	82%	아르헨티나	78%	튀르키에	72%
오스트리아	81%	일본	78%	코스타리카	71%
중국	81%	국제 평균	77%	페루	70%
핀란드	81%	그리스	77%	멕시코	69%
아일랜드	81%	스웨덴	77%	슬로베니아	68%
루마니아	81%	이스라엘	76%	체코	66%
벨기에	80%	대한민국	76%	파나마	65%
브라질	80%	스위스	76%	콜롬비아	64%

부족과 노동인구 감소가 가시화되고 있다. 특히 프랑스, 스위스 등 조기 퇴직률이 높은 국가는 전체 인재풀이 고갈되는 상황인데도 소수의 기업만 은퇴자를 재고용하여 인재 부족이 더 심각한 상황이다.

게다가 숙련 노동인구의 불균형은 최근에 더 심해졌다. 맨파워그룹이 발간한 〈2023 Global Talent Shortage Study〉에 따르면, 전 세계 기업의 75%가 인재 부족으로 어려움을 겪고 있다. UBS의 2022년 조사에서, 응답 기업의 90%는 숙련된 노동력과 첨단 기술력을 확보해 공급망 리스크를 최소화하기 위해 과거 중국으로 오프쇼어링offshoring했던 공장 등 제조시설을 다시 자국으로 온쇼어링onshoring하거나 또는 인접 국가로 니어쇼어링near-shoring할 계획이라고 밝혔다. 실제로 테슬라가 미국 텍사스와 인접한 멕시코 북동부의 누에보 레온 주Nuevo Leon에 기가 팩토리를 건설하기로 하는 등, 많은 글로벌 기업이 세계 최대의 소비시장인 미국과 인접한 멕시코에 생산공장을 이전하고 있다.

조시 버신 컴퍼니가 발간한 〈HR Predictions for 2023〉 리포트 역시 기업의 인재 부족, 노동자의 희소성이 증가하고 있음을 중요한 문제로 다룬다. 다음 표에 제시한 UN의 선진국 출산율 데이터를 살펴보면 노동의 규모를 유지할 수 있는 한 가족당 2명도 출산하지 않는 실정이다. 다시 말하면 선진국의 노동인구는 정점에 도달하기 시작했다. 세계은행 데이터에 따르면 선진국 총 인구는 2045년경에 정점을 찍고 그 이후에는 아프리카, 인도네시아, 인도 등의 국가만 계속해서 증가할 것이라고 한다. 이후에는 이민을 허용하는 것만이 경제를 확장할 수 있는 유일한 방법임을 의미할 수도 있다.

로봇이 결국 인간의 일자리를 앗아갈 것이라는 예측보다, 머지않은 미래인 2030년이 되면 현재의 일자리를 채울 수 있는 사람이 부족해진다는 인재 부족이 전 세계 노동의 가장 중요한 이슈인 것이다.

2022년 출산율

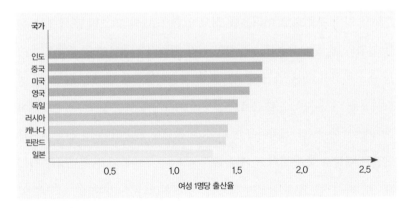

이러한 이슈에 직면한 기업은 1차적으로는 본부와 운영 센터를 인재 공급이 더 풍부한 곳으로 이전할 수 있겠지만, 더 근원적으로는 노동인력을 어떻게 더 개발하고 유치하고 유지해야 할지 근원적인 고민이 필요한 시점이다. **가령 타 산업 및 기업의 유사 스킬을 보유한 인력을 육성해서 우리 기업에 고용하는 방식이나, 양사 간 협력/제휴를 통해 일의 수요에 따라 인력을 공유share하는 형태의 방식도 가능할 수 있다.**

정부 역시 마찬가지다. 기업의 해외 도피를 방지하고 국가의 경제소득과 지위를 보호하기 위해서라도 국민의 전반적인 스킬 수준 향상에 더 적극적으로 투자해야 한다. 각국 정부는 인재 확보 전략을 최우선 순위로 잡고, 기존의 노동인구를 교육하고, 훈련하고, 업스킬링하는 조치를 적극적으로 취해야 하는 국면에 접어들었다.

실제로 일본 정부는 뛰어난 기술력을 지닌 전문가를 끌어들이기 위해 외국 인재를 대상으로 한 영주권 부여 기준을 이르면 2023년부터 완화한다고 밝혔고, 우리 정부도 2022년 말에 이미 외국인 우수 인재 이민 확대를 위해 과학·기술 우수 인재 영주·귀화 패스트트랙을 신설한다고 밝혔다. 이는 외국인 우수 인재 이민 확대 정책의 일환이나 인구구조 고령화와 생산인구 감소에 따른 경제규모 위축 등 예상되는 인재 부족에 대한 선제적인 대응으로 읽을 수 있다. 한동훈 법무부 장관은 2023년 신년사에서 "10년 뒤에는 이민자들의 역량을 적극 활용하는 동시에 그로 인한 경제상황 변화로 불안감을 느끼는 국민들을 지원하고 챙기는 나라가 모든 면에서 세계를 이끌 것이라고 확신하며, 우리나라가 그런 나라가 되어야 한다"고 밝혔다.

Skill Gap
: 업무 스킬의 격차가 늘어나고 있다

———

2023년 5월, 세계경제포럼World Economic Forum이 발간한 〈Future of Jobs〉 리포트에 따르면, 기업들은 자사 근로자의 스킬 중 44%가 향후 5년 이내에 급격히 바뀔 것disrupted이라고 예측한다.

디지털 트랜스포메이션과 산업 내 혹은 산업 간의 융합으로 새로운 직무가 지속적으로 생겨나는 상황에서, 이처럼 직무 과업task을 수행하는 데 필요한 스킬skill도 지속적으로 변화한다.

스킬은 지식을 특정 과업과 직무 현실에 적용할 수 있는 숙련된 능력으로, 근로자가 학습이나 경험을 통해 얻은 지식을 현실의 일에 적용할 수 있는지 여부를 말한다.

스킬은 일반적으로 소프트 스킬과 하드 스킬로 나뉜다. 소프트 스킬은 대부분의 직업 분야, 기능function에 공통적으로 광범위하게 활용되는 테크니컬하지 않은 스킬nontechnical skill을 말한다. 가령 대인관계 스킬, 커뮤니케이션 스킬, 경청 스킬, 리더십 스킬 등이다. 하드 스킬은 좀 더 전통적인 유형의 스킬로, 특정 훈련을 통해 개발할 수 있는 기술적인 스킬이다. 그런 의미에서 테크니컬 스킬technical sklill이라고도 부른다. 이 스킬 영역은 직무에 특화된job specific 스킬로 직무에 따라 (역할과 레벨에 따라) 요구되는 스킬의 수준이 다르다.

이 리포트는 기업 내 복잡한 문제 해결의 중요성이 대두되면서 직원들의 인지적 스킬cognitive skill의 중요성이 급격히 높아진다고 보고했다.

환경의 빠른 변화가 인력 운영의 민첩성을 중요하게 만들고 있다. 때문에 기업들은 인사운영의 기본 단위를 과거 직무job 단위에서 한 단계 더 세분화해 과업task 단위로 변화시키는 추세다.

기업들은 과거처럼 직무를 인사운영의 기본 단위로 두지 않고, 직무를 구성하는 단위 과업들을 인사운영의 기본 단위로 변화시키고 있다. 바로 스킬 중심의 인사운영skill-based HR이다.

스킬 중심의 인사운영은 좀 더 빠르고 유연하게 운영되는 조직을 지향한다. 때문에 기업은 프로젝트 단위에 필요한 스킬을 정의하고, 그 스킬을 보유한 인력을 신속히 충원해 일을 완수하는 것을 중시한다.

SAP SuccessFactors의 송일석 파트너는 2022 HR Connect 콘퍼런스에서 기존 직무 중심 인사의 경직성, 환경 변화에 따른 새로운 과제와 업무의 지속적 발생, 기업에서 새로운 스킬 습득의 중요성을 직원에게 강조하기 위한 목적에서 스킬 중심의 인사가 점점 더 보편화된다고 설명했다.

과거에는 직무나 역량 중심의 인사가 가장 일반적인 HR의 패러다임이었다. 직무 중심의 인사에서는 직무 성격에 잘 맞는 사람을 선발하고 배치하는 것이 중요했고, 그 직무의 성격을 지식knowledge, 스킬skill, 능력ability 등으로 구조화하여 사람을 선발하고 배치할 수 있었다.

역량 중심의 인사를 도입한 조직에서는 이러한 KSA 외에도 고성과에 영향을 미치는 특정한 행동 특성, 즉 역량을 정의하고 이를 기준으로 선발, 육성, 성과관리, 승진 등 다양한 인사제도를 운영했다.

이러한 역량은 일반적으로 고성과자의 행동 특성을 기반으로 추출된다. 때문에 유사한 업무 환경과 맥락에서는 성과가 재현될 수 있다는 성과 재현성과, 특정한 행동이 고성과를 창출하게 한다는 인과성을 전제한다. 하지만 더 이상 과거와 업무 환경과 일의 맥락이 같지 않고, 직무의 내용이나 필요한 스킬 셋까지 극적으로 변화한 요즈음 이러한 역량 기반의 접근은 크게 유효하지 않을 수 있다.

이러한 맥락에서 자연스럽게 기업은 과거처럼 직무를 수행하는 데 요구되는 역량 KSAO Knowledge, Skill, Ability, Other characteristics를 관리하는 데 그치지 않고, 조직원들의 스킬 셋skill set까지 관리하게 된 것이다.

SAP SuccessFactors 연구팀의 메타 연구결과에 따르면, 2023년 HR 트렌드 중 가장 큰 것이 바로 스킬 중심의 채용이었다. 스킬 중심의 채용은 지원자의 자격(학력이나 과거 직무)에 기반해 선발하는 방식에서 벗어나, 지원자가 보유한 스킬과 실제 수행능력에 기반해 인재를 선발하는 것을 말한다.

이러한 스킬 기반의 채용은 인력구성의 다양성을 높이고, 비선형적인 경력 경로를 개발하려는 직원들의 니즈와 인력 재배치를 진행하려는 기업의 니즈를 모두 충족시킬 수 있는 대안으로 떠오르고 있다.

스킬 격차가 난다는 것은 디지털 전환에 따라 기업이 필요로 하는 역량(지식, 스킬, 능력)과 직원들이 보유한 역량 간의 차이가 발생함을 의미한다. IBM의 리포트 〈Skills Transformation For The 2021 Workplace, IBM〉(2020)에 따르면 일반적인 스킬의 반감기는 5년, 일부 테크니컬 스킬은 2.5년에 불과한 것으로 나타났다.

2023년도 와일리Wiley가 진행한 설문조사 〈2023: Employer perspectives on educating the postpandemic workforce〉 결과는 꽤나 흥미롭다. 이 조

사는 2022년 여름 미국 전역의 HR 전문가 및 채용 담당자 600명을 대상으로 실시했는데, "우리 조직에 스킬 격차의 존재를 인지하느냐"는 질문에 "그렇다"라는 응답이 10명 중 7명에 달했다. 이는 기업에 필요한 스킬에 대한 메타인지(인지 자체에 대한 인지 능력)가 개선되었다는 의미로 그만큼 스킬 격차의 중요성이 높아졌다고 해석할 수 있다.

이 조사는 ① 스킬 격차에 대한 인지는 회사 내의 연공/역할senority 레벨과 무관하게 전반적으로 향상되었고, ② 관리자 레벨 이상의 그룹에서 더 스킬 격차에 대한 인지가 높은 경향을 보였다고 밝혔다.

조사 대상 기업에 가장 필요한 테크니컬 스킬technical skill은 전략적 사

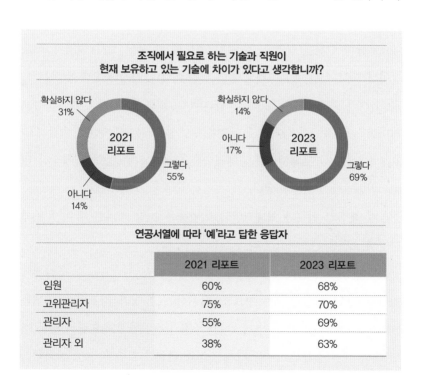

연공서열에 따라 '예'라고 답한 응답자		
	2021 리포트	2023 리포트
임원	60%	68%
고위관리자	75%	70%
관리자	55%	69%
관리자 외	38%	63%

귀사에서 현재 가장 필요한 테크니컬 스킬은 무엇입니까?

스킬	비율
전략적 사고 및 분석 스킬	46%
디지털 커뮤니케이션 스킬	41%
프로젝트 관리	40%
컴퓨터 스킬	30%
엔지니어링 스킬	27%
리서치 스킬	25%
데이터 분석 스킬	19%
프로그래밍	18%
기계 작동	17%

고 및 분석 스킬(46%), 디지털 커뮤니케이션 스킬(41%). 프로젝트 관리(40%) 등이 상위에 꼽혔고, 컴퓨터 스킬, 엔지니어링 스킬, 리처치 스킬, 데이터 분석 스킬, 프로그래밍 등이 뒤를 이었다. 가장 필요한 소프트 스킬soft skill은 문제 해결(42%), 시간 관리(36%), 변화에 적응하는 능력(35%), 리더십 능력(34%)이 상위에 꼽혔으며, 창조성, 커뮤니케이션(쓰기/말하기/프레젠테이션), 프로페셔널한 관계를 만들고 유지하는 능력, 긍정적인 태도, 팀워크 등이 뒤를 이었다.

스킬 중심의 인사가 확대되면서, 기업들은 스킬 격차를 줄이기 위해 다양한 노력을 전개하고 있다.

유데미Udemy는 〈2023 Workplace Learning Trends Report〉 조사에서 기업 대상의 학습을 구독형으로 제공하는 유데미 비즈니스 플랫폼 Udemy business platform의 테크니컬 스킬과 관련한 교육훈련 수강은 전년 대비 49% 증가했고, 비즈니스 스킬과 관련한 학습은 39% 증가했다

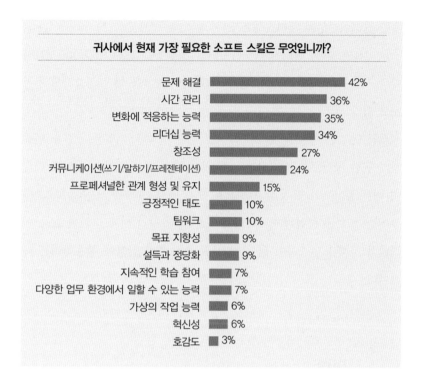

귀사에서 현재 가장 필요한 소프트 스킬은 무엇입니까?

항목	비율
문제 해결	42%
시간 관리	36%
변화에 적응하는 능력	35%
리더십 능력	34%
창조성	27%
커뮤니케이션(쓰기/말하기/프레젠테이션)	24%
프로페셔널한 관계 형성 및 유지	15%
긍정적인 태도	10%
팀워크	10%
목표 지향성	9%
설득과 정당화	9%
지속적인 학습 참여	7%
다양한 업무 환경에서 일할 수 있는 능력	7%
가상의 작업 능력	6%
혁신성	6%
호감도	3%

고 밝혔다. 이러한 수치는 이 분야에서 배워야 할 기술이 그 어느 때보다 많고 직원과 조직 모두에서 기술을 배우려는 요구가 증가하고 있음을 방증한다.

아마존Amazon은 자사 미국 임직원의 3분의 1에 해당하는 10만 명의 리스킬링을 위해 2019년부터 2025년까지 약 7억 달러를 투자하겠다고 밝혔다.

JP 모건은 임직원 25만 명의 리스킬링과 업스킬링을 위해 Skills Passport라는 학습 플랫폼을 통해 현재의 스킬 수준을 진단하고 관련 학습 콘텐츠를 큐레이션하여 서비스하고 있다.

SK그룹은 마이 써니mySUNI라는 학습 플랫폼을 통해 연간 200시간의 학습 시간을 강제하는 등 스킬 격차를 줄이는 것을 매우 중요하게 추진하고 있다.

세일즈포스Salesforce, 오라클Oracle을 비롯한 많은 기업은 스킬을 인증하기 위한 방안으로 임직원의 역량 및 학습 이력을 통합 관리하고 학습에 대한 동기부여 및 보상 차원으로 오픈 배지open badge, digital badge를 부여한다. 기존 종업원이 보유하고 있는 학위/자격 외에 다양한 교육 이력이나 자격을 인증하여 인사 배치 및 조직 역량 강화에 활용하려는 목적이다.

Risk
: 채용 리스크도, 정규직 고용도 부담스럽다

———

2012년 글로벌 인사 전문 컨설팅 회사 타워스 왓슨Towers Watson의 미라 가라즈 모한Mira Gajraj Mohan은 매일경제신문과 한 인터뷰에서 채용의 어려움과 채용 과정의 오류가 기업의 미래 경쟁력에 끼치는 영향을 설명했다.

그녀는 인터뷰를 통해 채용 과정에서 기업이 겪을 수 있는 가장 큰 문제는 '무엇을 모르는지조차 모르는 것'이라 말했다. 단기간에 이뤄지는 과정 자체에 집중하지 말고 회사 전체의 인력구조, 인재상 등을 끊임없이 점검하고 파악해야 함을 강조했다.

이 인터뷰에서 고려대학교 김광현 교수 역시 통계학의 1종 오류, 2종 오류와 비교해, 인사채용의 1종 오류는 뽑아야 할 핵심인재를 놓치는 것, 2종 오류는 채용해서는 안 될 사람을 뽑아 회사가 곤란해지는 것이며, 이 두 가지 오류보다 자신의 회사에 어떤 인재가 필요한지조차 모르는 3종 오류가 가장 심각한 오류라 말했다. 3종 오류가 발생하는 순간 1, 2종 오류를 막기 위해 마련한 모든 장치가 무의미하다고 경고했다.

그런데 실제 중소기업 현장에는 이러한 상황이 꽤 빈번하게 나타난다. 우리 회사에 필요한 인재가 어떤 사람인지, 어떤 경험과 지식, 스킬, 능력을 가지고 있어야 하는지 판단하기 어렵다. 때문에 필요한 포지션을 채용하는 데 꽤 오랜 시간이 소요된다.

수개월 이상 걸리는 채용과정이 부담될 뿐 아니라, 일단 채용하고 나면 고정적인 인건비가 발생하는데, 국내 실정상 한번 채용한 인재는 경영상의 심각한 사유가 아니면 해고할 수 있는 구조가 아니므로 채용 실패로 인한 리스크는 회사에 고스란히 남겨진다. 이러한 상황에 경기침체나 불황이 지속되는 경우 기업의 부담은 더욱 심각해진다.

2022년 말, 미국의 빅테크 기업은 이례적으로 대규모 구조조정을 단행했다. 메타Meta는 창업 이래 처음으로 1만 1,000명의 레이오프lay-off를 진행했고 트위터Twitter에서는 계약직 직원의 80%인 4,400명이 회사를 그만두었다. 이러한 상황과 관련해 결국 마크 저커버그Mark Zuckerberg 메타 CEO와 잭 도시Jack Dorsey 트위터 창업자는 팬데믹 후 디지털 전환 속도가 빨라지며 급속도로 인력을 충원한 자신들의 의사결정이 잘못되었음을 인정하기도 했다.

2023년 1월에는 구글도 창사 이래 최대 규모인 1만 2,000명을 레이오프하면서, 직전 1년간 글로벌 테크 기업의 인원 감축 규모가 20만 명을 넘어선 것이 화제가 되었다. 급변하는 상황에서 고용의 부담이 기업에 어떤 의미인지, 유연한 충원 솔루션이 얼마나 중요한지 확인할 수 있는 좋은 사례다.

긱 이코노미는 이렇게 불확실한 경영 및 고용 환경에 더욱 효율적으로 대처하기에 좋다. 기업이 긱 이코노미를 활용하면 직원의 고용 규모를 유연하게 통제하고 관리하면서도 다양한 형태의 인력을 충원해 노동수요에 대응할 수 있게 된다. 직원 규모를 유연하게 통제 및 관리할 수 있는 솔루션이 될 수 있다.

Staffing
: 전통적 고용 방식은 유연하지 못하다

인사의 여러 기능 중 충원staffing은 조직에 긍정적인 기여를 할 수 있는 충분한 인력의 수준과 모수를 채용, 배치, 유지하는 과정을 말한다. 전략적 인재충원strategic talent staffing의 개념은 조직의 비즈니스 전략을 지원하고 효율성을 향상하기 위해 미래 지향적이고 목표 지향적인 방식으로 조직에 인력을 충원하는 프로세스로 정의할 수 있다.

기업에서 충원 기능의 핵심 업무는 기업 전략과 목표를 정확하게 이해하고, 해당 전략을 수행하는 데 필요한 인재수요와 구성을 예측하며, 이러한 목표를 도울 수 있는 최적의 충원 방안과 정책을 선택하는 것이다. 기술의 변화, 인력 수급의 변화, 일하는 방식의 변화는 기업이 기존의 방식인 인재고용talent acquision으로 회사에 필요한 적합한 인재를 적기에 충원해 활용하는 데 큰 어려움을 초래한다.

전통적으로 기업의 충원 기능은 인재 획득talent acquisition, 즉 직접 고용을 기본적인 전제로 외부에서 인재를 영입할지buy, 혹은 내부에서 인재를 육성할지make 고민해왔다. 그 각각의 장단점은 다음과 같다.

Make : 내부인재 육성 전략

인력채용을 신입 중심으로 시작해, 조직의 사업전략과 핵심가치를 이해하는 내부인재를 주로 육성하는 방식이다. 이 전략은 회사의 문화/가치와 정합성이 높은 인재를 확보할 수 있다는 점, 사내 인력에 더 많은 기회를 제공하여 직원에게 동기를 부여할 수 있다는 점, 기존 인력과 경력직 인력과의 갈등을 비롯한 불필요한 갈등을 최소화하는 장점이 있다.

반면 다양한 기술과 경험에 대한 학습의 기회가 제한되고, 직무가 다양해지고 환경이 급변하는 상황에서 직무를 어떻게 리스킬링, 업스킬링할지 기준을 정의하는 것이 어려우며, 정의한다 해도 육성의 성과ROI가 보장되지 않을 수 있다는 점에서 한계가 있다.

또한 기존의 조직 역량이 미흡한 경우 육성을 통해 역량의 수준을 끌어올리고 보완하는 데 많은 시간이 소요된다는 단점이 있다.

Buy : 외부인재 영입 전략

인력채용의 중심을 경력직 고용에 두고 시장에서 검증된 기술과 경험을 보유한 인재를 주로 충원하는 방식이다. 외부인재 영입 전략은 조직 내 부재한 시장의 기술과 경험을 조기에 신속하게 확보할 수 있고, 기존 인력과의 건전한 경쟁을 유도하며 조직 내 학습의 기회를 부여하고, 교육과 인력 육성에 투입되는 비용을 절감해주는 장점이 있다.

반면 외부채용 자체에 비용이 많이 들고, 영입된 외부인재가 회사의 문화나 핵심가치에 동화되지 못하고 팀워크를 저해하는 등 외부인력과 조직 양방 모두 문화적인 변화의 비용을 감수해야 하는 경우가 많다.

또한 외부인재가 실제 보유한 역량을 입체적으로 검증하기 어려워 채용의 오류로 연결될 수 있다는 치명적인 단점이 있다.

피터 카펠리Peter Cappelli 교수가 2008년에 출간한《Talent on demand: Managing talent in an age of uncertainty》에는 내부육성 전략과 외부인재 영입 전략의 장단점이 잘 제시되어 있다.

그는 2013년《하버드 비즈니스 리뷰》기고문에서, 불확실성의 시대에 조직의 구조 변경과 기업전략의 변화가 끊임없이 이루어지는 상황에서는 인재의 수요를 예측하는 것이 어렵기에 내부인재 육성과 외부인재 채용을 병행해야 한다고 주장했다.

이는 2022년 대한민국의 현 노동시장 상황에 대입하더라도 유효한 접근이다. 직무가 새로워지고 다양해지며 리스킬링과 업스킬링이 화두가 되는 4차 산업혁명 시대에 특정 직무인력의 수요 및 공급을 예측하고 대응하는 것은 전체 노동시장 관점에서도, 개별 기업의 관점에서도 쉽지 않은 실정이다.

기업은 이러한 고용환경의 변곡점 상에서 긱 워커를 본격적으로 활용할지 말지 선택할 수 있는 기로에 서 있다. 기업 입장에서 보면 기존의 인재 획득talent acquisition 접근은 모든 직무 포지션에 고용을 전제하므로 유연성이 부족하고 비용이 많이 드는 충원 방식이다. 각종 수당과 보험, 그리고 세금까지 고려할 때 정규직 직원을 고용하는 것은 프리랜서를 고용하는 것보다 훨씬 더 많은 비용이 든다.

변화가 일상이 된 경영환경에서 적합한 인재를 찾는 데 소요되는 비용, 내부인재의 리스킬링과 업스킬링에 소요되는 비용까지 고려하면 계산은 더 쉽다. 이제는 긱 워커를 조직의 인력충원에 적극 활용하여 더 유연하고 민첩하게 인력 운영을 하는 새로운 접근 방식으로 '인재활용talent access' 전략을 고려해야 한다.

인재활용 전략은 기업이 소수의 핵심인재만 직접 고용하여 집중적으로 육성하는 데 투자하고 나머지 인력은 외부의 온 디맨드형 인재인 긱 워커 프리랜서를 전략적으로 활용해 일을 완수하는 형태의 충원 방식을 말한다. (인재활용 전략에 대해서는 2장의 업워크Upwork 플랫폼 사례를 다룬 글을 참조하시길 바란다.)

기업이 긱 워커를 본격적으로 활용하는 것은 충분히 합리적인 의사결정이며, 스킬 중심의 인사운영이 일반화될 미래를 고려할 때 기업의 충원 기능에서 할 수 있는 가장 선제적인 대응이 될 수 있다.

과거 산업혁명이 발생한 영국에는 붉은 깃발법Red Flag Act이 있었다. 증기 자동차가 지나가면 그 앞에 기수가 낮에는 붉은 깃발을, 밤에는 붉은 등을 들고 서 있어야 한다는 법이다. 이 법은 당시 정치인들이 마부의 일자리를 지키려고 만든 법인데 이 때문에 증기 자동차의 혁신을 38년이나 지연시키는 결과를 낳았고 결국 마부의 일자리는 사라지고 말았다.

국민은행 금융 AI 센터장 오순영 상무는 오늘날 기업들이 이러한 전철을 밟지 않기 위해서는 다가올 미래에 대해 민첩성과 변화대응력을 유지하는 것이 중요하다고 말한다.

오늘날 기업에서 유연한 충원이 필요한 이유는 역동적이고 예측할 수 없는 환경에 기인한다. 복잡하고 예측할 수 없는 환경에서 인력충원이 이루어진다는 것은 기업의 의사 결정자가 미래전략을 실현하는 데 어떤 스킬과 행동이 필요한지 확신할 수 없다는 뜻이다.

이러한 환경에서는 전략을 원활하게 지원할 수 있는 수준의 노동시장의 인재 수급 가용성availability을 예측하기 어렵다. 때문에 각 직무에 요구되는 역량을 규정하거나 추론하기도 어렵다.

결과적으로 더 전략적이고 유연한 충원을 통해 기업에 주어진 전략과제와 프로젝트들을 더 빠르게 수행하면서 우리가 어떤 역량과 스킬 셋을 필요로 하는지 스스로 검증하고 축적해나가는 방식이 필요하다.

이를 위해서는 더 주체적이고 지속적으로 조직을 혁신해나가는 동태적 역량의 확보가 중요해진다. 동태적 역량이란 기업이 핵심운영 프로세스와 전략적 목표를 통합하기 위해 필요한 핵심 프로세스를 개선하는 능력과 과정을 말한다.

기업 HR 관점에서 동태적 역량의 확보는 기존 전략에 인사제도와 인사 관행practice을 잘 정렬align하여 효과성을 높이는 것을 뛰어넘어, 기업이 지속적으로 경쟁우위를 유지하기 위해 직원들의 다양한 스킬과 행동이 필요함을 인식하고, 더 유연하고 빠른 충원 솔루션을 확보할 수 있어야 함을 의미한다.

기업은 더 유연하고 신속한 충원 솔루션을 적용해 우선적으로 기업이 원하는 역량을 보유한 사람을, 원하는 시기에, 원하는 업무에 배치해 활용해보는 경험을 가지면서, 변화하는 환경과 현업의 요구에 선제적으로 대응해 조직의 인적 역량을 빠르고 유연하게, 더욱 발전적인 방향으로 재구성할 수 있는 능력을 갖추어나가야 할 것이다.

5장

소속된 집단의 평판에 기대어 자신을 설명하려는 우를 범하지 말아야 한다.
중요한 것은 나의 실력, 그리고 나의 진짜 가치. 집단은 그 일부를 부연할 뿐이다.
나의 평판이 내가 소속된 집단을 설명할 수 있다면, 그것이 진짜 실력이고 가치다.

그냅 다브 Gnab Darb

사람들은 왜
긱 워커가 되려고 하는가?

Flow & Play
몰입할 만큼 재미있거나
의미 있는 일을 원한다

긱 워커가 되려는 사람들이 늘고 있다

―――――

《이코노미스트》는 '10년 후 세계 인구의 절반이 프리랜서로 살아가게 될 것'이라고 예측했다. 팬데믹은 디지털·비대면 기술의 비약적인 발전으로 이어졌고, 이는 원격근무를 일반화하여 정해진 시간, 정해진 장소에서 근무하는 전통적 노동의 개념을 바꿔놓았다. 이러한 맥락에서 긱 워커는 새로운 노동의 대안으로 각광받고 있다.

2021년 몬스터 잡스Monster Jobs의 리포트 〈The gig economy in 2021: New strategies for recruiting temporary workers〉에 따르면 응답자의 92%가 지금이 긱 이코노미를 선택하기 좋은 시기라고 응답했다. 이 92%의 응답자 중에서 57%는 직업을 전환하는 중간에 긱gig을 할 것이라고 답했고, 52%는 유연한 근무시간이 있는 장기 고용계약을 할 것이라고 밝혔으며, 39%는 단기 고용계약 또는 긱을 할 것이라고 답변했다. 이 서베이는 전체 사무직 근로자의 43%가 긱이 될 수 있는 범주에 속하며, 풀타임 고용보다 더 빠르게 성장하고 있다고 분석했다. 또한 수백만의 숙련 근로자skilled worker가 유연성이 있는 비정규직 커리어를 선택하고 있다고 밝혔다.

이 리포트 내용 중 가장 흥미로운 것이 바로 'a la carte approach to work'이라는 표현이었다. '아라카르트a la carte'는 프랑스어로 메뉴에서 메인코스 요리 대신 고객이 자신의 기호에 맞게 선택하여 주문하는 단품 요리를 말한다. 이 리포트에서는 사람들이 아라카르트처럼 자신의 기호에 맞는 업무 경험들로 구성하여 일하고 싶어 한다는 의미로 썼다. 팬데믹과 오피스 셧다운을 경험한 사람들은 이제 과거보다 다양한 수입원을 가질 수 있는 다양한 일을 경험해보려 하고, 자신이 원할 때 일하고 싶어 하며, 스스로 통제하며 더 유연하게 일하고 싶어 한다. 사람들은 이제 과거와는 완전히 다른 방식으로 일터와 고용주를 바라보는 것이다.

다니엘 핑크Daniel H. Pink는 《프리에이전트의 시대》(2001)에서 대공황을 겪지 않은 젊은 미국인들이 이전 세대에 비해 나 자신을 찾으려 하고, 더 의미 있는 일을 찾으려는 경향을 갖게 되었다고 분석했다. 이러한 경향은, 과거에는 경험해보지 못한 '극빈으로 인한 결핍의 공포'보다 '현실의 안락함에 대한 기대'가 크기 때문이며, 과거보다 더욱 자유롭게 자아실현을 추구할 수 있는 환경이 주어진 2001년 미국 현실에서는 노동인구들이 더 확대된 자신만의 목적을 추구하므로 노동은 더 이상 단순히 생존을 위한 것이 아닌, 새로운 의미를 창출하는 행위가 된다는 주장이었다.

이 책에서 그는 국가, 연령, 소득계층 및 교육 수준과 무관하게 공통적으로 일에 대한 만족도가 높은 집단은 바로 '자신의 선택에 따라 독립적으로 일하는 사람'이라는 조사결과를 밝혔다. 이러한 데이터를 기반으로 미래에는 고용자를 위해 일하는 사람이 아니라 스스로를 위해 일하는 사람으로 홀로 일하면서 다수의 고객과 소비자와 계약하는 '프리에이전트'가 새로운 일의 패러다임이 될 것이며, 노동인구가 원하는 새로운 노동의 윤리는 '자유, 진실성, 책임감, 그리고 자기가 정한 조건으로 정의한 성공'이 될 것이라고 주장했다.

그는 영화 〈제리 맥과이어〉의 주인공 제리의 사례를 들어 노동의 의미와 목표는 바로 '진정한 신념을 표현하고, 깊이 간직한 가치를 기반으로 행동하고, 나 자신에게 진실해지는 것'이라고 주장했다.

배우 톰 크루즈가 연기한 제리는 인생 멘토인 선배의 충고를 떠올리다가 성공한 스포츠 에이전트로서의 삶에 염증을 느끼고 회사를 관둔다. 회사를 그만두기 전 그는, 자신이 소속되어 있던 스포츠 에이전시가 지금보다 고객 수를 줄이고 돈을 적게 벌어야 한다는 요지의 제안서를 전 직원에게 보내는데, 그 주장의 요지는 '고객 수를 줄이더라도 고객에게 더 인간적인 관심을 쏟고 진심으로 돌보면서 인간으로서의 참모습을 찾고, 고객뿐 아니라 일하는 에이전트들 스스로도 잘 돌볼 수 있어야 한다는 것'이었다.

과거의 노동이 자신의 정체성을 감추고 자신의 진정한 개성을 억누르는 것이었다면, 앞으로의 노동은 개인의 신념과 가치에도 부합해야 하고, 각자가 정의한 '자신만의 진실함'에 다다를 수 있는 자유와 책임이 있어야 한다는 맥락으로 읽혔다.

《프리에이전트의 시대》에는 1969년 로렌스 피터 교수가 발표한 피터의

영화 〈제리 맥과이어〉

원리(1969년 로렌스 피터 교수가 발표한 피터의 원리는 사람들이 현재의 직무 수행 능력에 근거하여 승진하므로, 결국은 더 이상 감당할 능력이 없는 위치에 도달할 때까지 승진하고, 결국은 무능한 상태로 고위직에 남는다는 내용)에 빗댄 개념인 '피터 퇴장의 원리'가 등장한다. 피터 퇴장의 원리는 '사람들은 재미를 잃게 될 때까지 승진한다'는 개념이다. 승진을 하면서 점차 일의 흥미가 줄어들면, 재능 있는 사람들은 (마치 제리처럼) 프리에이전트가 되기 위해 조직에서 스스로 걸어 나오게 된다는 의미다. 그리고 책이 발간된 지 20여 년이 지난 지금에 와서야, 저자가 예견했던 프리에이전트의 시대가 오고 있는 것만 같다.

프리에이전트(프리랜서)의 시대가 온다

2021년 미국 기반의 글로벌 프리랜서 마켓플레이스인 업워크가 진행한 연구에서, 임시직을 제외한 프리랜서 노동인구가 직전 8년 중 가장 높은 비율로 증가했다고 보고되었다.

2021년 1년간의 프리랜서 비율은 전체 미국 노동력의 36% 수준으로 일정하게 유지되었지만 프리랜서 작업 유형에는 변화가 있었는데, 그 변화는 바로 임시직temporary worker의 감소와 숙련된 프리랜서skilled freelancer 비중이 높아졌다는 것이다.

석사 이상의 프리랜서는 2020년 조사 대비 6% 증가한 51%를 차지했고, 고졸 이하의 프리랜서는 2020년 조사 대비 6% 하락한 31%를 기록했다. **이 연구에서 신규 프리랜서들의 핵심적인 동기부여 요인은 ① 경력 소유권(68%) ② 원격근무 환경(54%)이고, 숙련된 원격 프리랜서는 ① 일정 유연성(78%), ② 위치 유연성(73%), ③ 의미 있는 일의 추구(73%)를 핵심 동기요인으로 꼽았다.**

2022년 국내 구인구직 매칭 플랫폼 사람인이 수행한 설문조사결과 역시 비슷한 양상이다. 성인남녀 응답자 2,848명 중 58.6%, 즉 10명 중 6명이 긱 워커가 될 의향이 있다고 답했다. 2021년의 동일한 조사에서도 긱 워커가 될 의향을 밝힌 사람은 58.4%이며, 이들 중 74.5%는 앞으로 긱 이코노미가 대세가 될 것이라고 예상했다.

이 인터뷰는 '평생직장 개념이 점차 희미해지면서 MZ세대들은 정규직에 더 이상 목매지 않고 긱 워커를 선호하는 경향이 더 강해졌다'고 설명하기도 했다. 사람인의 2021년 동일 조사에서 긱 이코노미 확산에 대해 긍정적이라고 답한 응답자는 64.8%이며, 그 이유는 ① 노동환경이 더 유연해질 것 같아서(62.9%, 복수 응답), ② 본업 외에 추가 수입을 얻을 수 있어서(41.2%), ③ 일자리가 늘어날 것 같아서(38%), ④ 다양한 일을 경험해볼 수 있어서(36.1%), ⑤ 정년 없이 능력에 따라 계속 일할 수 있어서(29%), ⑥ 경력단절 등 이탈이 줄어들 것 같아서(28.5%) 등이다.

이러한 국내외 설문조사결과들을 연결해보면 현대의 노동인구가 일과 직업에 대해 가지고 있는 가치관, 동기요인, 세대별 특성이 긱 워커가 되고자 하는 이유와 긴밀하게 관련되어 있음을 추론할 수 있다.

재미와 의미가 노동인구의 중요한 동기가 된다

지금 시대를 살아가는 노동의 공통적 동기요인

Flow & Play

몰입할 만큼 재미있거나 의미 있거나

2022년 말 발표한 머서Mercer의 〈글로벌 인재 트렌드〉 2022~2023 리포트는 직장인의 동기에 대한 국가별 비교 데이터를 제시했는데, 나의 공헌을 가치 있게 여겨주는 것, 자신에게 의미 있는 일, 재미있는 일 등은 전 국가에서 공통적으로 높은 순위를 차지했다. 아시아권 국가에서 근로자들은 가치 〉재미 〉의미 〉성장 〉리더 〉매니저 〉의사결정 〉부의 축적 〉소속감〉 조직의 사명/목적 등을 중요하게 여겼다.

한국보건사회연구원은 지난 2022년 시행한 사회·경제적 위기와 사회통합 실태조사에서 전국 19~75세 남녀 3,923명 대상으로 팬데믹 이후

전 세계 직장인의 동기 2022~2023

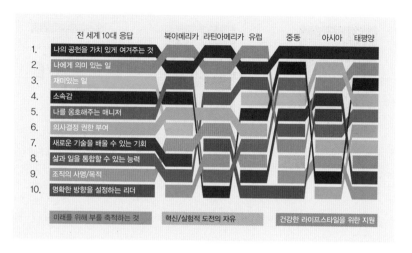

국민의 행복도와 우울감을 조사했다.

코로나19 팬데믹 이후 40대~50대는 더 우울해졌고, 20대~30대는 행복감을 잃었으며, 임시·일용직의 절반 가까이가 근로소득 하락을 경험했다. 코로나의 상흔이라고 부정적으로만 치부할 필요는 없다. 사람들은 이러한 환경에서 내 삶의 참된 의미와 가치에 대해 다시 한번 심고 reflection하는 계기를 가질 수 있었다.

길고 길었던 팬데믹이 끝나고 다시금 마주 앉아 서로를 바라보게 된 지금 시대의 '진짜 노동'은 어떤 모습일까. 필자는 지금 시대를 살아가는 노동자들의 공통적인 동기요인이 있다면 바로 '좋아하는 일, 의미 있는 일에 몰입하며 즐거움을 추구하는 것', 짧게 말하면 '몰입할 만큼 재미있거나, 의미 있는 일을 추구하는 것'이라고 생각한다.

공통된 동기? 좋아하는 일, 의미 있는 일에 몰입해 일의 즐거움을 추구

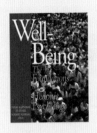  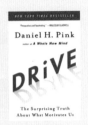

우리가 좋아하는 일 → 과정과 결과의 만족 → 성취감 → 의미 있는 경험 → 재미와 만족

삶을 영위하는 것뿐 아니라 일에서도 그 '재미'와 '의미'는 과거보다 훨씬 더 중요해졌다. 이러한 현상을 설명하기 위해서는 좋아하는 일을 하는 것이 어떤 맥락에서 몰입으로, 또 의미로 이어지는지 이해할 필요가 있다.

자기결정성 이론self-determination theory은 에드워드 데시Edward Deci와 리처드 라이언Richard Ryan이 주장한 대표적인 동기이론 중 하나로, 사람들의 타고난 성장 경향과 심리적 욕구에 기반한 동기에 대해 설명한다.

이 이론의 핵심은 ① 사람은 스스로 결정하고 책임질 때 동기부여가 되고 최고로 몰입해 성취감이 크다는 것, ② 스스로 부여하는 동기, 즉 내재적 동기가 창의성과 책임감, 바른 행동을 낳고 또 지속하게 한다는 것, ③ 자율적인 사람은 자유롭고 자발적이어서 흥미를 느낀 것에 열성적이며 진실한 태도를 보인다는 것이다.

이러한 내재적 동기는 사람이 자기실현을 하려는 세 가지 욕구 ① 자율성 : 스스로 선택하고 결정하려는 욕구, ② 유능성 : 나의 유능함을 자각하고 싶은 욕구, ③ 관계성 : 주위 사람과 안정적인 관계를 만들려는 욕구에 기반한다.

노벨경제학상 수상자인 대니얼 카너먼 Daniel Kahneman은 사람들은 행복이 아닌 만족을 추구한다고 말한다. 행복은 순간적인 경험이고 곧 휘발되는 감정인 데 반해, 만족은 오랜 시간 동안 자신이 바라는 방향의 삶을 위해 노력하며 삶의 목적을 달성함으로써 얻어지는 감정이라고 구분해 설명한다.

그는 2010년에도 TED 강연에 나와 ① 행복이 너무 많은 감정을 포괄하고 있어 의미가 불분명하고, ② 행복한 경험과 행복한 기억에 대한 혼동이 존재하며, ③ 환영illusion과 같아 실재하지 않기에 행복이 그저 인지적 함정cognitive trap일 뿐이라고 설명했다.

그는 만족감이 행복감보다 지속적인 효과가 있으며, 사람들이 어떤 즐거운 일을 하는 이유는 그 일을 만족스러운 기억으로 남기기 위해서라고 말했다. 사람들은 만족을 추구하고 그 만족은 오랜 기간에 걸쳐 자신이 바라는 종류의 삶을 구현하기 위해 노력하여 삶의 목적을 달성해야 얻어진다고 주장했다.

미하이 칙센트미하이 Mihaly Csikszentmihalyi**는 1997년 출간한 《몰입의 즐거움**Finding Flow: The Psychology of Engagement with Everyday Life**》에서 삶을 훌륭하게 가꾸어주는 것은 행복감이 아니라 깊이 빠져드는 몰입**flow**이라고 설명했다.**

그는 삶의 질에 영향을 주는 것은 '무엇을 하는가'보다는 '얼마나 몰입해 있는가'이며 몰입에 뒤이어 오는 행복감은 다른 행복감과는 달리 스스로의 힘으로 만든 것이어서 우리의 의식을 고양시키고 성숙시킨다고 주장했다. 삶의 질을 좌우하는 것은 단순한 행복감만이 아니며 '행복해지기 위해 어떤 일을 하는가'가 중요하다고 강조했다. 즉, 삶의 질은 우리가 평생 어떤 일을 하고 그 일을 하면서 무슨 생각을 하는지에 달려 있기에 자진해서 원하는 일을 늘려야 한다는 것이다.

일 자체가 좋아서 할 때, 그 일을 경험하는 것 자체가 목적이 될 때 사람이 자기 목적성을 가졌다고 할 수 있으며, 자기 목적성이 충만한 사람은 열정을 가지고 적극적으로 삶에 뛰어드는 사람이라고 설명하면서, 지금 하고 있는 일에 진정으로 몰입하는 순간, 우리는 삶의 변화를 경험할 수 있다고 주장했다.

다니엘 핑크는 2011년 출간한 《드라이브 : 창조적인 사람들을 움직이는 자발적 동기부여의 힘 Drive: The Surprising Truth About What Moivtates Us**》에서 인간이 본원적으로 원하는 것은 내가 하고 싶은 것을 하면서 즐겁게 사는 것이라고 말했다.** 의미와 재미를 갖춘 삶의 개념과도 연결되는 부분이다.

그는 더 복잡해지고 변화가 빨라지는 앞으로의 세상에서는 즐거움에 기초하는 내재적 동기intrinsic motivation가 중요하다고 설명하며, 우리 삶의 방향을 스스로 결정하고자 하는 자율autonomy, 의미 있고 중요한 일을 좀 더 잘하고자 하는 숙련mastery, 우리 자신보다 큰 무엇에 기여하고자 하는 목적purpose에 부합하는 성격을 갖춘 일들이 우리의 내재적 동기를 높인다고 주장했다.

그가 언급한 동기 3.0, 즉 내재적인 동기는 창의성을 유도하지만, 통제적인 외재적 동기는 창의성에 해가 된다고 설명했다. 그가 분류한 동기 1.0, 2.0, 3.0의 구분은 다음과 같다.

동기 1.0 - 생물학적 욕구

허기, 갈증, 성욕 등의 결핍이 이에 해당한다. 이는 인간이 생존하기 위해 고군분투한다는 것을 전제하는 개념으로, 인간의 결핍은 생물학적 욕구를 불러일으켜 동기를 유발한다.

동기 2.0 - 외부적 보상과 처벌

흔히 말하는 당근과 채찍의 개념이다. 인간은 일반적으로 보상을 추구하고 처벌을 피하려는 욕구가 있기 때문에 이를 이용해 당근을 제시하여 어떠한 행동을 하도록 유인하고, 채찍을 통해 어떠한 행동을 하지 못하게 제어하는 시스템을 가진다. 그는 요즈음의 복잡하고 창의적인 업무에는 기존의 동기 2.0 기반의 경제적 인센티브가 동기를 오히려 해친다고 주장한다.

동기 3.0 - 일 자체의 즐거움

일의 즐거움이라는 내재적 동기가 개인의 동기이자 보상이 되어 사람을 자발적으로 행동하게 만든다. 그는 매킨지의 조사를 인용해 과거에는 연산적인 업무의 비중이 높았지만 앞으로의 세상에서 70%의 업무는 발견적 업무이고 연산적 업무는 30%에 불과하다고 설명하면서, 기계적이고 흥미롭지 않은 연산적 업무에는 감독이 필요한 반면, 기계적이지 않고 창의적인 업무에서는 자기 주도성이 중요해진다고 설명했다. 쉽게 말하면 재미없고 단순 반복적인 일은 자발적 몰입이 떨어지지만, 흥미를 느낄 수 있는 창의적 업무에서는 자발적으로 몰입할 수 있다는 의미다.

컬럼비아 의대 켈리 하딩Kelli Harding 교수는《다정함의 과학The Rabbit Effects》에서 직업에서 느끼는 단순한 즐거움, 매일의 존엄성, 자율성, 존중감 등이 행복과 건강에 중요한 요소라고 설명한다. 그녀는 이 책에서 수천 건의 사례와 데이터를 통해 사회적, 환경적 조건이 행복과 건강, 장수에 가장 큰 영향력을 끼치는 효과를 증명한다.

그녀는 직장과 일에서의 사회적 환경적 조건에 대해, 업무 스트레스는 보통 장기적이고 만성적이며, 많은 업무량, 상사, 동료 혹은 이 세 가지 모두가 원인이 된다고 말했다. 낮은 직급의 사람들이 고직급 대비 심장마비 사망률이 3~6배 높고, 과체중이나 흡연 비율, 혈압도 훨씬 높은 현상에 대해 그녀는 이러한 문제를 해결하기 위해서 ① 관리자에게서 사회적 지지를 받고, ② 일에 대한 통제권을 가지고 노력에 대한 보상을 받으며, ③ 업무에 몰입하여 정신과 신체 건강에 긍정적 영향을 받는 것이 중요하다고 설명한다. 한 인터뷰에서 그녀는 직장에서 존엄성이 얼마나 건강에 중요한지 안다면, 인사부 지침을 모두 지워버리고 그냥 '서로에게 친절하자'로 바꾸는 것이 낫다고 말하기도 했다.

뿐만 아니라 몰입이 스트레스를 감소시키고, 행복감을 높여 건강을 증진시키고, 수명을 증가시킨다는 내용, 사람들은 현재를 살 때, 즉 현재 하고 있는 눈앞의 업무에 집중할 때 훨씬 행복감을 느낀다는 연구결과

들도 함께 제시했다. 자율, 몰입, 존중, 존엄성 등 익숙한 가치들이 지속적으로 언급되며 인간으로서 행복하기 위한 조건들이 일터에서 갖추어질 수 있다면 우리는 더욱 행복감을 얻을 수 있다고 설명했다.

1983년 처음 출간된 이래 전 세계 40개국에 출간되어 1,800만 부 이상 판매된 《1분 매니저The one minute manager》에서 **켄 블랜차드 박사는 사람을 움직여 일하도록 하는 경영의 방법에 대해 설명하는데, 가장 핵심적인 방법 중 하나로 사람들이 자신에 대해 스스로 만족할 때 좋은 결과가 나온다는 사실을 이해하는 것이 중요하다고 설명한다.**

여러 구루guru가 말하듯이 만족감은 (혹은 행복감) 우리 삶에서 매우 중요하다. 어렵게 설명하지 않더라도, 우리가 스스로 선택한 좋아하는 일을 하면 그 과정과 결과가 더 만족스러울 수 있고, 그 만족은 성취감으로 이어질 수 있으며, 그 성취는 우리 각자에게 중요한 의미를 가진 경험이 된다. 좋아하는 일을 재미있게 하면 스스로에게 만족할 수 있는 계기를 마련하기 더 쉬울 수 있다.

이렇듯 일의 즐거움을 끌어낼 수 있는 자율, 숙련, 목적에 대한 추구, 그리고 인간으로서 행복해질 수 있는 다양한 가치들이 주어질 수 있는지는 사람들이 일과 직업을 선택하고 업무를 수행하는 데 무엇보다 중요한 동기요소다.

미래의 세상에서는 더욱 그렇게 될 것으로 예상된다. 로봇과 인공지능이 보편화된 환경에서는 노동과 직업의 가치가 달라지며 새로운 직업과 소득 창출의 기회가 열릴 것이다. 이러한 환경에서 사람들이 중요하게 생각하는 공통적인 동기요인을 먼저 이해하는 것은 매우 중요하다.

모든 세대에 긱 워커가 되려는 이유가 있다

기존의 노동인구 세대별 특성에 대한 연구를 보면, 세대의 특성은 그 세대가 경험한 다양한 시대적 사건과 상황, 문화에 따라 구분되는 경향성을 보인다. 하지만 국가별 맥락에 따라 그 세대 간의 구분이 명확하지 않아 구분이 어렵다.

다음 그림은 우리나라 통계청이 2021년 조사한 장래인구 추계 데이터다. 이 데이터에서 2021년 한국의 세대별 인구비중을 보면 X 및 Z세대가 가장 큰 비중을 차지하는데, 전 세계 타국가에서는 M세대가 가장 큰 비중을 차지하는 양상과는 사뭇 다르다.

이들 중 경제활동의 주체, 즉 노동인구를 구성하는 세대들은 각자의 이유로 긱 워커가 되려는 동기를 가지고 있는데, 그 동기요인을 각 세대의 특성과 연결지어 살펴보면 다음과 같다.

베이비부머 세대

국내 베이비부머baby boomer 세대는 전체 인구의 15.6%에 달한다. 연령으로는 50대 후반에서 70대까지의 분포다. 통계청 조사에 따르면, 고령층 10명 중 7명은 평균 73세까지 계속 일하길 희망했다. 100세 시대가 되면서 더 건강하고, 더 장수하며, 이미 높은 교육 수준을 갖춘 장년층들이 더 오래 일하고 싶은 것은 당연한 현상이다.

미국의 비영리단체인 시빅 벤처스Civic ventures의 2014년 조사에 따르면, 인생 2막은 과거보다 즐겁게 경험과 지혜를 나누고 싶다는 열정과 목적

한국의 세대별 인구분포

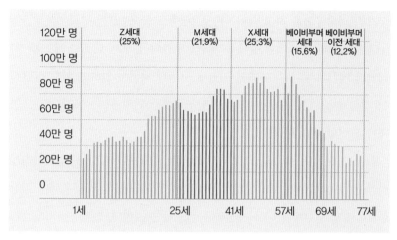

＊ 2020년 기준, ( )는 각 세대가 총인구에서 차지하는 비중
출처 : 한국은행

을 지닌 시니어가 지속해서 증가하고 있으며, 이들은 더 오래 일하고 싶어 하는 것으로 나타났다. 또 50대~70대의 9%는 앙코르 커리어encore career를 활용해 사회적으로 영향을 미치는 일에 종사하고 있었다. 앙코르 커리어라는 용어는 ① 개인적으로 의미가 있고, ② 소정의 대가를 받아 지속적인 수입원이 되며, ③ 사회에 영향력을 미칠 수 있는 일을 하는 것을 뜻한다.

또 다른 시빅 벤처스의 조사에 따르면, **50대~70대의 노동인구들은 인생 경험이 풍부하고, 문제해결 능력, 헌신, 유연성, 책임감, 낙천성, 판단력이 뛰어난 특징이 있기도 하다.**

베이비부머 세대의 장년층은 초단기 근로나 N잡에 대한 공감대도 크다. **퇴직 후에도 수십 년간 직장에서 쌓은 전문지식을 공유하며 일하고**

싶은 욕구가 크기 때문이다. 단기적인 일자리 확보를 넘어 의미 있는 재능기부, 사회공헌을 하고 싶어 하는 고령층도 늘고 있다.

국내 고숙련 인재매칭 플랫폼 탤런트뱅크의 공장환 대표는 2022년 이데일리 매체와 한 인터뷰에서 "100세 시대가 되면서 일하고 싶은 장년층이 계속 늘고 있다며, 장년층 노동인구에게 초단기 근로·N잡 트렌드는 계속 확산할 수밖에 없다"고 전망했다.

80대 직장인도 계속 늘고 있다. 예전 같으면 소일거리도 없이 무료하게 하루를 보낼 나이인데도 생업에 종사하며 건강을 유지하고 후세대 직장 동료들에게 경험에서 나오는 지혜를 전수하는 것이다.

《월스트리트저널》 등에 따르면, 미국에서는 1980년 11만여 명이던 80세 이상 근로자가 지난해에는 69만여 명으로 42년 사이 6배 넘게 늘었다. 일본도 75세 이상 인구의 작년 취업률이 11%로 2017년과 비교해 5년 사이 2%나 올랐다. 우리나라에서도 80대 고용률이 1982년에는 2.2%에 불과했지만 지난해에는 18.7%로 40년 사이 8배 넘게 뛰었다. 미국 노동통계국은 75세 이상의 경제활동 참가율이 2030년에는 11.7%까지 증가할 것으로 내다본다.

글로벌 인사컨설팅 기업 콘페리Korn Ferry는 2022년 〈80세 직원The 80 Year Old Employee〉 보고서에서 "황혼기에 일하는 사람들이 많아지면서, 기업들이 정년 없는 시대를 맞이하고 있다"고 전했다. 이렇게 일하는 80대를 옥토제너리언octogenarian이라 부르는데, 이들은 앞으로도 계속 늘어날 전망이다. 현재 전 세계 인구는 약 80억 명이며, 그중 80대는 2% 수준인 약 1억 6천만 명이다. 하지만 30년 후인 2053년에는 80대가 세계 인구의

5.1%를 차지하며, 5억 명에 도달할 것으로 세계보건기구WHO는 추산한다.

80대 근로자들은 오랜 경험과 지혜를 살릴 수 있는 분야에서 경쟁력이 있는 반면, 젊은 층이 많이 종사하는 서비스직과 영업직에서 일하는 근로자는 상대적으로 적다. 일부 기업은 80대 근로자가 업무에 더 열정적이라는 이유로 고령자를 적극 채용한다. 올해 초《월스트리트저널》등이 진행한 조사에 따르면, '열심히 일하는 게 매우 중요하다'는 데 65세 이상은 4분의 3이 동의했지만, 18~29세는 61%만 동의하는 데 그쳤다. 마사 디비Martha Deevy 미국 스탠퍼드대 장수연구센터 부소장은 "고령인 근로자가 다시 직장에 복귀해 퇴사하지 않은 근로자와 합류하는 '위대한 복귀the great return'가 이뤄지고 있다"라고 말했다.

X세대

X세대는 현재 40대 중반~50대 후반에 해당하며 우리나라 전체 인구의 25.3%에 해당한다. 커리어의 정점에서 빠르게 승진하고 있어야 할 세대다. 미국 인사관리 협회인 SHRM은 X세대의 특성으로 유연하고, 협업 및 합의 구축에 능숙하며, 나이보다 성숙한 경향을 꼽았다. 그들은 전후세대보다 팀 지향적이어서, 팀 성과에 대한 보상의 자원을 가지길 원하며 의미가 있는 시점에 팀 구성원들에게 보상을 제공할 여유가 없다면 좌절할 수 있다고 설명한다.

스테파티 닐Stephanie Neal은 2019년《하버드 비즈니스 리뷰》기고문 〈Are Companies About to Have a Gen X Retention Problem?〉에서 X세대는 기존 베이비부머 세대의 전통적 리더십 기술인 '조직원들에게 공감하고 실행을 촉구하는 능력' 측면에서도 탁월하고, 밀레니얼 세대와 유사하게 디지털 리더십에서도 유능해 기업 조직에서 디지털 격차를 좁히는 데 매우 중요한 역할을 하고 있다고 설명했다.

하지만 X세대는 베이비부머 세대가 이전 세대에 비해 훨씬 오래 직장생활을 하면서 발생한 인사 적체로 승진이 늦고 조직에서 충분한 권한을 갖지 못하고 있으며, 더욱이 밀레니얼 세대와 고위관리직의 동일한 직책을 두고 경쟁하는 상황이다. 닐은 기업 조직이 역량 있는 X세대 인재를 붙잡으려 노력하지 않는다면 성과가 높은 관리직 직원을 다수 잃게 될 것이라고 경고했다. 실제 이 리포트에서 제시한 조사에서는 고위관리직까지 승진한 X세대의 경우 커리어 관리를 위해 이직을 고려한 적이 있다는 답변이 40%에 달했다. 또 이 위치의 X세대 관리직은 다섯 명 중 한 명의 비율로(18%) 이직할 마음이 커졌다고 밝혔다. 이 비율은 다른 세대에 비해 상당히 높은 것이다.

이미 은퇴한 X세대들은 일을 멈추기엔 아직 젊다고 느끼며, 현직에 있는 X세대들은 자신의 유능함과 권한을 십분 발휘할 수 있는 일과 일터를 원한다. 연령으로 보면, 현재 사회 전반에 가장 강한 영향력을 행사할 수 있는 세대 집단이 바로 X세대다. 한국기업이 가장 고도로 성장하던 시기에 성공적으로 직장생활을 하면서 쌓은 실무지식과 고위직까지 성장하며 겪은 다양한 직무경험, 그리고 업계 네트워크는 사회적으로도 상당한 가치가 있고 자신에게도 의미가 크다.

필자가 소속된 탤런트뱅크 플랫폼에 등록된 전문가도 X세대가 가장 많은데, 이들은 기업에서 자신의 경력과 전문성에 합당한 보상과 대우를 받기 원하며, 자신이 원하는 프로젝트를 자신이 원하는 스케줄에 맞게 탄력적으로 수행하길 원한다. 수행하기로 합의한 프로젝트에서는 자신의 이름이 곧 브랜드라는 생각으로 강한 책임감을 가지고 완수하고자 하는 경향이 강하며, 스타트업이나 소기업 등에 자신의 다양한 경험과 지식을 적극적으로 나누어 선의로 돕고자 하는 노블레스 오블리주의 경향성도 뚜렷이 보인다.

밀레니얼 세대

밀레니얼millenial 세대는 전 세계적으로 중간관리자의 대부분을 차지하고 있는 인구집단이다. 국내 인구 중 21.9%에 달한다. 2023년 기준으로 연령으로는 20대 후반에서 40대 초반에 해당한다. 인구통계 전문조사 기관인 Pew Research center의 연구결과에 따르면, 밀레니얼 세대의 80%는 정기적 피드백을 기대하고, 70%는 유연성과 나만의 시간me time을 기대한다. 그리고 그들 중 3분의 1은 급여보다 이러한 개인의 가치를 기준으로 직업을 선택한다. 또한 직전 세대들보다 훨씬 더 자유롭게 직업을 바꾸는 경향이 있다.

대기업 조직에서 가장 큰 비중을 차지하고 있던 베이비부머 세대의 은퇴가 시작됨에 따라, M세대와 Z세대는 현재 신입사원에서부터 중간관리자에 이르기까지 분포되어 있다. 통계청에 따르면 M세대와 Z세대는 전체 경제활동인구의 약 34.7%를 차지하는데, 밀레니얼 세대는 이미 고위관리자 레벨에도 속속 진출하고 있다. Z세대도 기업 내 실무진으로서 높은 비중을 차지하기 시작하면서 사회 및 경제활동의 새로운 주축으로 부상하고 있다.

대학내일 20대 연구소는 최근 2022 밀레니얼-Z세대 트렌드 연구에서 **밀레니얼 세대의 대표적인 특성을 ① 평균지향적 삶의 태도와 ② 단기적 보상 선호로 분석했다.** 밀레니얼 세대는 고학력과 높은 대학진학률 등 뛰어난 스펙을 갖췄음에도 만성화된 높은 실업률 때문에 경쟁이 극도로 치열해진 환경에서 살고 있기에 더 나은 미래와 대단한 성공을 꿈꾸는 대신 현재 수준의 삶을 유지하는 것만으로도 성공한 삶이라 여기고, 먼 미래의 거창하고 불확실한 보상보다 단기적으로 성취 가능한 목표와 지금 바로 체감할 수 있는 보상을 선호한다.

미국의 저널리스트 애니 로리Annie Lowrey는 밀레니얼 세대를 최악의 침체기에 취업시장에 들어와 빚을 짊어진 채 재산을 모을 수 없는 상태로 커리어를 지속하는 '현대 미국사를 통틀어 처음 부모보다 가난한 세대로 거의 확실시되는 세대'로 정의했다.

밀레니얼 세대는 특히 일을 자신의 정체성과 결부하는 경향이 짙어 원하는 라이프스타일을 구현할 수 있는 일을 선택한다. 이러한 맥락에서 밀레니얼 세대는 유연한 근무시간과 체감 가능한 보상을 제공해 오늘의 행복한 삶을 현실화해줄 수 있는 긱 워커에 대한 선호가 높다.

밀레니얼 세대는 '글로벌 스탠더드, 선진화, 표준화'에 관심이 많고 한국의 위상에 대해서도 과거 한국을 개발도상국으로 인식하고 글로벌 스탠더드보다 부족한 부분을 어느 정도 수용하고 용납했던 기성세대와는 달리 기대가 높고 공정과 평등에 대한 가치가 높으며 이러한 부조리와 불합리를 당연하게 치부하는 기존 세대에 대한 불신과 반발도 크다.

Z세대

Z세대는 밀레니얼 세대의 뒤를 잇는 인구 집단으로 20세기에 태어난 마지막 세대다. 우리나라 전체 인구에서는 25%에 해당하며 연령으로는 1995년 생 이후, 즉 20대 중반까지로 볼 수 있다. 2025년 Z세대가 전체 노동인구에서 차지하는 비중은 27%에 달할 것으로 예상된다.

Z세대는 경제적 호황기에 태어나 저성장 국면에서 자란 세대이므로 경제적 가치를 우선시하고 투자에 적극적인 모습을 보이는 등 밀레니얼 세대와는 다른 소비패턴을 보인다. 반면 밀레니얼 세대는 2008년 글로벌 금융위기 이후 사회에 진출하여 취업에 어려움을 겪었기에 집 구매나 결혼을 미루고 현재의 일과 삶의 균형, 다이어트와 건강 등의 자아실현을 중요히 여긴다. 이러한 이유로 밀레니얼 세대와 Z세대를 한 그룹으로 묶어서 범주화하는 것은 적절치 않다.

부모 세대에게서 물려받은 가치관 역시 M세대와 Z세대를 구분 짓는 요소다. 밀레니얼 세대의 부모는 베이비붐 세대로 그들이 빠른 경제 성장을 경험하는 동안 중요하게 여긴 경쟁, 스펙 등의 가치를 중시한 반면, **Z세대의 부모는 역사상 가장 진보적인 세대로 불리는 X세대로 자기 자신에게 집중하며 개성을 존중하고 다양성을 중시하는 자유로운 가치관을 지녔다.**

대학내일 20대 연구소는 Z세대의 특성을 개성과 자유분방함, 디지털 세계관의 주역으로 분석했다. 온라인 교육, 대안 교육, 홈스쿨링 등 지난 세대에 걸쳐 이어져온 공교육에 더해 새로운 교육방식이 자리 잡으며 **개인의 재능과 개성을 개발하는 데 집중하게 되고 개인의 다양성이 더 확**

장되었으며, 이러한 다양성 확장은 개인에 대한 존중으로 이어져 '정상, 스탠더드, 주류'에 대한 인식을 바꿀 수도 있다고 설명했다.

이들은 디지털 네이티브로서 개인주의적 성향이 강하고 미래보다 현재를 중시하는 특성을 지닌다. **Pew Research Center는 Z세대를 다양성, 포용성과 사회적 책임을 가장 중요하게 생각하는 역사상 가장 급진적 다양성을 보이는 세대로 분석했다.** 어도비Adobe가 2021년에 실시한 설문조사에 따르면, Z세대 응답자의 59%가 자신의 직업에 만족하지 못한다고 응답했다. 일과 삶의 균형 부족, 장시간 근무시간 관련 스트레스와 유연성 부족 등이 불만의 주된 원인이었다.

Z세대는 아직까지는 실증 연구가 많지 않은 영역이다. Z세대는 유년기부터 디지털 및 모바일 환경에 노출되어 온라인상에서의 상호소통 빈도가 높으며 개성과 다양성을 존중하며, 현재를 우선시하는 경향을 보인다.

강유림, 김문영(2022)에 따르면 국내 Z세대의 특성에 대한 연구논문은 2012년에 처음 게재된 이래 2020년까지 불과 63편에 불과하다. 때문에 현 시점에서 이들의 특성을 제대로 알기 위해서는 다양한 최신의 서베이나 관련 업계 종사자의 판단을 들어보는 것이 더 유효할 수 있다.

2023년 한국능률협회 컨설팅이 조사한 〈전지적 신입시점 조사〉 내용으로 이들 세대의 특성(다음 표)을 일부 엿볼 수 있다. 이 결과를 살펴보면, Z세대는 개인의 성장과 꿈을 중시하는 한편, 비효율적이고 비합리적인 조직의 문화나 관습을 이해하지 못한다. 또한 상사와 동료와의 소통을 중요하게 여기지만, SNS 밖의 실제 소통은 경험이 많지 않아 조직 내

전지적 신입시점 조사

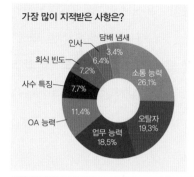

가장 많이 지적받은 사항은?

- 담배 냄새 3.4%
- 인사 6.4%
- 회식 빈도 7.2%
- 소통 능력 26.1%
- 사수 특징 7.7%
- OA 능력 11.4%
- 업무 능력 18.5%
- 오탈자 19.3%

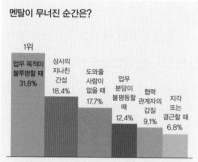

멘탈이 무너진 순간은?

- 1위 업무 목적이 불투명할 때 31.8%
- 상사의 지나친 간섭 18.4%
- 도와줄 사람이 없을 때 17.7%
- 업무 분담이 불평등할 때 12.4%
- 협력 관계자의 갑질 9.1%
- 지각 또는 결근할 때 6.8%

이직 또는 퇴사 욕구가 생겼던 순간은?

1위-개인 커리어의 성장이 느껴지지 않을 때

개인 커리어의 성장이 느껴지지 않을 때	25.1%
상대적으로 나의 급여가 낮다고 느껴질 때	18.7%
회사의 성장 가능성이 보이지 않을 때	13.0%
더 좋은 직장으로의 이직 제안이 왔을 때	9.4%
상사 또는 동료와 소통이 되지 않을 때	9.0%

회사가 하는 일 중 가장 이해 안 되는 것은?

1위-비효율적인 절차를 강조할 때

비효율적인 절차 강조	43.7%
이해되지 않는 평가 및 승진	22.3%
예고 없는 제도 개편	14.9%
주기적인 부서 개편	10.8%
의미 없는 사회 공헌 활동	8.3%

커뮤니케이션에는 어려움을 겪는 것으로 보인다.

Z세대 취업 준비생을 돕는 국내 최고의 취업 유튜버 '인싸담당자'에서 지금은 유수의 채용 브랜딩 기업인 HWAVE의 대표이사로 변신해 국내 다수의 기업 구인을 돕고 있는 복성현 대표는 Z세대 취업자의 특성에 대해 다음과 같이 설명한다.

"Z세대의 구직자들은 일에 대한 가치관이 과거와는 다릅니다. 이전 세대는 직장에서 수행하는 직무가 자신이 추구하는 커리어와 밀접한 관계를 가졌지만, Z세대는 직장에서 수행하는 직무가 그들의 커리어를 대변한다고는 말할 수 없는 것 같습니다. Z세대는 연봉이나 회사의 이름값도 중요하지만 그들이 편안한 환경에서 일하며 살아가는 것도 매우 중요한 요소입니다. 뿐만 아니라 직업만이 아닌, 부업이나 취미 영역에서도 자신의 커리어를 찾을 수 있다고 생각하는 경향이 짙습니다. 최근의 현대자동차 생산직 채용에 대졸 이상의 고스펙 지원자가 몰려 500:1의 경쟁률을 보인 것이 그 사례입니다."

이러한 내용을 앞의 다른 분석들과 연결해보면, Z세대에게 기업에 고용되어서 하는 일은 가장 많은 돈을 벌어주는 일이지만 자신이 일궈나갈 커리어는 아닐 수 있다. 그들의 커리어는 퇴근 후 밤에 하는 부업이나 취미 등을 포함한 다양한 일 중에서 나올 수도 있다. 즉, **자신이 수행하는 n개의 일**work **중, 자신의 커리어로 숙련해나갈 실제의 일을 찾는 기간이 더 길고 유연하다. 또 그 일을 선택하는 기준이나 일의 가치도 기존 세대의 그것과는 다르다.**

이렇게 Z세대의 등장은 구직의 형태도 새롭게 변화시키고 있는데, 이들은 초단기 고용형태인 긱 워커를 선호하는 경향을 보인다. 앞서 설명한 것처럼 Z세대는 IMF 위기로 취업의 질이 좋지 않았던 X세대 부모의 자녀들이다. 어릴 때부터 합리적인 소비에 대해 교육을 받아 경제 관념이 뚜렷하고 현실주의적 특성을 가졌다. 또한 디지털 환경에서 자라며 유튜브 영상이나 감각적인 정보를 다수 접하며, 재미를 선호하고 자신의 개성이 뚜렷하다. 때문에 취업 형태 역시 과거의 정규직, 비정규직을 넘어 지극히 자신의 시간과 이익을 보장해줄 수 있는 긱 웍을 선호하는 것으로 미루어 판단해볼 수 있다.

이렇듯 각 세대는 각자의 이유로 긱 워커를 선호한다. 글로벌 리더십 연구기관인 켄 블랜차드 컴퍼니The Ken Blanchard companies의 랜디 콘리Randy Conley는 최근의 강연에서 "리더십 관점에서 각기 다른 세대 구성원들을 잘 이끌어나가기 위해 리더는 세대 간 서로 다른 특성보다 공통적인 특성에 집중해 그들에게 동기부여를 해나가는 것이 더 중요하다"고 말했다. 예를 들면, 성취 욕구, 발전 욕구, 성장 욕구 등 일반적인 그들의 특성을 고려해 성취를 인정해주고, 발전을 추구할 수 있는 환경을 마련해주고, 자신의 커리어 성장에 지금 하는 일이 어떤 도움이 되는지 설명해주는 것이 필요하다는 것이다.

같은 맥락에서, 필자 역시 각 세대 집단의 차이점보다는 공통점에 주목해 노동의 동기를 바라보는 것이 중요하다는 입장이다. 이를 근거로 향후 긱 워커가 노동의 새로운 미래가 될 수 있는 가능성을 추론하는 것이 더 의미 있다고 생각하기 때문이다.

자율, 숙련, 목적이 사람들의 내재적 동기를 이끌어낸다

앞서 필자는 지금 시대를 살아가는 사람들의 공통적인 동기요인을 Flow & Play-몰입할 만큼 재미있거나, 의미 있는 일을 하려는 것으로 특성화했다.

Flow & Play에서 Flow는 미하이 칙센트미하이Mihaly Csikszentmihalyi가 정립한 개념으로 행복, 창의성, 성취감, 예술, 놀이, 일과 같은 활동에 집중하고 몰입하는 상태를 의미하기 위해 차용했고, Play는 일반적으로 말하는 놀이를 비롯한 즐거움을 추구하는 행동을 설명하기 위해 사용했다.

각자의 동기가 다르고, 처한 현실이 다르므로 일반화하기에 어려움이 있지만, 다양한 연구나 현상들이 이를 뒷받침해주는 부분들이 있기에 메타 분석meta analysis의 맥락에서 정의한 부분이다. (이 개념을 정리하도록 도움주신 서강대 경영전문대학원의 김용진 교수님, 조봉순 교수님, 장영균 교수님, 정선욱 교수님, 최장호 교수님께 다시금 감사 말씀을 전한다.)

내재적 동기란 어떤 일에 대하여 자신이 가지고 있는 흥미, 호기심, 만족감, 성취감 등에서 비롯되는 자발적인 동기를 의미한다. 내재적 동기는 개인의 욕구와 그 활동이 제공하는 자발적인 만족으로부터 나타나는 반면, 외재적 동기는 행동에 수반되는 유인과 결과들로부터 나타난다. 내재적 동기는 사람들이 자발적으로 행동을 지속하게 하고, 더 창의적인 결과를 만들 수 있게 하며, 지속적으로 학습을 지속하도록 하고, 더욱 더 자존감을 높일 수 있도록 만든다.

불확실하고, 변동성이 크며, 복잡하고, 모호한 요즘 세상에서는 동기 3.0, 즉, 사람들의 즐거움에 기초한 내재적 동기가 더 중요하다는 것이 다니엘 핑크의 저서 《드라이브 : 창조적인 사람들을 움직이는 자발적인 동기부여의 힘》의 핵심내용이다. 내재적인 동기를 이끌어내는 요인은 다양할 수 있는데, 일의 즐거움을 끌어낼 수 있는 자율, 성장과 직결되는 숙련, 자신만의 목적에 대한 추구, 그리고 인간으로서 행복해질 수 있는 다양한 가치와 의미의 존재 여부 등이다.

이중 다니엘 핑크가 언급한 사람들의 내재적 동기(동기 3.0)를 유도하는 요인 세 가지는 다음과 같다.

① 자율autonomy : 우리 삶의 방향을 스스로 결정하려는 욕구

② 숙련mastery : 의미 있고 중요한 일을 좀 더 잘하려는 욕구

③ 목적purpose : 우리 자신보다 큰 가치의 실현에 기여하려는 욕구

사람들의 공통적인 동기라 할 수 있는 자율, 숙련, 목적 각각의 내용에 대해 좀 더 자세히 살펴보자.

① 자율 : 자율과 자기 주도성이 노동의 내재적 동기가 된다

다니엘 핑크는 사람들의 내재적 동기를 끌어내는 데 자율성이 중요함을 강조한다. 그는 자율을 4가지 종류로 구분하는데, 바로 업무의 자율성, 시간의 자율성, 기술의 자율성, 팀의 자율성이다. 각각의 내용은 다음과 같다.

- 업무의 자율성 : 자신의 방식으로 자신의 일을 자기 주도적으로 수행하는 것.
  그는 업무에서의 자율성을 부여하는 것이 창의력 발휘에 기여함을 설명하면서 동기 3.0을 잘 끌어낸 사례로 미국의 소프트웨어 기업

아틀라시안^{Atlassian}이 24시간 동안 자유와 창의력을 발산해 성과를 만드는 페덱스 데이를 시행해 자사 소프트웨어의 문제를 해결한 사례를 들었다.

- 시간의 자율성 : 자기의 스케줄을 자신의 의지로 통제하는 것.
변호사들이 동기 2.0의 산물인 시간당 수임료를 중심으로 움직이므로 일에 기계적으로 투입하는 시간을 늘리는 데 집중하게 된다고 설명하며, 좋아하는 일을 할 수 없고 자기 시간에 대한 주도권이 없다면 자신의 삶에 대한 자율성도 가질 수 없음을 설명했다.

- 기술의 자율성 : 일을 수행하는 방식에 대한 자율성.
자포스^{Zappos}의 고객서비스센터가 고객서비스를 수행하는 방식에 자율성을 부여한 결과 최고의 서비스 품질을 인정받게 된 과정과 결과를 설명하며 기술의 자율성이 중요함을 설명했다.

- 팀의 자율성 : 함께 일할 팀의 구성원을 선택할 수 있는 자유.
그는 위의 네 가지 영역의 자율성 중 팀에 대한 자율성이 가장 덜 개발되어 있으나 많은 연구결과에서 자체 구성된 팀에서 일하는 사람의 만족도가, 단순히 인계된 팀에서 일하는 사람에 비해 훨씬 높다고 설명했다.

칙센트미하이는 일에서 얻는 본질적 보상이 가장 두드러지게 나타나는 직종은 개인이 자신의 목표를 자유롭게 정할 수 있고 과제의 난이도도 조정할 수 있으며 개성이 깃들 여지가 많은 전문 직종이라고 주장했다. 그는 자신의 시간을 자신이 좋아하는 일에 투입할 수 있는 자율이

삶과 일을 혼연일체로 만들고 삶의 질을 높인다고 설명했다.

현실에서도 이러한 양상은 뚜렷하게 드러난다.

2021년 업워크가 진행한 〈Freelance Forward Economist Report〉에서 78%의 숙련된 원격 프리랜서들은 일정의 유연성schedule flexibility을 자신이 프리랜서를 택한 이유로 꼽았으며, 73%는 근무지의 유연성location flexibility을 이유로 꼽았다.

2022년 국내 구인구직 매칭 플랫폼 사람인이 수행한 설문조사결과에 따르면, 응답자 성인남녀 2,848명 중 58.6%, 즉 10명 중 6명이 긱 워커가 될 의향이 있다고 답했다. 긱 워커가 되고 싶은 이유는, 일하는 시간과 기간이 자유로워서(79.2%, 복수 응답), 직장 인간관계에서 해방돼서(40.7%), 정년 없이 일할 수 있어서(34.8%), 향후 보편화될 것 같아서(24.7%), 특기를 살릴 수 있어서(20.3%) 등으로 나타났다.

2021년 동일 조사결과의 응답도 유사했는데, 원하는 시간만큼만 유연하게 근무할 수 있어서(72.1%, 복수 응답), 자신의 역량에 따라 수입이 더 많을 것 같아서(39.7%), 원격근무 및 재택근무가 더 자유로울 것 같아서(34.8%), 정년 없이 은퇴 후에도 일할 수 있어서(33.5%), 동료와의 관계나 조직문화 등에 신경 안 써도 돼서(26.6%), 육아, 학업 등을 병행할 수 있어서(25.5%) 등의 순위였다.

MZ세대 직원들은 자기계발에서도 주도적 면모를 보인다.

최근 MZ세대 직장인들 사이에서는 '랜선 사수'라는 개념이 있다고 한다. 랜선 사수란 온라인 커뮤니티 등에 남겨진 관련 분야 전문가들의 노하우나 정보를 참고하거나 자신이 관심 있는 분야의 전문가에게 직접

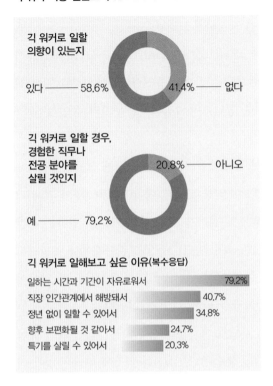

긱 워커 의향 설문조사 (성인남녀 2,848명 대상)

긱 워커로 일할 의향이 있는지

있다 ── 58.6%   41.4% ── 없다

긱 워커로 일할 경우, 경험한 직무나 전공 분야를 살릴 것인지

20.8% ── 아니오

예 ── 79.2%

긱 워커로 일해보고 싶은 이유(복수응답)

일하는 시간과 기간이 자유로워서	79.2%
직장 인간관계에서 해방돼서	40.7%
정년 없이 일할 수 있어서	34.8%
향후 보편화될 것 같아서	24.7%
특기를 살릴 수 있어서	20.3%

비용을 내고 받는 코칭 상담 등을 포함한다. 장재웅은 MZ세대들이 이러한 랜선 멘토링을 받는 이유는 멘토링을 받는 사람이 주도성을 확보할수 있기 때문이라고 말한다. 기존 멘토링은 회사가 원하는 스킬과 역량을 조직의 니즈에 의해 전수하는 것이 목적이라면, 랜선 멘토링은 내가원하는 주제로 원하는 멘토에게서 원하는 정보나 지식을 얻을 수 있기때문에 선호도가 높다. 비용도 스스로 지불하기 때문에 당당하게 궁금한 부분들을 제약 없이 물어볼 수 있고 공간과 시간도 스스로 선택할

수 있다는 점이 랜선 사수를 찾는 이유다.

앞의 여러 조사결과에서 살펴볼 수 있듯이, 자율은 현대의 노동인구에게 매우 중요한 직업 선택과 일에 대한 동기부여의 요인이다. 긱 워커가 되면 근무형태나 시간의 유연성과 자율성을 보장받을 수 있다. 현대의 노동인구들은 삶의 여러 측면을 더 주도적으로 결정하고자 하며, 긱 웍이 제공하는 이러한 유연성 안에서 개인의 자율성을 극대화할 수 있기에 향후 새로운 노동의 패러다임의 주축이 될 가능성이 높다.

② 숙련 : 일을 통한 커리어 성장이 내재적 동기가 된다

디지털 트랜스포메이션, 생성형 AI, 챗GPT 등 세상의 변화 속도는 따라잡기 벅찰 정도로 빠르다. 이러한 변화의 흐름 속에서 기업은 자연스럽게 더 적은 자원으로 더 많은 일을 해내려 하고 있다. 기업에 노동을 제공하는 사람들도 크게 다르지 않다.

사람들은 자신이 가진 자원인 '역량'을 기반으로 더 많은 일을 해내려고 한다. 또한 기왕이면 자신이 하는 일의 과정과 결과에서 더 큰 만족과 가치를 얻으려고 한다. 이러한 만족을 위해서는 스스로 더 많은 일을 남들보다 더 잘 해낼 수 있는 '역량'을 갖추는 것이 중요하다.

역량competency은 일반적으로 일에 필요한 지식knowledge, 스킬skill, 능력ability을 합친 개념을 일컫는다. 역량은 일의 경험이 늘어나면서 서서히 축적되고, 한번 쌓인 역량은 쉽게 휘발되지 않는 특성이 있다. 역량을 보유했다는 것은 동일한 환경과 맥락에서라면 자신이 보유한 정보(지식)를 일에 적용(스킬)하여 다양한 용처에 맞게 활용(능력)할 수 있음을 의미한

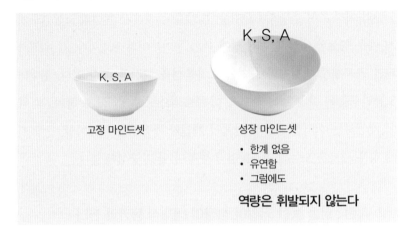

다. 이렇게 역량을 보유했음을 다른 말로 숙련skilled되었다고 말한다.

다니엘 핑크는 사람들이 내재적 동기를 끌어내는 데는 숙련mastery을 이루는 것이 중요함을 강조했다. 그는 숙련이 자신이 중요하다고 생각하는 일을 잘하고자 하는 욕망이며, 이러한 숙련을 이루기 위해서는 '성장 마인드셋'을 기반으로 끊임없는 노력과 투지, 그리고 세심한 실행이 중요하다고 주장했다.

이러한 숙련을 이루기 위해 현대사회에서 가장 강조되는 역량 중 하나가 바로 학습민첩성이다. 미래학자 앨빈 토플러Alvin Toffler는 미래의 문맹은 읽고 쓰지 못하는 사람이 아니라 배우고learn, 배운 것을 비우고unlearn, 다시 배우는relearn 능력을 갖지 못한 사람이라고 말하기도 했다. 학습민첩성은 지속적인 성장을 위해 새로운 것을 배우고, 배운 것을 실천하고 또 적용하는 능력을 말한다.

롬바르도 & 아이힝거Lombardo & Eichinger(2020)는 〈High potentials as high learners〉라는 논문에서 미래 핵심리더의 가장 중요한 특징으로 학습민첩성을 지목했다. 그들은 학습민첩성에 대해 '경험에서 얻은 학습능력과 의지이며, 그 결과 새롭거나 처음 직면하는 상황에서도 학습한 것을 빠르고 유연하게 실천하고 적용할 수 있는 능력'이라고 정의했다.

칙센트미하이는 일의 몰입을 통해 숙련에 이르는 것이 삶의 질을 높인다고 설명했다. 일은 더 이상 단순 반복적인 노동에 머물지 않고, 창의적으로 자신의 숙련을 추구하는 활동이 되었으며, 그러한 활동의 과정이 각자의 삶의 질에 기여한다는 것이다. 그는 과거에는 육체적 노력으로 이해되었던 일의 개념이 증기기관의 개발, 전기의 발명 등의 기술혁신과 함께 인간의 독창성과 창조성을 구현하는 숙련된 활동으로 인식되었다고 말했다.

2021년 몬스터 잡스Monster Jobs의 리포트는 사람들이 자신들의 기호와 숙련하고자 하는 방향에 맞게 업무 경험을 구성하려는 아라카르트 방식의 일a la carte approach to work을 경험하기 위해 긱 워커를 선택한다고 설명했다.

2021년 업워크가 진행한 〈Freelance Forward Economist Report〉에서 신규 프리랜서 인구의 68%에게 가장 중요한 긱 워의 매력은 경력 소유권career ownership이었다.

사람들은 과거처럼 주어진 업무환경과 정해진 직무 명세서job description에 따라 일하는 것이 아니라, 자신의 전문성에 기반해 근로서비스를 제공하는 주체로서 당당히 자신에게 맞는 일과 일터의 요건을 고용주에게 요구하고 있다.

2022년 국내 커리어 커뮤니티 코멘토comento에서 발간한 〈MZ세대 커리어 고민과 기업의 리쿠르팅 전략 보고서〉(표본 : 직장인 1,446명)에는 기업의 인사담당자(n=21)가 채용 시 선호하는 유형은 95%가 성장 중시, 즉 개인의 성장과 자아실현을 중시하는 지원자로 나타났다. MZ세대가 중시하는 직업 선택의 가치는 경제적 보상(40.9%), 일과 삶의 균형(29.7%), 개인의 성장과 자아실현(27.8%), 사회에 기여(1.5%)로 나타났다.

이 조사에서, 가장 입사하고 싶은 회사의 조건은 회사인지도와 높은 연봉이 언급되었다. 하지만 그중에서도 성장을 중시하는 지원자들은 특히 연봉이나 워라밸보다는 회사의 지명도, 배울 수 있는 사수나 멘토의 존재를 중시하는 특성을 보였다. 직무역량 향상을 위해 노력하는 이유로는 대부분의 연령대에서 나의 성장을 이유로 꼽았으며, 회사의 성장에 기여하기 위해서라고 응답한 응답자는 조사 대상 대부분 연령대에서 한

직무역량 향상을 위해 노력하는 이유는? (N=679, 복수 응답)

	개인의 성장	이직/전직	인정과 보상	회사 성장에 기여	기타
19세 이하	33.3%	33.3%	33.3%	0.0%	0.0%
20~25세	51.8%	21.9%	18.4%	7.9%	0.0%
26~30세	44.8%	28.5%	18.5%	7.8%	0.3%
31~35세	46.5%	21.0%	23.0%	9.0%	0.5%
35세 이상	42.5%	25.0%	17.5%	15.0%	0.0%

자리 수 응답률에 그쳤다.

이러한 조사결과들을 연결해보면 지금의 노동인구가 경력개발과 자신의 성장을 긴밀하게 연결시키는 것을 확인할 수 있다. 빠르게 변화하는 지금의 환경에서 더 이상 미래를 보장해주는 경력이란 존재하지 않는다.

긱 웍gig work은 고용 기업 내에서는 경험해볼 수 없는 경력개발의 기회, 스스로가 원하는 영역의 숙련을 높일 수 있는 방안이 될 수 있다. 생애 경쟁력employability 관점에서 이직이나 직무 전환의 사전 단계로 활용할 수도 있다.

한 기업에 속해 특유화된 지식과 경험, 일의 방식 등을 습득하고 조직이 제시해주는 성장경로를 따르는 것은 물론 의미 있는 일이지만, 그 기간이 길어질수록 그 조직을 벗어난 후 다른 조직에 속하는 데 소요되는 전환비용은 점점 더 커지고 심지어는 그 특유화된 지식과 경험, 일의 방식이 더 이상 무용해지기도 한다. 숨가쁘게 변화하는 세상을 살아가는 지금의 노동인구에게는 오히려 끊임없이 변화하는 미래를 예측하고 자신의 미래를 주도적으로 설계하고 대비하는 것이 더 나은 성장의 기회를 확보하는 방법이 될 수 있다.

이러한 개념과 현상을 앞서 설명한 자율성의 개념과, 지금의 노동인구의 특성, 그리고 급변하는 환경과 연결해 생각해보면 더 뚜렷해진다.

현대의 노동인구에게 숙련이란 각자의 경력개발경로에 부합하는 다양한 직무/프로젝트를 통해 각자의 커리어 목표에 다다를 수 있도록, 학습 민첩성을 발휘하여 환경의 변화속도에 맞게 자기 주도적으로 성장을 추구하는 것이다. 긱 웍은 이러한 과정이 충실이 이행될 수 있도록 다양한

기회를 제공하고, 또 자기 주도적인 성장의 기반이 되어줄 수 있기 때문에 향후 새로운 노동의 패러다임의 주축이 될 가능성이 높다.

③ 목적 : 의미 있는 일을 통해 개인의 가치를 달성하며 경제적 자유를 추구한다

서울대학교 이정동 교수의 저서《최초의 질문》에는 인류를 화성에 보내겠다는 원대한 꿈을 기반으로 만들어진 스페이스X SpaceX의 사례가 등장한다. 스페이스X는 로켓 발사 비용의 대부분을 차지하는 1단 로켓을 재착륙시켜 다시 활용하자는 도전적인 '최초의 질문'에서 시작해, 2002년부터 2016년까지 무려 14년간 끊임없는 혁신과 개선을 통해 마침내 이 도전을 성공시켰다.

이 과정을 기록한 〈SpaceX makes history〉 영상에는 바로 그 1단 로켓 재착륙이 성공하는 순간이 그려지는데, 이 영상 후반부에서 직원들의 표정이 아주 인상적이다.

강연을 듣던 중 과연 얼마의 보너스를 주면 저런 표정을 지을지 모르겠다는 저자의 언급에 필자는 이들의 표정이 바로 내재적 동기가 가장

〈SpaceX makes history〉

잘 드러나는 사례일 거라는 생각을 했다. 그 모습은 바로 스스로의 가치에 몰입한 사람, 일을 통해 재미와 의미를 모두 얻은 행복한 사람들의 모습이었다.

적어도 이 회사의 직원들은 일론 머스크Elon Musk의 꿈이든, 아니면 그들 스스로의 꿈이든 간에 그 목적과 의미에 주도적으로 참여해 성취를 이루고자 하는 강력한 염원을 가지고 있음을 어렵지 않게 느낄 수 있었다. 또한 잘은 몰라도 그 과정에서 발행한 다양한 어려움들은 스스로 동기를 부여해가며 자율적으로 해결해나갔을 것이라고 추론할 수 있었다.

다니엘 핑크는 내재적 동기를 유발하도록 하는 데 이러한 목적purpose의 중요성을 강조했다. 그는 과거 보상과 처벌에 기반한 외재적 동기를 중시하던 동기 2.0 시대에 기업의 목적은 수익 극대화에 머물렀다면 동기 3.0 시대에 기업의 목적은 이익을 거부하지 않으면서도 일 자체의 목적을 강조하는 것이라고 말한다. 이는 기업뿐 아니라 개인도 마찬가지다.

칙센트미하이는 개인이 수동적 즐거움(오락)에만 몰두하는 삶보다 복잡한 몰입 활동으로 가득한 삶이 더 가치 있는 삶이라고 설명하면서, 열정을 가지고 적극적으로 삶에 뛰어드는 몰입 추구가 중요함을 강조했다.

2019년 Workforce Institute의 설문조사에 따르면, Z세대 응답자의 51%는 즐거운 업무에서 동기를 얻는다고 답변했다. 이들 중 57%는 연 1회의 승진을 기대하는 등 커리어 발전과 유의미한 인정이 큰 동기부여 요인으로 작용하는 것으로 나타났다. 또한 75%는 관리자와 대면하여 피드백을 받는 것을 선호한다고 밝혔다. 이러한 환경에서 직원들 대상의 코칭과 멘토링을 늘리는 것은 매우 효과적일 수 있다.

2021년 업워크가 진행한 Freelance Forward 조사에서 숙련된 프리랜서 인구의 73%에게 가장 중요한 긱 윅의 매력도 바로 '의미 있는 일의 추구' 였다.

MZ세대 직원들에게도 일의 의미와 가치는 매우 중요하다. 이들의 특성을 살펴보면, 개인이 추구하는 가치와 기업이 추구하는 가치가 일치하는 것을 중시하는 경향이 뚜렷하다. 예를 들어 Z세대는 다양성diversity과 포용inclusion에 민감한데, 이들은 다양성과 포용성에 윤리적인 리더십을 보이는 기업, 실제 비즈니스 프랙티스에 다양성과 포용을 진정성 있게 실천하는 기업을 선호하며, 그들이 구직을 할 때도 이러한 요소를 중요하게 고려한다고 한다.

이를 지금의 노동의 니즈needs와 연결해 생각해보면, 지금의 근로자들의 목적에 가장 부합하는 것은 동기 3.0의 앞선 두 가지 조건, 즉 자율성과 숙련을 의미 있고 행복하게 추구하는 과정에서 자연스레 경제적인 풍요 혹은 자신의 목적에 도달하는 것이 될 수 있다. 목적은 현대 노동인구에게 매우 중요한 동기부여의 요인이다.

사람들은 스스로의 경력개발경로에 따라 더 자율적으로 노동을 제공하면서 즐거움과 여유를 찾고, 스스로가 원하는 목적에 맞는 일을 통해 경제적 풍요 수준 혹은 경제적 자유에 도달하고자 한다. 사람들은 팬데믹을 겪으면서 다양한 일의 여정을 통해 자신의 목적에 도달하는 삶이 스스로에게 가장 의미 있는 삶이라고 인지하게 되었다. 긱 윅이 제공하는 자율과 숙련은 우리 각자가 자신의 목적을 더 충실히 추구하고 도달하게 할 수 있는 수단이 되어준다는 측면에서 새로운 노동의 패러다임의 주축이 될 가능성이 높다.

같은 맥락에서 사람들이 목적을 추구함을 보여주는 사례가 미국의 NEET[Not in education, employment or training]족의 증가다. 니트족은 역량은 있지만 '취업 의지가 없는' 특성이 있어 구직에 관심이 있는 무직 상태의 사람을 말한다. 자발적으로 취업을 하지 않는 것이므로 취업을 하지 못하는 집단과는 성격이 다르다. 실리콘밸리 혁신미디어 〈더 밀크The Miilk〉의 최근 보도에 따르면 팬데믹 이후 근무를 하거나 구직 중인 Z세대가 약 50만 명이나 줄었고, 2022년 4분기 만 20~24세 근로자의 니트족 비율은 2020년 14.67%에서 2021년 18.27%로 2014년 이후 최고치를 기록했다.

이유는 장기적인 Covid-19로 인한 후유증, 전염병 감염에 대한 두려움 및 정신 건강 문제로 자기 자신을 직장 및 사회로부터 단절시키는 현상이 영향을 미친 것이 가장 컸다. 팬데믹으로 가장 즐겨야 할 대학 생활에 집중할 수 없었던 만 21~24세 구직자가 구직보다 대학원 진학을 더 선호하면서 근무를 하거나 구직 중인 Z세대 근로자가 약 50만 명이나 감소한 것이 두 번째 이유다.[*]

MZ세대가 가장 꿈꾸는 성공의 가치 중 하나로 FIRE라는 개념도 있다. FIRE는 경제적 독립Financial Independence과 조기 은퇴Retire Early를 추구하는 삶의 방식을 말한다. FIRE 운동을 추구하며 살아가는 이들을 FIRE족이라고 부르는데, 이들은 경제적으로 자유로워져서 더 이상 회사에 얽매이지 않는 삶을 원한다.

* 문준아(2022), Z세대 젊은 근로자는 어디로 갔나? 늘어나는 대학원생, 청년 니트족 NEET

젊은 세대가 FIRE족이 되고 싶은 이유는 다양하지만 직장에서 받는 부당한 대우와 심리적 압박 때문에 회사를 다니는 것 자체가 너무 괴로워서 조기 은퇴하고 싶은 이유가 있다. 일하는 곳에서 갈등에 휘말리거나 인간관계에서 불편한 감정을 느끼는 게 싫어서 회사생활을 하고 싶지 않다는 뜻이다. 이들은 빠른 은퇴를 위한 방법으로 극단적인 소비 절감과 저축을 통해 40대 전후에 조기 은퇴하는 것을 목표로 한다.

FIRE의 종류도 다양하다. 제한된 소비만 하는 검소한 파이어lean fire, 생활수준을 유지하며 은퇴를 준비하는 풍족한 파이어fat fire, 부수입으로 은퇴를 준비하는 사이드 파이어side fire, 은퇴 후 은퇴 비용을 충당하기 위해 아르바이트를 하는 바리스타 파이어barista fire 등이다. 기대수명 연장과 늦어진 취업으로 준비해야 할 은퇴자금은 늘어나는데 저금리와 치솟는 물가로 과거와 같이 자산을 불리기는 어렵다. 직장생활 만족도가 낮고 고용 불안을 느끼는 직장인이 많아지며 경제적 자유를 실현해 빨리 은퇴하려는 사회적 분위기가 커지고 있다고 볼 수 있다.[*]

이처럼 팬데믹 이후 직장인들은 인생에서 가장 가치 있는 것은 무엇인지 고민하기 시작했다. 과거 그 어느 때보다 더 직업의 의미와 내가 살아가야 하는 삶에 대해 고민하고 있다. 사람들은 자신이 중시하는 가치를 실현할 수 있는 자기 주도적인 일의 수행과, 의미 있는 방향으로 커리어를 숙련하고자 하며, 이는 긱 이코노미를 통해 실현될 수 있다.

이러한 맥락에서 미래 사회에 요구되는 내재적 동기를 유발할 수 있는

* 최운정(2021), 〈조기은퇴 꿈꾸는 파이어족〉, 종합시사매거진

자율성, 숙련, 목적을 종합적으로 고려할 때, 이 모든 가치를 균형적으로 추구할 수 있으면서, 더불어 사람들이 몰입할 만큼 재미있거나 의미 있는 일의 기회를 제공할 수 있는 긱 웍은 멀지 않은 미래에 현대 노동인구들에게 합리적인 일의 대안으로 자리 잡을 수 있다고 생각한다.

FIRE 강환국 저자의 자율, 숙련, 목적

KOTRA를 39세에 그만두고 파이어족이 된 강환국 저자의 《FIRE》는 파이어 부자 20명을 인터뷰하며 알게 된 공통점 네 가지를 소개한다. 각자가 FIRE에 도달한 방법은 달라도 그들의 사고방식은 비슷하다는 것인데, 내 상황에 맞는 파이어 시나리오를 계획하고, 지출을 줄이는 그들만의 노하우가 있으며, 다양한 방식으로 수입을 늘리며, 부동산, 주식, 코인 등에 자신의 스타일로 투자를 해 부자가 되었다는 것이다.

이 책에도 노동의 동기와 연관된 여러 내용을 엿볼 수 있어 소개한다.

① 자율 : 저자는 회사를 다니며 납득하기 어려운 일을 해야 할 때마다 괴로웠다고 한다. 납득이 되는 일도 '해야 하는 일'이면 왠지 하기 싫었기에 내가 하고 싶은 일만 하고 살 수 있는 경제적 자유에 도달하려고 했다는 것이다. 저자는 경제적 자유를 '내가 하고 싶은 일만 하는 것' 그리고 '내가 만나고 싶은 사람만 만나는 것'으로 정의했다. 내가 관심 있

는 분야에만 관심을 가지고 시간을 집중적으로 쓸 수 있는 지금 경제적인 자유를 느낀다고 말한다.

② 숙련 : 책은 지출을 줄이고 수입을 다양화하기 위해, 자신의 발전에 투자해야 한다고 말한다. 독학을 해서라도 자신이 쌓고 싶은 역량 분야의 지식자본intellectual capital을 쌓고, 이를 널리 전파하며 온라인/오프라인에서 관계를 쌓아 사회적 자본social capital을 축적해야 한다는 것이다.

③ 목적 : 마지막으로, 맹목적인 목표의 추구가 되면 목표 달성 후의 공허함만 가지게 될 수 있기에, 계획을 세울 때부터 파이어 이후의 삶에 대해 구체적으로 생각해보는 것도 도움이 된다고 말한다. 무엇이 나를 행복하게 만들며, 내가 하고 싶은 일은 무엇이며, 그것을 이루기 위해 구체적으로 무엇을 어떻게 준비해야 하는지, 그리고 그 외에 나의 삶의 중요한 일이나 취미 등을 알고 실천해야 도움이 된다고 말한다.

저자는 여러 파이어 부자를 인터뷰하고 나서야 '자신을 아는 것'의 중요성을 깨달았다고 한다. 자존自存의 개념이다. 자신을 잘 알아야 자신의 우선순위를 만들어 결정에 활용할 수 있고, 자신이 상대적으로 잘하는 비교 우위 분야를 찾아 활용할 수 있으며, 타인의 말에 휘둘리지 않고 자신의 길을 걸을 수 있다는 것이다.

6장

생각을 넓혀라.
그렇지 않으면 평생 똑같은 일만 하게 될 것이다.

나폴레온 힐 Napoleon Hill

긱 이코노미가
바꾸는 일의 미래

사회적 비효용을 줄이는 긱 이코노미

1) 고령인구의 은퇴와 사회적 비효용

2023년 5월 KBS TV 프로그램 〈시사직격〉에서는 '860만 은퇴 쓰나미-60년대생이 온다'라는 심층 취재를 다루었다. 유튜브에도 공개된 이 영상은 대한민국에서 가장 인구수가 많다는 1960년대생들의 퇴직이 본격화된 요즘의 시대 상황을 조망한다.

김난도 서울대 교수가 베이비부머를 대표하는 58년 개띠를 '오팔(OPAL) 세대'로 명명한 2020년 상황과도 다른 느낌이다. 58년 개띠의 은퇴는 신호탄에 불과했다. 안정된 경제력을 기반으로 활기찬 인생을 살아가는 신노년층old people with active lives으로 포지셔닝된 1950년대 생과 1960년대 생의 은퇴양상은 다르다.

1960년대 출생 인구는 전체 인구의 17%인 860만 명에 달한다. 이들은 국민연금의 복지 1세대지만, 연금 규모는 노후를 보장하기엔 충분치 않고, 자식 교육비와 부모 부양의 부담은 여전히 크다. 퇴직연령도 상대적으로 빠른데, 통계청의 2022년 조사결과에 따르면 국내 노동인구가 주된 일자리에서 퇴직하는 평균 퇴직연령은 49.3세다. 노년층 인구가 이미 청소년 인구를 압도하고 있으며, 노인 빈곤율은 OECD 국가 중 최고 수준이다. 부모를 부양하는 마지막 세대이자 자녀의 부양을 받지 못하는 처음 세대, '마처 세대'라 부르기도 한다.

이러한 상황에서 향후 수년간 밀려올 860만 명의 은퇴 쓰나미는 단지 1960년대 생의 경제적 어려움에서 끝나지 않을 것이다. 그들의 문제는 우리나라 전체의 경제, 사회에 끼칠 영향까지 종합적으로 고려되어야 하며, 사회적으로도 적극적으로 대처해야 한다.

2) 고급숙련 자원의 '잉여' 해소로 사회적 비효용 해결

고숙련 인재매칭 플랫폼 탤런트뱅크는 평생교육기업 휴넷의 자회사다. 이 플랫폼의 아이디어는 휴넷 대표이사 조영탁 사장의 KOREA Senior Consulting Group이라는 사업계획에서 처음 탄생했다. 그는 휴넷을 창업한 IMF 직후부터, 국내 대기업에서 매년 1,000명이 넘는 임원이 퇴임하며 그들이 그간 축적한 경험과 실용지식이 더 이상 활용되지 못하고 사장되는 우리나라의 현실을 개탄했다.

임원 1명을 만들기 위해 기업이 투자한 비용을 고려하면 그 매몰비용은 너무 컸고, 우리나라가 가장 고도 압축 성장하던 시절에 이들 대기업에 소속되어 다양한 경험을 쌓은 인적 자원이 우리나라 국가경쟁력에 미치는 영향력까지 추산해보면 그 사회적인 비효용은 어마어마한 것이었다.

반면 중소기업 입장에서는 대기업 임원의 경험과 노하우가 절실히 필요하다. 하지만 그들을 과거와 같은 처우로 채용하는 것은 매우 부담되는 일이고, 때문에 필요할 때만 그들의 값진 재능을 활용해 비즈니스에 활용하고자 하는 바람이 크다.

만일 중소기업이 필요할 때만 그의 경험과 노하우를 활용할 수 있는 시스템이 있다면, 예를 들어 모 화장품 관련 중소기업에서 화장품 제조를 위해 베이징에 출장을 가려고 할 때 국내 유수의 아모레퍼시픽이나 LG생활건강 출신의 임원이 연결되어 일주일간 출장에 동행해 신뢰할 수 있는 뛰어난 현지의 부자재 업체 등을 연결해줄 수 있다면, 이는 해당 기업뿐 아니라 대한민국 화장품 산업에도 큰 도움이 될 수 있는 일이다.

앞서 설명했듯, 매년 대기업 임원으로 은퇴하는 규모가 상당하다. 사회 전체를 하나의 관점으로 바라보면 이들의 소중한 지식과 경험, 노하우는 사회의 다른 곳에 충분히 도움이 될 수 있는 자원임에도, 실직과 동시에 이들이 기존에 가지고 있던 직무 전문지식과 노하우는 사회의 잉여가 되거나 사장되는 셈이다. 경업 이슈가 발생할 수 있는 기업 고유의 지식만 제외하고는 얼마든지 활용될 수 있는 귀중한 자원이 수요/공급을 매치해주는 장이 없어 매몰되어버리는 사회적 비용이 발생하는 것이다.

공유경제는 이렇듯 활용되지 않는 유휴 자원을 타인과 공유하여 불필요한 소비 자원의 낭비를 줄이고, 궁극적으로는 사회 공동의 이익 증가에 기여하는 경제활동이자 사회운동이다. 긱 이코노미는 다양한 사람들의 독창적이고 가치 있는 지식과 경험, 전문성 등을 더 유의미하게 쓰일

수 있도록 하는 연결의 장을 마련하여 사회적 비효용을 해결하고 궁극적으로는 사회 전반의 이익 증가에 기여할 수 있다.

탤런트뱅크 회원으로 가입한 전체 1만 7,000여 명의 전문가 중 40%가 10대 기업의 팀장 이상 은퇴 인력이다. 전문가의 평균연령은 50.8세에 달한다. 이들은 각자가 커리어를 통해 축적한 전문지식, 경험, 네트워크를 활용해 기업들이 보유한 비즈니스 문제의 맞춤 해결책을 제시한다.

고숙련 인재매칭 플랫폼, 탤런트뱅크의 프로젝트 사례 중에는 다음과 같이 고경력의 숙련 전문가가 단기간 프로젝트를 수행해 합리적인 비용으로 기업의 고질적인 문제를 해결해준 다양한 성공 사례가 존재한다.

- 대기업에서 해외영업을 수행한 프리랜서 전문가가 자신의 근무경험과 수많은 업계 인맥을 통해 몇 년간 골치였던 일본 거래처 확장과 영업/거래처 관리 프로세스를 정립해준 사례.
- 중견기업 기획 임원 출신의 프리랜서 전문가가 합작법인joint venture 설립/운영 경험이 없는 스타트업을 자문해 협력사 간 의견을 조율하고 잠재적 리스크를 정확히 파악해 합작을 마무리해준 사례.
- 구매·자재 관리의 기본적인 전산화도 갖추지 못했던 중소기업이 4대 대기업 출신 전문가를 만나 구매 및 자재 관리 프로세스를 확립하고 명문화 및 직원교육까지 진행해 새로운 프로세스를 내재화한 사례.
- 매출액 1,000억 규모의 강소 자동차 부품 기술 기업이 현대차그룹 주재원 출신의 자동차 부품 해외영업 전문가의 도움을 받아 해외

판로 개척에 번번이 실패하던 중, 전문가로부터 30년간 축적된 개인 네트워크를 소개받아 수출길이 열린 사례.

3) 저성장 뉴노멀 시대의 '개방형 혁신' 대안

장기 경기침체는 이미 글로벌 경제의 뉴노멀로 자리 잡았다. 미국 전 재무장관이자 하버드 대학교 전 총장인 로렌스 서머스는 L자 경기는 21세기 경영의 새로운 환경이며, 기업이 근거 없는 낙관론에 기반할 수 없게 하는 미래 환경이라 말했다.

저성장 뉴노멀 시대의 기업들은 과거와 같이 역동적으로 새로운 사업을 추구할 수 없다. 그럼에도 미래 성장동력을 준비해 향후 경기가 회복되었을 때 본격적인 성장을 일굴 수 있는 자구책을 원하는 기업들은, 현재 사업에서의 공격적인 투자를 줄이고, 숨을 고르며 현재 사업의 내실을 다지는 한편 미래 사업을 차분히 준비하려고 한다.

이 시점에서 기업의 선택은 스스로 비용을 절감하며 생존하고 버티거나cut costs, 차근히 다음 국면을 준비하기 위한 전략적인 투자를 해나가거나strategic investment 둘 중 하나의 방식을 취하게 마련이다.

저성장 뉴노멀 시대의 긱 이코노미는 앞의 두 가지 상황 모두에 도움이 되는 대안이 될 수 있다. 긱 이코노미는 기업이 새로운 일을 할 수 있도록 외부인재를 검증해 내부의 새로운 일에 합리적인 비용으로 충원할 수 있도록 중개한다.

새로운 일에는 새로운 사람이 필요하기에, 그러한 일에 맞는 충분한 전문성과 역량을 갖춘 인력이 회사 내부에 없다면, 그에 맞는 인력을 외부에서 충원해야 한다. 하지만 경기침체 국면에서 이러한 인력 소요를 모두 정규직 고용으로 해결하는 일은 비용 측면을 고려할 때 적절하지 않을 수 있다.

좀 더 현실적인 대안으로, 회사의 성장을 위해 자발적 혁신과 변화를 추구할 수 있는 기존 직원들을 인적 기반으로 두고, 새로운 전략의 추진에 필요한 일부 주요 직무에 긱 이코노미나 파트너십을 통해 긱 경험자를 긱 워커로 충원해 기존 직원들의 직무경험을 강화하는 방법을 적용해볼 수 있다.

이를 통해 기업은 빠른 리스킬링/업스킬링, 직원경험의 향상, 잡 크래프팅 등을 통해 직무생산성을 향상하고, 지속적으로 관리해나갈 수 있다. 이러한 맥락에서 긱 이코노미 및 긱 워커의 활용은 우리 조직과 외부의 뛰어난 전문가 개인을 느슨하게 연결하고, 외부 충원을 통해 조직의 개방형 혁신open innovation을 추구할 수 있다.

4) 직원의 Employability를 높이는 긱 이코노미

Employability는 고용가능성, 고용경쟁력, 채용경쟁력 등으로 번역되는데, 선택한 직업에서 더욱 훌륭하게 역량을 발휘하고, 이직의 가능성과 기회를 열어주며, 더 나아가 일생 동안 계속 고용될 수 있도록 하는 능력으로 설명할 수 있다. Employability는 개인의 경력개발 및 고용 안정, 적응 등에서 중요한 변인으로 주목받고 있다. (필자는 주로 생애경쟁력으로 번역한다.)

Employability = 생애경쟁력

- 고용될 수 있는 능력, 생애경쟁력
- 고용을 유지하고 동일한 조직 내에서 직무와 역할
  간의 '전환'을 할 수 있는 능력
- 필요한 경우 신규 취업을 할 수 있는 능력

앞선 글들에서 설명했듯이 긱 이코노미는 일을 통해 성장을 추구할 수 있는 자기 주도적인 커리어 숙련의 도구다. 직원들은 긱 이코노미를 통해 현재 수행하고 있는 일뿐 아니라, 미래 수행할 수 있는 일을 미리 주도적으로 경험해봄으로써 자신의 경쟁력과 고용가능성을 향상할 수 있다. 이러한 일에 대한 경험과 교육의 수준은 Employability를 높이는 데 중요한 변인이 되기 때문이다. Judge, Cable, Boudreau, & Bretz, 1995; Kirchmeyer, 1998; Tharenou, Latimer, & Conroy, 1994는 그들의 연구에서 교육 수준과 일 경험이 다양한 환경에 대처할 능력과 자본이 되어 경력개발경로에 가장 중요한 변인이라고 설명했다.

SAP SuccessFactors의 〈HR Meta-Trends〉 2023 리포트의 핵심 키워드는 직원경험employee experience이다. SAP 연구팀이 전 세계 346개의 개별 HR 트렌드를 정리해 도출한 7가지 메타 트렌드는 다음과 같다.

① 숙련 인재 확보 전쟁에서 승리하기Winning the Race for Skills : Job Market 에서 직원들의 우월적 지위가 유지될 것, 스킬 기반 채용이 부상할 것.
② 미래를 위한 노동력 대비Mobilizing the Workforce for the Future : 경험 중심

학습과 코칭을 비롯한 개인화된 경력개발을 통해 직원들에게 그들의 가치와 미래상을 보여줘 노동인구를 동기부여하고 몰입을 높임.

③ 목적성 있게 신규 기술을 도입Adopting Emerging Technologies with Purpose : AI/ML, 메타버스/웹 3, 블록체인 등 인텔리전트 기술의 확대로 어떤 목적으로 기술을 활용할 것인지 현실적 기대치를 설정하는 것이 중요.

④ 유연근무를 잘 작동하게 만들기Making Flexible Work, Work : 더욱 유연한 업무 수행에 대한 관심의 전환이 발생할 것.

⑤ 총체적인 직원 웰빙에 대한 포괄Embedding Holistic Well-Being Everywhere : 번아웃을 겪는 직원을 위해 정신적, 육체적, 정서적, 재무적 건강을 포괄하는 총체적 웰빙을 지속적으로 지원하고 우선순위를 수립해야 함.

⑥ DEI&B에 대한 다양한 관점 수용Embracing the Complexity of DEI&B : 사람과 관련된 모든 프랙티스에 대해 DEI&BDiversity, Equity, Inclusion & Belonging에 대한 원칙을 반영하고 라이프사이클 관점의 접근을 취함.

⑦ 현재와 미래를 위한 피플리더 육성Preparing People Leaders for Today and Tomorrow : 잠재적 관리자 후보들이 관리자 역할을 수행할 수 있도록 대비.

그중 눈에 띄는 것이 미래를 위한 노동력 대비Mobilizing the workforce for the future인데, 이 트렌드는 직원들에게 조직에 대한 그들의 가치와 미래상을 보여줘 Employability와 Engagement를 높이고, 궁극적으로는 기업의 미래에 대한 대비를 해나가는 것을 의미한다.

직원들이 자기 주도적으로 생애경쟁력employability과 몰입engagement을 높이도록 하는 것이 중요하다는 것이었다. 직원경험을 개선하고, 개별화

HR Meta-Trends 2021~2023

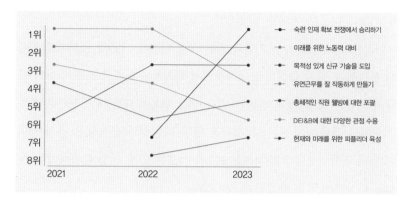

된 경력개발을 시도해 직원에게 동기를 부여하고 몰입을 높일 수 있어야 하며, 스킬 평가 및 검증을 강화하고, 학습문화를 만들고, 육성을 통해 지속적으로 인재를 리텐션하는 등의 방법이 있었다.

총체적인 직원 웰빙에 대한 포괄Embedding Holistic Well-Being Everywhere에 대한 트렌드에서 기업들은 기존에 커버하지 않았던 정신적, 신체적, 정서적, 재정적 웰빙까지도 지원하는 총체적이고hollistic 적극적인 접근을 하고 있음을 알 수 있었다. 기업은 제도나 프랙티스를 통해 프레젠티즘(출근은 했지만 육체적·정신적 컨디션이 정상적이지 못하여 업무의 성과가 떨어지는 현상)까지 예방하려 했고, 직원의 재정적 어려움까지 도움을 제공하려고 했다. DEI&B에 대한 다양한 관점 수용Embracing t he Complexity of DEI&B 트렌드와 관련해서는 다양성, 공정성, 포용성, 소속감 등 직원 개개인에 대한 존중이 더욱 부각되었다.

이러한 트렌드를 통해, 과거보다 더 비선형적으로, 경계 구분 없이 커리어를 개발하려는 직원의 니즈와, 인력구인 난에 적극적으로 대응하려는 기업의 니즈를 이해할 수 있었다.

이러한 **Meta Trends**는 기업과 직원 상호 니즈에 기반해 움직이고 있음이 분명했다. 직원 중심의 노동시장에서 과거에는 직원 스스로 알아서 개발해야 했던 생애경쟁력employability(ex. 건강, 변화에 대한 태도, 꾸준한 학습, 관계 자산, 평판 관리 등)이나, 정서적 웰빙, 다양성과 공정성, 포용의 영역까지 더 적극적으로 커버하려는 HR의 시도는 인재 전쟁에 참여하는 기업의 비장한 노력을 방증하는 것이었다.

한편 최근 들어 Employability의 개념이 주목받고 있음도 확연히 알 수 있었다. 머서Mercer는 〈글로벌 인재 트렌드Global Talent Trends〉 2022~2023 리포트에서 전 세계 고성장 기업의 공통적 특징으로, 회사와 직원과의 상호작용과 관계성을 지속적으로 재정의하려는 관계지향 조직relatable organization의 특성을 꼽았는데, 특히 이들 기업은 과거에는 직원 스스로 개발해야 했던 직원들의 Employability를 높이기 위해 적극적으로 노력하고 있었다.

5) 긱 이코노미와 100세 시대의 Dynamic Career Path 준비

머서 리포트는 또한 전 세계 고성장 기업들이 향후 고령화와 고숙련 인재 부족에 대비하여 Age-Ready Organization을 적극적으로 준비하고 있다고 밝혔다. 예를 들어 고령 근로자에 새로운 고용 옵션을 제안하고, 퇴직 후 파트타임이나 유연근무 옵션을 제공하는 등 단계적 은퇴 옵션을 제공했다. 뿐만 아니라 은퇴자로 프리랜서 인재은행을 구축하는 것뿐

고성장 기업 Workforce의 공통점
'Relatable Organization'
– 관계성을 지속적으로 재정의, 적응
– 파트너십 기반으로 일하는 방법을 찾음
– 웰빙을 제공하기 위해 열심히 노력함
– Employability(고용 가능성) 구축함
– 집단의 에너지를 영리하게 활용함

고성장 기업들은
'Age-ready Organization' 준비
– 고령 근로자에 새로운 고용 옵션 제안
– 퇴직 후 파트타임이나 새로운 옵션 제시
– 단계적 은퇴 옵션 제공
– 은퇴자로 프리랜서 인재은행 구축
– 고령인재 적극 채용

출처 : 〈글로벌 인재 트렌드Global Talent Trends〉 2022~2023 리포트

아니라, 고령 인재를 적극적으로 채용하기까지 했다.

국내뿐 아니라 전 세계적으로 고령인구 비중과 증가세가 뚜렷해지면서, 100세 시대의 Dynamic Career Path에 대한 논의가 본격화되고 있다. 일본은 우리보다 훨씬 이른 2010년에 이미 초고령 사회에 진입하여, 중장년의 노동시장 이탈을 막기 위한 다양한 사회적인 노력들이 전개되고 있다. 예를 들어 저성장으로 인한 임금인상의 한계를 상쇄하기 위한 겸업과 부업은 이미 허용되었고, 정년까지 일한 기업에 퇴직 후 다시 입사해 5년 더 다닐 수 있는 재고용 정책도 존재한다. 재고용 시 임금은 기존의 80% 이하로 떨어지지만, 후생연금을 유지할 수 있어 연금수령액이 늘고, 정부는 임금삭감 분을 보전하기 위한 '고용계속 기본급여'를 지급한다. 타기업에 재취업하는 것을 장려하기 위해 헬로워크, 실버인재센터 등의 전문기관을 두고 실질적인 지원을 제공해 재고용을 장려한다.

머서Mercer는 〈글로벌 인재 트렌드〉 2022~2023 리포트에서 2007년 이후 출생한 영국 인구의 절반 이상이 100세까지 살 것으로 전망하면서, 지금의 노동인구에게 여러 번의 교육과 커리어가 반복되는 여러 단계의 삶multi-stage life을 제시했다.

100세 시대를 위한 준비 : Dynamic Career Path
(2007년 이후 출생한 영국 인구의 50% 이상이 100세까지 살 것으로 추정)

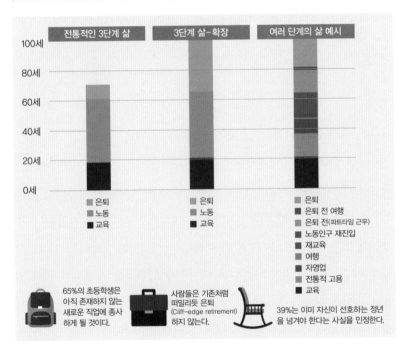

이러한 삶에서 사람들은 20대까지의 교육을 통해 전통적 고용에 종사한 후 30대 후반이 되면 자신만의 주특기를 기반으로 창업해 40대 초반까지 자영업에 종사한다. 이후 40대 중반에 이르러 재교육을 통해 새로운 커리어를 찾고 60대 초반까지는 다시 노동인구에 편입되어 두 번째 커리어를 추구한다. 60대 초반부터는 정규직 근로에서 벗어나, 긱 워커로서 파트타임 근무를 통해 80세까지 일한 후 80대 초반에 은퇴한다.

이러한 맥락을 살펴보면, 과거처럼 50대 중반~60대에 은퇴하고 '여생을 준비한다'는 개념이 이미 요즘 세상의 흐름과 맞지 않다. 여생餘生(남은 인생)이라는 말 자체도 은퇴 후 삶의 의미가 과거 자신의 일을 가지고 있던 시점과는 다름을 의미한다. 문화심리학자 김정운 교수는 교수로 불리는 기간보다, 전前 교수로 불리는 기간이 더 길어지는 것이 당연한 시대에 교수라고 불리는 삶이 썩 좋지 않아 교수직을 퇴직했다고 말했다.

사람마다 은퇴 이후의 삶의 궤적은 다양할 수 있다. 하지만 많은 사람이 다가올 은퇴에 대해 생각만 하지 충분히 준비하지 못한 상태로 은퇴한다. 김동엽 미래에셋 투자와 연금센터 상무는 일의 의미를 확대하면 은퇴도 새롭게 정의할 수 있다고 말한다. 은퇴는 일을 하지 않는 게 아니라, 생계를 위해 일을 하지 않는다는 것이다.

그는 과거 인터뷰에서 어떻게 은퇴할 것인가의 답은 '나는 앞으로 어떻게 일할 것인가'에 대해 자문하고 대답함으로써 얻을 수 있다고 말한다. 다음 4가지 방안 중 나는 어떤 선택을 할지 스스로 답을 가져야 한다는 것이다.

① 하고 싶은 일을 하면서 넉넉하게 돈도 버는 것

② 하고 싶은 일을 뒤로 미루고 일단 돈을 버는 것

③ 하고 싶은 일을 하고, 생활비는 다른 일을 해서 버는 것

④ 하고 싶은 일을 잊고, 그저 일만 하는 것

생애경쟁력은 전⼟ 생애 일을 통해 일정 수준 이상의 삶의 질을 유지하는 데 필요한 유무형 소득을 지속적으로 창출하는 능력으로 볼 수도 있다. 일정 수준 이상의 삶의 질은 경제적 만족뿐 아니라 정서적인 만족도 포함되어야 유지될 수 있다. 긱 이코노미는 단순히 지속적인 소득을 얻을 수 있는 수단뿐 아니라, 의미 있는 자신만의 일을 더 적극적이고 자기 주도적으로 찾을 수 있도록 돕는다는 측면에서, 사회적인 비효용을 줄이는 매우 유효한 수단이 될 수 있다.

기업의 비즈니스 문제를 해결하는 긱 이코노미

1) 당면한 비즈니스 문제를 해결할 인력의 충원

VUCA 시대(변동성volatility, 불확실성uncertainty, 복잡성complexity, 모호성ambiguity)의 변화무쌍한 비즈니스 환경에서, 앞서 설명한 이유들로 적합한 인재를 단기에 구인하는 것은 더 어려워졌다. 팬데믹, 세계화, 디지털 트랜스포메이션 등 사회의 변화도 고용주에게 어려움을 야기한다.

기업이 겪는 가장 큰 문제 중 하나가 당면한 비즈니스 이슈를 해결할

인력을 충원하는 것이다.

IMF 크리스탈리나 게오르기에바 총재는 Milken Institute Global Conference 2023에서 세계 경제 성장이 역사적으로 낮은 수준을 보인다고 말했다. 올해 성장률이 2.8%로 둔화할 뿐 아니라 내년에는 회복세가 3%에 머물고 향후 5년간 이 같은 수준에 그칠 것이라고 전망했다. 이러한 전 세계적인 저성장 기조가 지속되면 인력구조는 더욱 경직되고 고용은 더욱 부담스러워질 것이다.

고용주 입장에서는 프리랜서를 쓰자니 회사에서 요구하는 일을 정확히 산정해 구체적으로 정형화하기 어렵다. 그 일을 수행할 수 있는 인재를 판단하기도, 해당 분야의 역량이 검증된 인재를 구하기도 쉽지 않다.

HR 관점에서도, 현재 노동시장의 적정한 인력 규모가 가용할지 예측하기 어렵고, 또 가용할 인력이 있다고 해도 그들의 역량을 정확히 추론하기 어렵다. 뿐만 아니라 프리랜서에게 적절한 인건비를 산정할 때도 명확한 기준이나 사례가 없다. 기업이 프리랜서와 협업과 커뮤니케이션을 해나가는 데 따르는 어려움도 미리 감안하여 대안을 준비해야 한다.

이러한 상황에서, 기업이 '원하는 시점'에 '원하는 인력'을 '원하는 기간만큼만' 온디맨드on-demand로 충원할 수 있는 긱 이코노미를 활용한 인재 소싱은 가장 합리적이고 경제적이며 유연한 충원 솔루션이 될 수 있다.

충원의 중요성은 시대의 사회적 맥락에서 더 부각되기도 하지만 사실 HR 기능의 기반이다. 필자가 HR 전공으로 학교에서 배운 것 중 가장 기억에 남는 것 하나를 꼽으라면, 바로 Cornell ILR School의 리 다이어 Lee Dyer 교수님께서 Organization and Work Design 과목 수업 중에 설명해주신 HR 직무의 목적 혹은 성격에 관한 내용이다.

교수님은 HR은 '적정한 수Right Number의 제대로 된 사람Right People을 적기에Right Time 선발해 적소Right Place에 배치하는 것'이라고 말했다. 여기서 제대로 된 사람의 의미는 '옳은 일을 옳은 방식으로 해내는 사람doing the right things right'이다. 바로 충원과 선발의 중요성에 대한 내용이었다.

Right Number, Right People, Right Place, Right Time

HR is all about getting the right number of people to the right places at the right times who are doing the right things right.
– Lee Dyer, Emeritus Professor, Cornell ILR School

본론으로 돌아와서, 기업의 긱 이코노미 도입은 점점 늘어나고 있다. 구인 충원 및 인력의 유지는 기업에 가장 중요한 이슈다. 비즈니스 경쟁력을 유지하기 위해 기업들은 더 많은 프리랜서를 고용하고, 급여를 늘리며, 긱 워커가 일할 수 있는 시간과 장소에 대해 더 큰 유연성을 제공하고 있다.

〈업워크 2023 Labor Market Trends and Insights〉 리포트에 따르면, 기업들은 기업 규모에 관계 없이 충원을 적극적으로 늘리고 있는 추세다. 미국 노동시장 실업률은 2022년 12월 기준 3.5%로 직전 50년 최저치였다. 전체 응답 기업의 67%, 중소기업midsize company의 78%가 향후 6개월

내 채용 계획이 있다고 답했고, 충원의 니즈가 가장 높은 분야는 IT와 네트워킹networking 팀에 대한 수요였다.

2021년 업워크가 발표한 〈Future Workforce Report 2021〉에 따르면, 응답 기업의 78%가 원격으로 프리랜서를 이용하고 있었다. 당시 채용 담당자의 71%는 향후 6개월 동안 원격 프리랜서 사용을 유지하거나 늘릴 계획이라고 응답했다. 이 리포트의 부제는 '어떻게 원격근무가 비즈니스를 완전히 변화시키는가How Remote Work is Changing Businesses Forever'다.

당시 응답 기업의 절반 이상인 53%의 기업은 팬데믹의 결과로 원격근무에 외부의 프리랜서를 사용할 의향이 더 생겼다고 말했으며, 채용 담당자의 약 3분의 2가 향후 12개월 동안 테크 분야에서 프리랜서 사용을 늘릴 계획이므로 기술 분야의 프리랜서에 대한 수요는 계속될 것으로 전망했다.

업워크의 2022년 리포트 〈Future Workforce Report 2022〉의 제목은 '독립인재를 핵심 노동력으로 활용하는 전략Leveraging Independent Talent as a Key Workforce Strategy'이다. 리포트 제목처럼 기업들은 중요한 인재 전략으로 프리랜서를 활용하는 것으로 나타났다.

응답 기업의 85%는 프리랜서와 함께 일하면 전문 기술이나 전문성을 갖춘 인재에 접근할 수 있어 좋다고 말했다. 때문에 고숙련 프리랜서의 활용이 늘고 있었는데, 프리랜서를 채용하는 기업 채용관리자 중 약 60%는 향후 6개월(58%)과 향후 2년(66%)에 걸쳐 프리랜서에 대한 의존도를 점점 더 높일 것이라고 응답했다. 또한 응답 기업의 79%는 독립적인 인재와 협력하여 비즈니스를 더욱 혁신적으로 만들 수 있다는 데 동

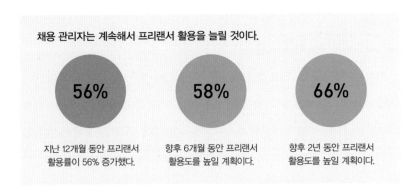

채용 관리자는 계속해서 프리랜서 활용을 늘릴 것이다.

56%
지난 12개월 동안 프리랜서 활용률이 56% 증가했다.

58%
향후 6개월 동안 프리랜서 활용도를 높일 계획이다.

66%
향후 2년 동안 프리랜서 활용도를 높일 계획이다.

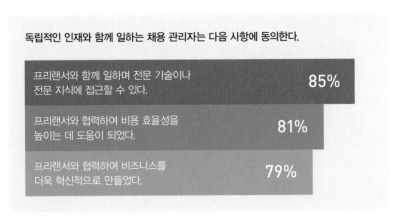

독립적인 인재와 함께 일하는 채용 관리자는 다음 사항에 동의한다.

프리랜서와 함께 일하며 전문 기술이나 전문 지식에 접근할 수 있다. **85%**

프리랜서와 협력하여 비용 효율성을 높이는 데 도움이 되었다. **81%**

프리랜서와 협력하여 비즈니스를 더욱 혁신적으로 만들었다. **79%**

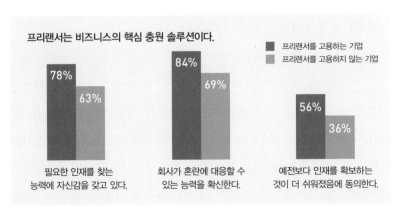

프리랜서는 비즈니스의 핵심 충원 솔루션이다.

■ 프리랜서를 고용하는 기업
■ 프리랜서를 고용하지 않는 기업

78%
63%
필요한 인재를 찾는 능력에 자신감을 갖고 있다.

84%
69%
회사가 혼란에 대응할 수 있는 능력을 확신한다.

56%
36%
예전보다 인재를 확보하는 것이 더 쉬워졌음에 동의한다.

의했다. 특히 파괴적disruptive 변화에 대응하는 회사의 능력에 대해 얼마나 확신하는지 묻는 질문에, 프리랜서 활용 기업의 84%는 자신 있다고 답한 반면, 비활용 기업은 69%만 자신 있다고 응답했다.

국내도 비슷했다. 2022년 사람인이 기업 458개사를 통해 조사한 결과에 따르면 응답 기업의 36%가 긱 워커를 활용한 경험이 있었으며 긱 워커에게 업무를 맡긴 기업의 94.5%는 앞으로도 업무를 맡길 생각이 있다고 답했다. 특히 긱 워커에게 업무를 맡긴 경험이 없는 기업(293개사) 중 32.1%도 향후 긱 워커에게 업무를 맡길 의향이 있다고 답했는데, 그 이유는 '노동력을 쉽게 조절해 프로젝트를 탄력적으로 운영'(39.4%, 복수응답), '일회적이고 볼륨이 적은 일이라도 외주 가능'(33%), '전문가의 작업으로 결과물 품질이 높음'(22.3%), '결과물을 빨리 받을 수 있음'(20.2%), '전문 업체, 대행사 대비 비용 부담이 적음'(18.1%) 등이 있었다.

긱 워커의 업무처리에 만족한다는 응답이 86.1%로, 불만족한다는 답변(13.9%)보다 압도적으로 많았으며, 전체 응답 기업의 71.2%가 앞으로도 긱 워커에게 일을 맡기는 경우가 늘어날 것이라고 밝혔는데, 그 이유는 고용의 유연성 확보(54.6%, 복수응답), 직무 전문화, 분업화로 전문 인력에 대한 수요 증가(46.9%), 인건비 부담을 줄이고자 하는 니즈 증가(42.3%), 비즈니스 환경 급변으로 빠른 업무 대응이 필요해짐(28.2%), 긱 워커로 활동하는 사람이 늘어나면서 우수 인재들이 긱 워커로 전향(12.3%) 등의 순이었다.

반면 긱 워커 활용이 늘어나지 않을 것 같은 이유로는 '역량 검증이 어렵고 직원을 고용하는 것보다 신뢰가 어려움'(72%, 복수응답), 전문업체,

대행사보다 문제 발생 시 책임 추궁이 어려움(27.3%), 인재 서칭, 계약 체결 등 진행 상 번거로움(24.2%), 보안 유출에 대한 우려(22%), 납기를 지키지 않거나 저작권 이슈 등 분쟁 소지가 많음(11.4%) 등으로 나타났다.

2) 전략적 인재충원의 대안, 긱 이코노미

전략적 충원strategic staffing**은 조직의 비즈니스 전략을 지원하고 효율성을 향상시키기 위해 미래 지향적이고 목표 지향적인 방식으로 조직에 인력을 충원하는 과정이다.**

전략적 인재충원의 핵심은 다음과 같다.

① 기업의 전략과 목표를 정확하게 이해하고
② 해당 전략을 수행하는 데 필요한 인재 수요와 구성을 예측해
③ 이러한 목표를 도울 수 있는 최적의 충원 방안과 정책을 선택하는 것이다.

지난 수년간 수많은 스타트업이 탄생했고, 자본시장에서 스타트업 투자가 활발해지면서 이들은 확보한 자본으로 다양한 충원 소요를 채워나가며 우수한 인재를 빨아들였다. 지원자 입장에서는 과거보다 자신의 선호에 맞게 선택할 수 있는 기업의 범주가 다양해졌다. 대기업 공채 문화가 사라지고 수시 채용 중심 시장으로 변모하던 차에, 이들 스타트업은 규격화된 보상에서 벗어나 개별 우수 인재에게 다양한 형태의 총보상total rewards을 제공하며 기존 대기업들 간의 인재 쟁탈전을 벌였다.

국내 No.1 채용관리 솔루션인 Greeting 운영사 두들린의 송민호 디렉터는 요즘 채용은 이미 고용주 시장에서 지원자 시장으로 중심축이 이동했다고 말한다. 이제는 구직난이 아닌 구인난의 시대가 온 것이다. 기업 입장에서 회사에 적합한 인재를 모집하고 선발하고 배치하는 충원 프로세스 전반이 너무 어려워졌고, 향후에는 양질의 지원자 선발을 위한 고용 브랜딩에 훨씬 더 많은 투자가 필요해질 것이다.

Cornerstone OnDemand People Research Lab이 북미, EMEA 및 아시아 태평양 지역에서 1,800명의 직원과 800명 이상의 비즈니스 리더를 대상으로 수행한 조사에 따르면, 고용주의 거의 절반이 향후 3년 동안 가장 시급한 3가지 문제로 스킬 격차와 인재 부족을 꼽았다. 직원에게 제공되는 새로운 스킬 개발 기회와 전반적인 비즈니스 성과 사이에는 강한 양의 상관관계가 있다는 것도 조사를 통해 다시금 확인할 수 있었다.

이제는 기존의 인재충원 전략인 내부육성과 외부채용 전략의 이분법에서 벗어나서 직무특성에 따라 임시인력(긱gig)을 탄력적으로 활용하는 접근이 필요하다. 필자는 긱 이코노미 도입을 통한 인력 임대 및 공유 borrow or share 모델이 향후 기업 HR이 고려해야 하는 새로운 인재충원의 대안이라고 생각한다.

기존 경영학의 아웃소싱 이론의 논의는 거래비용transaction cost에 초점을 두었다. 인사 관점에서의 논의는 내부조달make과 외부조달buy 중 어떤 상황에서 어떤 선발 전략이 더 합리적이냐에 대한 것이었다. 로널드 코어스Ronald Coase 교수는 기업이 시장 메커니즘을 통한 자유로운 교환거래로 재화나 자원을 습득할 수 있더라도, 일의 복잡성이 생길 때는 거래비용이 커져, 이를 더 효율적으로 통제하고 관리할 수 있는 조직, 즉 하이어라키hierarchy가 필요해진다고 주장했다. 이러한 시점에는 외부조달 대신에 내부조달을 선택하는 것이 거래비용을 줄일 수 있는 대안이라는 것이다.

거래비용 이론은 기업이 시장과 거래에 수반되는 사전 및 사후 거래비용을 고려해 외부조달 혹은 내부조달을 결정해야 한다는 논리다. 이 관점에서 긱 이코노미의 활용은, 외부 플랫폼에 구축된 프리랜서 풀freelancer pool을 활용해 일시적으로 충원하는 방식이, 기존의 내부에서 육성make하거나 노동시장에서 채용buy하는 기존의 방식보다 더 거래비용을 줄일 수 있기에 유익하다.

인사 기능의 전략적 충원 관점에서 보면, 내부조달과 외부조달이 가진 상충적인 부분을 이해하는 것을 넘어 이 두 가지 대안이 각각 가지고 있는 장점을 극대화할 수 있는 형태로 최적의 충원전략 믹스mix를 만들 수 있다. (262~267쪽에서 소개한다.)

기업은 각자의 경영환경에 맞게 다양한 형태의 충원 옵션을 자유롭게 선택하는 동태적 역량을 확보해야 한다. 동태적 역량이란 급격한 환경변화에 대응하기 위해 기업 내외부의 역량을 통합하고 구축해서 재구성하는 능력을 말한다. 조직의 동태적 역량을 확보하기 위해서는 다양한 역량을 갖춘 인력을 유연하게 일에 충원하여 배치하는 방안이 매우 중요해진다. 직무/역할 특성에 따라 전략적인 충원전략 믹스를 구축하여, 내부조달과 외부조달, 그리고 임대와 공유 전략을 함께 활용하는 것은 이러한 동태적 역량 확보에 매우 효과적일 수 있다.

코넬 대학교 ILR School Cornell University ILR School의 하우스커넥Hausknecht 교수는, 글로벌 기업이라면 전략적 충원을 위해 지역별 특화된 요구에 부응하는 충원 시스템을 만드는 것을 제안했다. 이 시스템은 기업의 전략적 우선순위가 변화/발전함에 따라 쉽게 수정할 수 있는 유연한 시스템으로 설계해야 하며, 대규모 조직의 경우 더욱 필요하다. 또한 임시, 시간제 및 계약 기반 고용과 같은 신뢰 가능한 대체 고용의 풀을 개발해 정규직 고용의 의존도를 낮추고 인력 유연성을 촉진하는 것을 추천했다. 스킬 데이터베이스, 승계관리 시스템 등을 통해 기존의 인적자본을 추적해 조직이 스킬이 가장 필요한 곳에 직원을 신속하게 배치/재배치하는 방안도 포함되었다.

경기침체 시에는 사업을 재편하고 지출을 줄이는 형태의 긴축도 사람 관리에 유연성을 가져갈 수 있는 하나의 방편이다. 미국 기업들은 이른바 '임의고용의 원칙employment at will doctrine'에 따른 해고의 자유를 기반으로, 직원을 쉽게 사업에서 정리한 후 인건비를 절감한다. 반면 한국은 미국과 달리 기업의 자유의지로 고용계약을 해지하기가 쉽지 않다. 고용을 줄인다고 일이 완전히 없어지지도 않는다.

긱 워커로 대체가 가능한 직무 포지션의 공백이 발생할 경우, 상대적으로 인건비 소요가 적은 긱 워커로 충원하는 것이 대안이 될 수 있다. 다만 불경기에 관성적으로 인력을 감축하는 의사결정은 미래에 좋지 않다. 불경기 관성적인 인력감축은 결과적으로 기업의 미래에 그동안의 인적 자원 개발과 팀워크, 조직문화, 업무 프로세스 개선 등에 투자한 비용을 매몰시키는 결정으로 작용할 수 있다. 이러한 의사결정으로 한 번

임의고용의 원칙

고용주는 '좋은 이유, 나쁜 이유, 또는 전혀 이유 없이' 직원을 자유롭게 해고할 수 있으며, 직원은 동등하게 사직, 파업, 또는 기타 작업을 중단할 자유가 있다.

―――――

이 원칙은 보통법common law에는 기간이 정함이 없는 고용(=무기고용)에서 각 당사자는 언제나 자유로이 계약을 해지할 수 있고, 근로자가 사직할 자유와 동일하게 사용자도 근로자를 제한 없이 해고할 자유가 있다는 원칙을 말한다.

고용주는 어떠한 사유로든 또는 아무런 사유 없이, 뿐만 아니라 심지어 부적절한 사유로까지도 법적 책임을 지는 일이 없이 해고할 수 있고, 또한 일이 없을 경우 당연히 직원을 일시해고layoff할 수 있는 것이다. 또 해고에서 사전에 해고예고(또는 수당지급) 의무도 없는 해고 또는 즉시해고가 허용된다.

무너진 직원들과 경영진 간의 신뢰는 쉽게 회복되기 어렵다.

이 경우, 조직에 고용되어 있던 숙련 근로자의 근로형태를 근로자에게 더 유연한 조건(겸업 가능 등)을 제공하는 단기계약 형태로 전환하는 것도 좋은 대안이다. 이는 미래 회사의 성장과 발전을 위한 자발적인 혁신과 변화를 추구할 수 있는 조직의 기반을 유지한 채 비용만 절감할 수 있는 방안이다.

불경기가 길어지면, 가급적 현재 고용의 수준은 유지하면서 직무생산성을 관리하는 것이 좋다. 또한, 핵심인력 또는 중추적인 직무/역할pivotal job 위주로 직무 재설계나 프로세스 개선, 잡 크래프팅 등의 방법을 통해 직원의 직무경험을 강화하는 접근이 더 유효할 수 있다.

글로벌 경영컨설팅사 타워스 왓슨Towers Watson은 이러한 직무생산성을 관리해나갈 수 있는 방법 중 하나로 ROIP 개념을 활용한 인력관리를 권고한다. ROIP는 Return on Improved Performance, 즉 특정 직무나 역할이 개선한 성과에 대한 수익을 측정하자는 개념이다. 이러한 ROIP 분석은 조직이 다양한 역할의 인재가 비즈니스 가치에 기여하는 방식과 '훌륭한' 인재와 '좋은' 인재의 차이를 결정할 수 있도록 도와주는 역할을 한다.

ROIP는 특정 직무/역할에서 개선된 성과가 조직에 더 높은 가치(ex. 매출, 수익, 고객만족 등)를 창출하는지 그 정도를 나타내는 지표를 말한다. 특정 직무/역할이 중요하다important**는 의미와 중추적이다**pivotal**는 의미는 다른데, ROIP는 더 많은 성과개선이 일어날 수 있는 직무/역할을 중추적인 역할로 정의하고, 여기에 집중하자는 개념이다.**

어떤 역할의 중요성은 그 역할이 창출해내는 평균적 가치(직무 가치와 유사)와 밀접하게 관련되어 있다. 때문에 기업의 관리자 역할은 R&D 연구원 대비 기업의 성과/가치에 더 크게 기여할 것이고, 때문에 더 중요하다고 말할 수도 있다. 반면 관리자 역할은 R&D 연구원 역할보다 상대적으로 덜 중추적일 수less pivotal 있다.

관리자의 직무/역할이 조직의 성과/가치의 상승에 크게 기여하지 못할 수 있는 반면, R&D 연구원은 기업의 성과/가치에 상대적으로 더 큰 영향을 줄 수 있다는 의미다. 이러한 경우 회사는 R&D 연구원은 상위 10%(90th percentile)의 성과자를 뽑아야 하고, 관리자는 상위 50%(50th percentile) 수준의 성과자를 충원하면 된다.

예를 들어, 항공 비즈니스에서는 기장보다 승무원, 보험회사에서는 계리사보다 운영 매니저가 중추적 직무pivotal job, 즉 해당 직무에서의 개선된 성과가 조직의 성과에 기여하는 바가 높은 직무로 나타난 프로젝트 사례가 있다. 이러한 관점을 통해 회사의 중추적인 직무를 세분화해 정의하고, 향후 인력관리(채용, 배치, 육성 등)의 기준으로 삼으면, 직무생산성을 기반으로 한 최적의 인력투자를 하기 위한 의사결정의 근거를 확보할 수 있다.

ROIP와 직무생산성 관리 기반의 충원전략

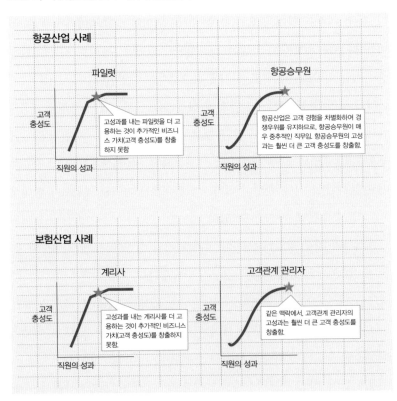

하버드 비즈니스 스쿨Harvard Business School의 조셉 풀러Joseph Fuller 교수는 2020년 《하버드 비즈니스 리뷰HBR》에 기고한 〈Rethinking the On-demand workforce〉에서 긱 이코노미가 성숙하면서 이미 많은 기업이 디지털 인재 플랫폼을 통해 숙련된 긱 워커를 고용하고 있으며, 향후 더 전략적으로 긱 워커의 활용에 대해 고민해야 함을 시사했다.

그는 시장이 직면한 만성적인 기술 부족, 급속한 자동화, 디지털 혁신의 시대에 기업의 인재 문제가 전략적 병목 현상이 될 수 있으므로 적시에 적절한 작업을 수행할 수 있는 적절한 기술을 갖춘 사람을 충원하는 것이 중요함을 지적했다.

또한 톱탤, 케이탤런트 같은 고숙련 프리미엄 인재 시장marketplaces for premium talent, 업워크, 프리랜서, 99디자인스 등의 프리랜스 인력시장 marketplaces for freelance workers, 이노센티브나 캐글 등의 크라우드소싱 플랫폼platforms for crowdsourcing innovation을 이용하면 더 유연한 인력 수급이 가능하고, 제품/서비스의 출시기간을 단축할 수 있으며, 비즈니스 모델 혁신에서 가장 큰 효과를 볼 수 있다고 설명했다.

하버드 비즈니스 스쿨HBS과 보스턴 컨설팅 그룹BCG이 2020년 700명 이상의 미국 비즈니스 리더의 설문 응답을 기반으로 출간한 보고서 《Building the on-demand workforce》에서, 80%의 경영진은 앞으로도 핵심활동, 혹은 미션을 달성하는 데 중요한 활동을 지속적으로 외부에서 고용할 것이라 응답했고, 60%의 경영진은 정규직으로 고용된 핵심조직을 줄일 가능성이 '매우' 또는 '다소' 있다고 응답했다. 또한 80%에 가까운 경영진이 향후 노동인구가 여러 고용주 사이를 이동하고 훨씬 더 높은 빈도로 증가/감소하는 유동성을 가질 것이라고 전망했으며, 60%의 경영진은 앞으로도 점점 더 많이 인재를 '임대borrow, rent' 또는 '타회사와 공유share'하는 것을 선호하게 될 것이라고 응답했다.

국내 기업들도 과거보다 프리랜서인 긱 워커를 더 많이 활용하고 있으며, CEO나 비즈니스 현장의 리더뿐 아니라 HR 부서에서도 그 활용에 참여하기 시작했다. 사업 현장에서는 업무환경이 변화함에 따라 기업이 인재충원 전략에 긱 워커의 활용을 점점 더 많이 고려하고 있음을 체감할 수 있다.

이제는 기업이 기존의 인재충원 전략인 내부육성과 외부채용 전략의 이분법에서 벗어나, 직무특성에 따라 임시인력(긱gig)을 탄력적으로 활용(임대 또는 공유)하는 새로운 접근법이 기업 HR이 고려해야 하는 새로운 인재충원의 대안이 될 수 있다.

기업이 겪고 있는 가장 큰 이슈는 바로 현재 당면한 비즈니스 과제를 수행할 수 있는 인력의 시의적절한 충원이다. 직무변화와 인재 부족, 스킬 격차, 미스매치 등으로 기업에 적합한 인재를 빠른 기간 내에 구인하는 것이 어려워지고, 저성장 및 인력구조 경직에 따라 고용은 더 부담스러워졌다. 기업은 고용환경의 변곡점에서 긱 워커를 본격적으로 활용할지 말지의 기로에 서 있다.

기업 입장에서는, 모든 직무 소요를 정규직 직원으로 채용해 내부에서 육성make하는 것은 비용이 많이 든다. 각종 수당과 보험, 그리고 세금까지 고려할 때, 정규직 직원을 고용하는 것은 프리랜서를 고용하는 것보다 훨씬 더 많은 비용이 든다.

유연성도 부족하다. 리스킬링, 업스킬링까지 고려해 직원을 육성하는 데는 꽤나 오랜 시간이 소요된다. 갑작스레 특정 인력군에 대한 니즈가 발생한 경우, 기존의 인재를 전환 배치하는 것만으로는 한계가 있고 성과 관점에서도 효율적이지 않다.

육성을 기본적인 옵션으로 가져간다고 해도, 외부채용-buy 소요는 발생하게 마련이다. 빠르게 변화하는 환경에서, 내부에 필요한 모든 인재 소요와 역량 및 스킬을 정의하고 육성 방향을 설정하는 것은 불가능하다. 때문에 중요한 인재 소요에 대해서는 신속한 외부채용을 통해 당면한 중요한 전략과제들을 해결해나가야 한다. 그 가운데, 내부육성을 병행하며 필요한 인재 소요에 대응하는 것이 합리적일 것이다.

모든 인재 소요가 늘 충원되어 있어야 하는 것은 아니다. 즉, 모든 직무에 기존의 인재고용-talent acquisition 접근으로 대응할 필요는 없다. 임시적이거나, 기업 내부에 두기에는 수요가 적은 직무, 우리 조직의 고용 브랜드로는 정규 채용이 어려운 새로운 직무나 특정 프로젝트에만 필요한 제한된 스킬 셋의 경우에는, 긱 워커 혹은 외부의 전문가를 유상으로 임대하거나, 무상으로 외부의 인재를 공유받아 활용하는 방식으로 인재 소요를 충원하는 인재활용-talent access 접근도 고려할 수 있다. 비용 측면에서도 고용보다 긱 워커를 일시적으로 활용하는 인재 이용 접근은 기업에 합리적인 대안이 될 수 있다.

팬데믹, 세계화, 디지털 전환 등 최근 일하는 방식의 변화도 고용주의 어려움을 야기한다. 고용주 입장에서는 그냥 프리랜서를 쓰자니 회사에서 요구되는 일을 정확히 산정하여 구체적으로 정형화하기 어려운 부분이 있다. 어떤 일을 수행할 수 있는 인재를 판단하기도, 해당 분야의 역량이 검증된 인재를 구하는 것도 어렵다. 뿐만 아니라, 해당 프리랜서에게 적절한 인건비를 산정하는 데 명확한 비용 기준이나 사례가 없다. 프리랜서와 협업과 커뮤니케이션을 해나가는 데 따르는 어려움도 당연히 감안해야 한다.

이러한 상황에서 기업이 디지털 플랫폼을 활용하면 여러 가지 어려움을 해소할 수 있다. 시장의 온라인 프리랜싱을 중계하는 긱 이코노미 플랫폼들은 긱 워커들이 제공한 정보를 기반으로 프리랜서 시장의 표준 단가를 제공한다. 일하는 방식과 대금 지불 방식이나 시기도 나름의 표준을 제공한다. 또한 프리랜서는 자신의 서비스를 게시할 수 있는 플랫폼이 인증하는 판매자 페이지를 제공해 일을 상세 내용이나 기간, 비용 등을 사전에 규격화, 서비스화한다. 플랫폼이 주도적으로 고객과 긱 워커가 일정을 사전에 합의하고 승인하도록 분쟁의 소지를 최소화할 수 있는 장치를 마련한다.

3) 전략적 충원을 위한 충원전략 믹스Mix

전략적 충원을 위한 충원전략 믹스를 활용해 기업은 현장의 다양한 직무나 과업 소요에 선택적으로 시의적절하게 프리랜서, 계약자 또는 컨설턴트를 충원해 필요한 직무나 과제를 즉시 수행하게 할 수 있다. 전략적 필요에 맞게 정규 직원을 고용하는 전통적인 인재고용 방식 대신, 인재활용 전략을 도입하는 것이다.

전략적 충원을 위한 충원전략 믹스

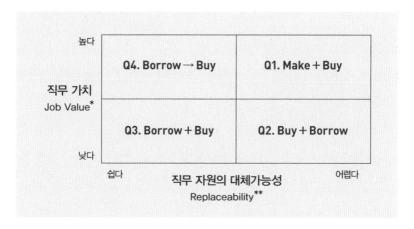

* 직무 가치 : 직무의 시장가치와 성과 기여도를 기반으로 산정한 직무의 정량적, 상대적 가치.
** 직무 자원의 대체가능성 : 직무의 특유성 및 대체 자원의 시장 포화도 관점에서 해당 직무 자원이 대체가 용이한가?

Q1. 직무 가치 높고, 시장 대체 어려운 직무/과업 : Make + Buy

이 직무 영역의 경우, 기업의 핵심역량과 밀접하게 연관되어 있을 가능성이 높다. 때문에 내부육성과 외부채용을 동시에 전개하되, 내부육성 쪽에 비중을 더 두어 중장기 관점에서 내부 직원들의 경력개발경로CDP를 더 적극적으로 개발하게 하는 것이 유리하다.

시장 대체가 어려운 직무 영역의 특성상 시간이 걸릴 수는 있으나 외부채용도 한 축으로 유지해야 한다. 외부의 우수역량을 부분적으로 유입하는 오픈 이노베이션 접근을 통해 직무 성숙도(직무의 범위나 역할, 책임 수준)를 자체도 점진적으로 강화해나가는 계기가 될 수 있기 때문이다.

Q2. 직무 가치 낮고, 시장 대체 어려운 직무/과업 : Buy + Borrow

이 직무 영역의 경우, 미래에는 다를지 모르나 현재의 기업 핵심역량과는 연관성이 떨어지는 영역일 가능성이 높다. 이 경우, 외부채용을 주로 하여 인력 교체에 따른 전환 비용과 내부육성 비용을 최소화하는 것이 합리적일 것이다.

단, 이 영역의 직무는 노동시장에도 충분히 대체할 수 있는 자원이 없을 수 있으므로 디지털 인재 플랫폼을 활용하여 전업 프리랜서 혹은 타 기업에 고용된 자발적 긱 워커 자원을 임대하거나 공유받아 활용하는 방법이 더욱 현실적일 수 있다.

Q3. 직무 가치 낮고, 시장 대체 쉬운 직무/과업 : Borrow + Buy

이 직무 영역의 경우, 인력 임대 및 공유 모델을 통한 임시인력의 반복적 활용을 통해 해당 직무에 소요되는 고정성 인건비를 낮추는 것이 좋다. 다만 자주 인력을 교체하는 전환 비용이 일의 효율이나 생산성을 저해하게 되는 경우가 있을 수 있어, 반복적 활용으로 검증된 임시인력을 채용으로 연결하는 형태의 Buy approach도 함께 고려해야 한다.

직무 가치가 낮고 시장 대체가 쉬운 일들은 단순 반복 업무의 비중이 높은데, 이 영역의 일들은 해외의 경우 아마존 매커니컬 터크 같은 클라우드 워크/마이크로 워크 플랫폼에 위탁하는 Borrow approach이 빈번하다. 국내에서도 숨고나 크몽 등의 플랫폼들을 통해 인력 소싱이 진행되고 있다.

Q4. 직무 가치 높고, 시장 대체 쉬운 직무/과업 : Borrow → Buy

시장 대체가 쉽다는 것은 직무의 특유성이 적고 시장의 수요와 공급 자체가 다양하다는 방증이다. 이 직무 영역의 경우, 회사 내부의 직무성 숙도(해당 직무의 직무책임이나 일의 범위)를 뛰어넘는 역량이나 전문성을 가진 인력이 외부 시장에 더 많을 수도 있다.

적합한 인력만 뽑을 수만 있다면 Q1에서 언급한 직무의 성숙도를 외부에서 유입된 우수 인력을 통해 성장시키고 개발할 수 있다. 이 경우 긱워커를 활용하는 Borrow approach가 유용할 수 있다. Case #1의 업워크 사례에서 본 긱 워커에게 상시적 역할을 부여하는 형태다. 프리랜서는 종종 더 전문화된 기술 세트를 보유하고 있어, 정규직 직원보다 조기 전력화가 쉽다. 때문에 기업이 빠르게 새로운 인재를 받아들여 즉각적으로 인재 부족이나 스킬 격차를 메우고, 동시에 오픈 이노베이션도 꾀할 수 있다.

하지만 이 영역은 직무 가치가 높아, 공백이 길어질수록 회사의 성과를 저해하게 되므로 외부채용(Buy)을 통해 인재를 안정적으로 유지하는 것이 중요하다. 다만 인력의 적합도를 확신하기 어려워 단기간에 채용이 어려울 경우, 업무공백 최소화를 위해 채용을 서두를 것이 아니라, 그 적합도를 확신할 때까지 채용의 기준은 높여 유지하되, 단기간으로 긱 워커를 임대하여 활용하는 부분도 효과적일 수 있다. 이를 위해 Borrow approach를 통해 확보한 긱 워커를 단기업무, 프로젝트 업무, 상시 업무 등에 활용해본 후, 적합도를 검증해 Buy approach로 전환해 고용하는 것이 효과적일 것이다.

이미 국내에도 다양한 디지털 인재 플랫폼이 존재하고, 검증된 전문가들을 과거보다 손쉽게 소싱할 수 있는 상황이므로 향후 전략적 충원 믹스를 활용한 인재활용 전략은 기업 HR의 유의미한 인력충원의 새로운 대안으로 자리 잡을 수 있다고 생각한다.

실제로 고숙련 인재매칭 플랫폼 탤런트뱅크에서는, 고경력의 전문가 긱 워커들이 수차례의 프로젝트를 성공적으로 진행해 기업고객의 어려움을 해결해준 이후 해당 기업에 임원으로 채용되는 사례가 많았다. 기업 입장에서는 수차례의 프로젝트 경험을 통해 해당 긱 워커의 전문성과 역량을 충분히 이해하고 있어 채용의 오류를 최소화할 수 있었고, 별도의 시용기간이나 적응기간이 크게 필요하지 않아서 비용 효율성이 높아지는 효과가 있었다.

또한 긱 워커 입장에서도, 이미 해당 기업의 문화나 철학, 조직 구성이나 부서, 직무의 특성을 이해하고 합리적인 근무방식이나 적정한 연봉수준을 합의한 후 입사하게 되어 직무 만족도나 인력 유지 리텐션retention이 매우 좋았다.

단점으로는, 긱 워커의 경우 프리랜서의 일의 몰입도나 충성도가 결여될 수 있고, 엄격한 선발과 검증을 거치지 않은 경우 전문성이 떨어질 수 있다는 것이다. 이 두 경우 모두 일의 성과를 담보할 수 없게 되어 기업에는 부정적일 수 있다. 하지만 긱 이코노미의 근간인 디지털 플랫폼의 기능과 역할이 지속적으로 발전하면서, 이러한 문제들은 점진적으로 해결될 것으로 보인다.

전략적 충원전략 믹스의 활용은 기업의 HR 전략이 비즈니스 전략을

더 민첩하게 지원할 수 있고, 기업이 동태적 역량을 확보하여 경쟁환경을 주도해나가는 데 도움을 주게 될 것이다. 국내외 다양한 플랫폼들이 긱 워커의 전문성과 역량을 더 신뢰할 수 있도록 하는 다양한 플랫폼 기능들을 강화하고 있으며, 블록체인 기술이나 플랫폼 간의 연대를 통해 긱 워커의 경력이나 이력을 검증할 수 있는 다양한 장치들을 마련해가면서 점점 더 긱 이코노미의 활용의 효과성을 높이는 데 기여해가는 추세다.

다만 기업이 모든 직무에 긱 워커를 우선적으로 활용하는 것은 부적절할 수 있다. 기업 내 해당 직무가 최종 성과나 핵심역량에 기여하는 비중이나 차지하는 상대적 중요도인 직무 가치와 외부 노동시장 및 기업 내부의 노동수요와 공급을 고려한 대체가능성 등 직무별 특성을 고려해 각 직무특성에 정합한 인력충원의 방법을 고려하는 것이 바람직하다.

4) 전략적 충원전략 믹스Mix를 활용한 기업의 오픈 이노베이션

하버드 비즈니스 스쿨과 보스턴 컨설팅 그룹이 2020년 700명 이상의 미국 비즈니스 리더의 설문 응답을 기반으로 출간한 보고서 《Building the on-demand workforce》에서, 전체 응답 사용자의 40%는 새로운 디지털 인재 플랫폼을 통해 고숙련 인재를 활용한 것이 시장에서 출시 속도를 높이고, 생산성을 높이고, 혁신을 증가시키는 데 도움이 되었다고 응답했다. 또한 이 연구진은 소수의 회사만이 새로운 디지털 인재 플랫폼을 사용하여 현재 비즈니스 모델의 성과를 개선하고, 새로운 미래의 민첩한 비즈니스 모델을 창출 및 혁신하고 있다고 설명했다.

서울대학교 경영대학의 강성춘 교수는 〈K-매니지먼트 2.0 지속가능한 혁신공동체를 향한 실천전략, 2016〉에서 미래에는 자율성과 창조성을 극대화하는 기업가형 지속가능한 혁신공동체를 구축하는 것을 하나의 지향점으로 제시했다. 이 기업가형 혁신공동체는 구성원 유출입이 많고 조직의 경계가 약하며 조직과 구성원 및 조직구성원 간 관계는 느슨하다. 더불어 뛰어난 개인들이 기업 내외부 다양한 지식 네트워크에 연결되는 것이 특징이다.

그는 기업이 이 혁신공동체를 구축해야 하는 이유를 미래 사회에는 뛰어난 개인이 기업 혁신의 주체가 될 수 있기에 차별화된 혁신 역량 구축을 위해서는 내부인재 양성뿐 아니라, 역량이 뛰어난 인재를 지속적으로 외부 영입하여 신지식을 유입하는 것이 더 중요해지기 때문이라고 말한다.

강성춘 교수는 우리나라 고유의 인적자원관리 시스템에 대해 내부 노동시장 모델과 성과주의 인적자원관리 모델이 결합된 '위계화 효율 중시의 독특한 인적자원관리 모델'이라고 설명한다.

과거 위계화 효율을 강조하는 내부 노동시장 모델에 근거한 전통적 인적자원관리 시스템을 채택하고, 외부보다는 내부에서 인력을 조달하고 육성하는 방식을 오랫동안 유지해왔기 때문이다. 이러한 문화에서는 장기적 고용관계를 형성하고, 충성심과 일체성을 강화하는 것이 중요했기에 기업이 성장함은 곧 고용의 규모가 커짐을 의미했다. 하지만 IMF 사태를 거치면서 인건비 상승의 부담과 생산성 혁신의 필요성이 높아졌고, 이후 대규모 구조조정과 연봉제 및 성과급제 도입과 맞물려 단기 성과와 비용 효율성을 강조하는 성과주의 HR이 대두되었다. 직무를 체계화하고 표준화해 노동의 생산성을 극대화하는 것에 초점을 두면서, 내부 노동시장 모델과 성과주의 HR 모델을 결합한 위계화 효율 중시의 독특한 인적자원관리 모델로 발전되었다는 것이다.

이러한 '위계화 효율 중시의 독특한 인적자원관리 시스템'은 선발, 평가, 보상이 모두 구체화/전문화된 직무 행동에 초점을 맞추므로 직원들이 기존 직무범위에서 벗어나 새로운 아이디어를 제안하거나 혁신을 추구하는 데 부정적 효과를 가지고, 급변하는 경영환경에서는 조직 내 혁신과 창조성이 위축되는 치명적인 약점을 가질 수 있다고 설명했다.

개리 하멜Gary Hamel은 《사람중심주의Humanocracy》에서 관료주의의 한계를 지적하며, 관료주의는 과거의 경험과 데이터에 의존하는 경향을 만든다고 주장했다. 불확실한 상황에선 새로운 현상이 나타나기 때문에 오히려 '창의적 조직'을 만드는 것이 중요하다고 주장하면서, 그 대안으로 사람중심주의humanocracy를 제안했다. 그는 기존의 관료주의에서는 사람은 도구에 불과하며, 사람중심주의는 '완전한 인간'으로의 회복을 통해 직원이 더 주도적이고, 창의적이며, 열정적으로 일하는 조직을 만들 수 있다고 주장한다.

저자는 오너십ownership, 시장markets, 메리토크라시meritocracy, 커뮤니티community, 개방성openness, 시도experimentation, 그리고 역설paradox의 가치를 기반으로 조직을 움직이면 사람중심주의를 구현할 수 있다고 설명한다.

효율적 조직이 아닌 창의적 조직을 구현하기 위해서는 '시스템 중심'이 아니라 '사람 중심' 조직으로 가야 한다. 이를 위해서는 조직을 소기업처럼 나누고, 의사결정을 위임해 주인의식을 높이고 사내에 기업가 육성

조직을 만들어 혁신을 일상화하고, 마치 기업을 스타트업의 집합처럼 경영하는 것이 좋다고 주장한다. 또한 다수의 개방된 사고를 강조하며 누구든 더 좋은 아이디어와 전략을 제안할 수 있는 문화, 그리고 권한 위임이 중요하다고 말한다.

이 내용은 강성춘 교수가 제시한 우리나라 고유의 '위계화 효율 중시의 독특한 인적자원관리 모델'의 한계와, 자율성과 창조성을 극대화하는 '기업가형 지속가능한 혁신공동체'를 만들어나가야 한다는 미래 사회의 지향점과도 일맥상통하는 부분이 많다.

지금 환경에서는 과거와 달리 기업이 필요로 하는 지식과 기술을 외부에서 확보하는 것이 어렵지 않다. 지식과 기술은 디지털 기술의 발전으로 충분히 파편화되어 쉽게 활용될 수 있다. 노동시장 역시 신입 공채가 사라지고, 내부 전환배치와 승진을 통한 충원 대신 경력직 채용을 통한 충원이 늘고 있다. 개인의 직무경험과 기술이력을 포트폴리오 형태로 노출할 수 있는 디지털 플랫폼들도 다양해지면서 프리랜서나 긱 워커 채용도 더 활발해진다.

변화된 환경에서 과거의 패러다임에 갇혀 모든 인적 자원을 내부에서 충원하고 육성하는 것은 합리적이지 않고 구조적으로도 불가능하다. 이런 상황에서 시장의 디지털 인재 플랫폼들을 통해 검증된 외부 전문가를 일시적으로 충원해 함께 협업하면서 외부 전문가의 경험과 역량을 조직의 혁신과 성장을 위한 지렛대로 활용해 내부의 지지부진하던 일들을 기능하게 하는 것은 매우 유의미한 접근이 될 수 있다.

5) 긱 이코노미 도입과 전략적 충원을 제한하는 요소들

한편 여전히 디지털 인재 플랫폼을 통한 전략적 충원을 제한하는 요소들도 조직에는 다양하게 존재한다. Fuller et al(2020)은 700명 이상의 기업 리더들의 응답에 기초해 이를 밝혔는데 내용은 다음 그림과 같다.

기업이 디지털 인재 플랫폼 활용을 저해하는 장벽은 ① 기업의 니즈에 기반한 인재 소싱 모델을 규정하고 평가하고 선택하는 어려움, ② 분산된 팀을 경영하는 것의 어려움, ③ 외부의 인재들을 신속하게 우리 조직

디지털 인재 플랫폼 활용을 저해하는 장벽

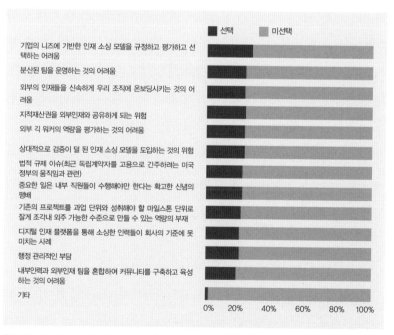

출처 : "The On-Demand Workforce Survey," Harvard Business School's Project on Managing the Future of Work and BCG's People & Organization practice, November 2019 to January 2020

에 온보딩시키는 것의 어려움, ④ 지적재산권을 외부인재와 공유하게 되는 위험, ⑤ 외부 긱 워커의 역량을 평가하는 것의 어려움 등이었다. 그 외 응답들도 각각 다 일리가 있는 내용이다.

그럼에도 연구진은 각 기업의 조직문화, 노동력, 비즈니스 모델 및 경쟁전략에 가장 적합한 충원방식을 선택해, 적절한 속도로 변화해나가는 것이 중요하다고 주장한다. Covid-19가 이미 이들 장벽들 중 일부를 허물고 있다고도 설명했다. 팬데믹 이후 디지털 인재 플랫폼을 통해 서비스를 제공하는 고도로 숙련된 프리랜서를 계약하는 사례가 많아졌지만, 기업들은 큰 거부감 없이 정규직 직원의 도움과 지원을 받아 프리랜서 활용에 대한 정책과 절차를 신속하게 변경해냈다. Covid-19 기간 동안 외부의 고급 기술인재에 대한 수요 급증, 원격근무의 일반화도 이미 돌이킬 수 없는 변화로 자리 잡은 상황이다. 기업들이 이미 새로운 뉴노멀에 진입함에 따라 많은 사람이 미래의 회사 생존에 중요한 다양한 인력구성blended workforce을 더 원하게 될 것이라고 주장했다.

특히 이 리포트는 기업이 다양한 고용 형태의 인력을 구성해 '인력구성 모델blended workforce model'을 구축하기 위한 5가지 전략적 전환을 제언했는데 그 세부 내용은 다음과 같다.

① 조직문화 재정의Redefining the culture of the organization

기업에서 조직의 일을 외부에 위탁하는 것이, 직원들에게 혁신을 근본적으로 외부에서 찾으려고만 한다는 잘못된 메시지를 줄 수 있다는 우려가 있다. 실제로 직원들은 역할의 변화와 직업의 안정성에 대해 불안해할 수 있고, 고위경영진도 전략적인 위상이 높은 핵심업무가 아웃소싱 되는 것을 우려할 수 있다. 때문에 기업은 모든 핵심업무를 내부에서 해야 한다는 고정관념을 없애고, 디지털 인재 플랫폼을 활용하는 것의 장점을 누릴 수 있는 방향으로 조직문화를 재정의해야 한다.

② EVP에 대해 재고려Rethinking the employee value proposition

온디맨드 인력on-demand workforce를 잘 활용하려면, 디지털 인재 플랫폼의 활용을 통해 직원들이 기존보다 더 좋아지는 부분(EVP)을 부각해 소통함으로써, 기존 직원들을 조력자로 만들어야 한다. 직원들이 외부 긱워커들과 협업하는 방법(올바른 질문, 작업 범위 정의, 조직 특유지식에 대한 접근, 과제의 명확한 설명)을 배우도록 하고, 관리자들에게 프리랜서 리소스를 효과적으로 활용해낸 경우 인센티브를 주는 방법도 가능하다.

또한 디지털 인재 플랫폼 활용의 장점을 직원들에게 설명해 이해시키는 것도 좋은 방법이다. 일상적이거나 필수적이지 않은 작업을 프리랜서가 수행하면 정규직 직원은 스스로 동기를 부여하는 더 흥미롭고 의미있는 작업을 수행할 수 있게 된다. 이러한 방법들로 개인의 안녕에 도움이 되는 변화를 소통하여 직원들을 조력하게 만들 수 있다.

③ 일을 최소 단위로 재구성Restructuring work into components

일을 외부에서 소싱할 수 있는 최소의 단위로 잘게 쪼갤 수 있는 능력은 인력구성 모델 성패에 가장 효과적인 예측 기준이다. 전통적 일의 환경에서는 처음에는 모호한 과업도 시간이 지나면서 상호작용을 통해 완수될 수 있지만, 프리랜서와 일하는 환경에서는 모호함이나 목표의 변동은 효율성을 떨어뜨리고 비용을 증가시킨다. 때문에 외부의 단기 프리랜서가 일에 뛰어들어 작업을 계속적으로 진행할 수 있도록 일의 흐름을 과업 단위로 정밀하게 재정의하는 노력이 필요하다.

④ 조직역량 재평가Reassessing the capabilities within the organization

디지털 인재 플랫폼을 도입해 운영하기 위해서는, 우리 직원들이 보유한 능력과 미래에 필요한 능력을 파악해 내부 및 외부인재의 조합을 설계하고, 조직에 필요한 인재/스킬 포트폴리오를 만들어야 한다. 이를 위해서는 마이크로크리덴셜microcredentials 같은 기술자격 증명으로 내부 스킬 보유 수준과 전문성을 인증하는 방법이 활용될 수 있으며, 이렇게 일단 조직의 능력을 평가해둔 후에는 스킬 기반의 인사운영이 가능해진다. 예를 들어 사내/외 공모를 통해 공식/비공식 네트워크를 기반으로 과업에 필요한 스킬을 보유한 인재를 충원하는 방법이 활용될 수 있다.

⑤ 정책과 프로세스 재설계Rewiring organizational policies and processes

이미 조직 내 자리 잡은 일련의 정책과 절차가 외부의 온디맨드 인력을 활용하는 데 걸림돌이 되는 경우가 많다. 이 경우, 프리랜서 활용이 늘어가면서 점진적으로 관련 정책과 절차를 수정해나가야 한다. 조직 내업무 프로세스를 수정하고, 관련 법들을 고려해 정책을 수정하여 프리랜서와의 계약을 간소화하는 한편, 비용 지급을 원활하게 하는 것은 더 편리하게 외부의 인재 플랫폼을 활용할 수 있도록 돕는 효과가 있다.

디지털 인재 플랫폼의 이용이 확산되면서 기업의 고용 패러다임 전환은 이미 시작된 것이나 다름없다. 하지만 기업이 변화를 수용하는 데에는 시간이 필요하다. 기업은 조직 전반의 다양한 변화 노력이 전제되어야 실질적인 변화에 동참할 수 있음을 인지하고, 이를 위해 입체적으로 노력해야 한다.

노동인구의 어려움을 해결하는 긱 이코노미

매킨지 글로벌 연구소McKinsey Global Institute는 2016년 독립노동자의 동기부여 요인을 연구했다. 이 연구에서 독립노동자는 크게 4가지 유형으로 분류되었는데, 내용은 다음과 같다.

① 프리에이전트 독립노동자Free agents : 주 수입을 창출하기 위해 적극적으로 독립적 노동을 선택하는 유형.
② 일상적 소득을 독립노동으로 벌어들이는 독립노동자Casual earners : 부가적 수입을 위해 독립노동을 하고, 자신의 선택에 따라 일에 참여하는 임시 소득자.
③ 독립노동에 우호적이지 않은 독립노동자Reluctants : 주요 생계를 독립노동으로 영위하긴 하지만, 전통적 직업을 선호하는 사람.
④ 재정적인 어려움에 처한 독립노동자Financially Strapped : 필요에 따라 부가적인 독립노동을 해야만 하는, 경제적으로 궁지에 몰린 사람.

연구는 독립노동자들의 지난 12개월 소득(기타 소득창출 활동 포함)과 직업 만족도, 미래 일에 대한 열망 등에 대한 설문조사로 진행되었으며, 연구결과의 주요 내용은 다음과 같았는데, ①② 그룹의 '자신의 선택에 따라 독립적으로 일을 하는 사람들'은 ③④ 그룹의 '필요에 따라 일을 하는 사람들'보다 직장생활에 더 크게 만족했으며, 이 특성은 국가, 연령, 소득 계층 및 교육 수준에 무관하게 유지되었다.

특히 프리에이전트 그룹은 전통적인 직업을 선택하는 그룹보다 다양한 측면에서 일에 대한 만족도가 더 높았으며, 이는 많은 사람이 자신의 고유한 조건에 맞게 일하는 직업의 비금전적 측면을 더 중시했음을 의미한다. 연구진은 이를 온디맨드 이코노미on-demand economy의 빠른 성장 배경을, 더욱 독립적으로 일하기를 원하는 기존 근로자들의 요구와 대규모 실업자 및 비경제활동 인구 규모, 조직과 소비자 그룹 모두에서 늘고 있는 독립적 서비스에 대한 수요 때문으로 분석했다.

독립노동independent work의 출현과 일반화는 전체적인 노동의 참여를 늘리고, 실업자에게는 노동의 기회를 제공하며, 생산성을 향상하는 경제적인 효과를 제공한다. 기업은 이를 통해 더 다양한 노동자와 매칭되어 더 많은 서비스를 창출할 수 있기에, 기업과 노동인구 모두에게 도움이 된다. 때문에 독립노동을 돕는 디지털 노동 플랫폼이 구축하는 규모의 경제와, 더 빠른 매칭, 심리스한 연결, 그리고 풍부한 데이터의 누적 등은 인재매칭의 신뢰도를 앞으로 점점 더 높일 것이다.

이 연구결과는 크게 두 가지 시사점을 제공한다.

첫 번째는 자기 선택에 따라 독립적으로 일하는 긱 워커들은 목적, 의미, 자기 주도, 자율 등을 중시한다는 것, 두 번째는 이러한 목적, 자율 등이 긱 워커의 직업 만족도와 밀접하게 관련되어 있다는 사실이다.

2020년 하버드 비즈니스 스쿨과 보스턴 컨설팅 그룹이 발간한 보고서 《Building the on-demand workforce》에 따르면 설문에 응답한 거의 대부분의 경영진은, 기업이 일의 미래 모습을 재구성하는 데 가장 강력한 영향을 미치는 요인으로 젊은 직원들이 기업을 대상으로 유연성flexibility, 자율성autonomy, 목적purpose 등의 가치를 더 많이 기대하는 상황을 꼽았다.

다시 말하면 노동인구workforce의 많은 부분을 차지하는 젊은 직원들, 고용 없는 성장이 지속되는 현실을 살아가는 지금의 노동인구를 구성하는 젊은 세대들에게 이들이 원하는 유연성, 자율성, 목적을 모두 충족해 줄 수 있는 긱 워커는 매력적인 선택일 수 있다는 의미가 된다.

일의 미래를 변화시키는 다양한 요인들

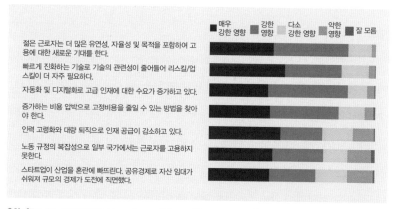

출처 : "The On-Demand Workforce Survey," Harvard Business School's Project on Managing the Future of Work and BCG's People & Organization practice, November 2019 to January 2020

그런데 이러한 가치를 원하는 사람들이 비단 젊은 세대뿐일까? 유연성, 자율성, 목적의 실현 등은 우리 모두가 더 성숙한 인간으로서 추구하는 매력적인 가치들이다.

긱 워커가 되면 조직에 소속되어 일할 때보다 더 많은 유연성과 나만의 시간을 갖는 자율성이 확보되며, 단기적으로 성취 가능한 직업적 커리어 목표를 통해 숙련을 이루는 과정에서 보상을 얻을 수 있다. 또한 각자가 중요하게 생각하는 가치에 기반한 목적을 더 자기 주도적으로 이룰 수 있다.

이를 좀 더 살펴보자.

1) 자율 : 원하는 시간에, 원하는 일을, 원하는 방식으로

긱 웍의 가장 큰 특성은 바로 일의 유연성과 자율성이다. 다시 말하면 긱 이코노미에 참여해 긱 워커로 일하면, 원하는 시간에, 원하는 일을, 원하는 방식으로, 원하는 사람들과 함께 수행할 수 있는 유연성과 자율성을 가질 수 있다.

오퐁Oppong은 《나는 나를 고용하기로 했다Working in the gig economy》(2019)에서 이제는 직업의 안정성을 버리고 유연성을 택하는 시대가 되었다고 주장한다. 독립 근로자뿐 아니라 정규직 근로자 역시 과거 어느 때보다 근무의 유연성을 중요하게 여기고, 독립 근로자는 언제, 어디서, 어떻게 일할지 스스로 정하는 선택권이 있어 정규직 근로자보다 직업만족도가 더 높음을 설명했다. Pwc 조사에 따르면 이러한 자율성을 가장 중요하게 여기는 국가는 중국이며, 이런 현상은 특히 젊은 층에서 두드러지게 나타난다고 한다.

긱 이코노미에 참여하면 근로자는 원하는 일(업무)을 찾아, 원하는 일정(시간)에 맞추어, 원하는 방식(스킬)으로, 원하는 사람(팀)들과 함께, 더 자율적으로 수행할 수 있다. 앞서 살펴보았듯이 다수의 온라인 프리랜스 플랫폼이 각자의 세분화된 특성에 맞게 발전한 덕분에, 근로자는 자신에게 잘 맞는 디지털 플랫폼을 골라 다양한 형태의 일거리를 검색해 보거나 제안받을 수 있다.

이를 위해서는 긱 워커 자신이 제공할 수 있는 일의 모습을 상품 형태로 상세히 기술하고 가격을 매기거나, 자신의 역량과 스킬을 프로필이나 이력서 형태로 상세히 기술하여 스스로의 전문성을 입증해야 한다.

플랫폼들이 성장하며 발생시키는 네트워크 효과로 보장되는 안정적인 일거리로 수입이 보장되기만 한다면, 이제는 더 이상 한 기업에서 제공하는 커리어 성장의 기회를 기반으로 한 전통적인 경력관리에 안주하지 않아도 된다.

역량 있는 근로자는 더 자기 주도적인 경력관리를 할 수 있는 시대가 온 것이다.

Trend - 근로자의 겸업 허용

겸업은 주된 직업 외에 다른 일을 겸해서 하는 일을 말한다. 일을 대하는 현대인들의 태도가 자아실현을 가장 중시하는 모습으로 바뀌면서, 근로자는 직장을 다니면서 여러 부수적인 일을 수행하며 돈을 벌기도 하고, 수익을 내지 않는 프로젝트에 참여하며 일에 대한 경험과 만족을 쌓기도 한다.

회사 입장에서는 이러한 상황에서 고민이 많아진다. 겸업은 곧바로 징계조치를 할 수 있는 사항이 아니기 때문이다. 우리나라 헌법에는 사생활의 자유와 직업 선택의 자유를 인정한다. 때문에 근로자가 여러 직업을 갖거나 근로시간 외 다른 일을 하는 것을 금지할 수는 없다. 기업은 직원이 회사 일에 집중하길 원하므로, 이들이 여러 일을 하는 것을 원치 않기에 단체협약, 취업규칙, 근로계약서 등에 무단겸직/겸업금지 조항을 넣는 등의 예방적 조치를 시행하고 있다.

하지만 직원의 겸직을 징계하기 위해서는, 겸업으로 직원이 근로를 불성실하게 한 부분과 기업 이익이 침해된 부분을 입증해야 한다. 징계가 해고라면 사회통념상 근로관계를 계속할 수 없을 만큼 장기간에 걸친 불성실 근무, 근태불량 행위로 노사 간 신뢰관계가 파탄 났음을 고용주가 입증해야 한다. 직원 개인능력에 따라 수행할 수 있는 사생활 범주에 속하는 겸업의 경우 (ex. 유튜브, 일과 외 시간의 자문활동 등)는 기업 질서나 계약된 노무 제공에 지장이 없기에 전면적, 포괄적으로 금지하는 것은 부당하다고 판단될 가능성이 높다.

일본은 우리나라보다 조금 일찍 겸업에 대한 논의가 이뤄졌다. 보수적 기업문화에서 부업과 겸업은 아주 오랫동안 금기해왔으나, 오랜 저성장 기조하에서 문화가 다변화되고 사회적 요구가 거세지면서 2017년 일반 사기업 직원뿐 아니라 일부 시에서는 공무원에게도 겸업을 허용(3년 이상 재직자, 업무와 이해가 상충하지 않는 조건 등 일정 기준을 충족하는 경우) 했다.

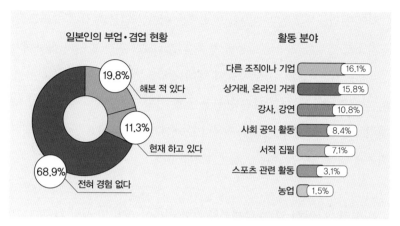

출처 : 미쓰비시 UFJ리서치앤드컨설팅(2017년 기준)

일본 후생노동성은 '일하는 방식 개혁 실행 계획'에 따라 2018년에 모델(표준) 취업규칙을 개정해 부업/겸업을 허용했고, 산재법도 개정해 부업/겸업 관련한 산재 지원에도 나섰다. 미쓰비시 UFJ리서치앤드컨설팅에 따르며 조사 대상 중 11.3%가 현재 부업이나 겸업을 하고 있으며, 19.8%가 과거에 부업을 한 경험이 있다고 답했다. 일본 경제활동 인구 3명 중 1명꼴로 부업을 접한 셈이다. 부업 형태는 주로 타조직 근무, 온라인 거래 등이었다.

대한민국의 현실도 크게 다르지 않다. 평균수명은 길어졌지만 기업의 평생 고용은 이미 예전 이야기가 된 지 오래고, 젊은 생산인력의 투입이 줄어들면서 노동인구는 점점 고령화되었다. 이러한 사회적 상황에서 근로자는 한 회사의 급여만으로는 자신의 생계를 안정적으로 유지할 수 없게 되었으며, 자신의 삶을 유지하는 데 필요한 수준의 소득을 더 적극적으로 벌어들여야 할 유인이 명확해졌다.

김앤장 법률사무소의 정종철 변호사는 이러한 일본의 사례가 비록 인구감소로 발생한 일어난 노동력 부족을 해소하기 위한 방안의 하나이기는 하나, 일본 정부가 근로자들에 대해 겸업을 적극적으로 권장하는 것이 겸업은 향후 하나의 보편적 현상이 될 가능성으로 인식하고 있기 때문이라고 설명하면서, 우리나라에서도 개인적으로나 사회적으로나 겸업 허용에 대한 요구는 지속될 것으로 전망했다.

2) 숙련 : 다양한 일/프로젝트를 통한 커리어 개발 및 성장 추구

머서Mercer가 발표한 〈글로벌 인재 트렌드Global Talent Trends〉 2022~2023 리포트는 100세 시대에 요구되는 삶의 궤적을 다음과 같이 밝혔다. 조사는 2007년 이후 출생한 영국 인구의 절반 이상이 100세까지 살 것이라 전망했다.(244쪽 그림 '100세 시대를 위한 준비 : Dynamic Career Path' 참조)

이 리포트에서 제시한 100세 시대의 커리어는 다음과 같았다. 20대까지 교육을 받은 개인들은 20대 이후 전통적인 고용에 종사한다. 그리고 30대 후반이 되면 자신만의 주특기를 기반으로 창업해 40대 초반까지 자영업에 종사한다. 40대 중반에 이르러 잠시간의 여행을 통해 삶의 방향을 재정비한 후에는, 재교육을 통해 새로운 커리어를 준비한다.

이후 40대 중반부터 60대 초반까지는 다시 노동인구에 편입되어 두 번째 커리어를 추구한다. 이후 60대 초반부터는 정규직 근로에서 벗어나, 긱 워커로서 파트타임 근무를 통해 80세까지 일한다. (이 기간을 은퇴를 준비하는pre-tirement 기간이라 명명한 것이 흥미롭다.) 이후 80대 초반에는 다시 한번 삶의 방향을 정리하는 여행을 다녀온 후에 진짜 은퇴를 한다.

과거보다 훨씬 더 오래 살아야 하는 지금 인류에게 지속적인 학습을 통한 성장은 어쩌면 당연한 선택이기도 하다. 같은 맥락에서 100세 시대에 걸맞은 새로운 커리어 접근법이 필요하다.

연구에서 제시된 커리어는 20~30대의 첫 번째 커리어에서 쌓은 숙련도를 기반으로 일정 기간 창업을 통해 더 다양한 경험을 쌓고, 40대에는 재교육re-educate을 통해 다시 노동인구에 편입되는re-enter workforce 양상을 보여준다. 이러한 맥락을 감안할 때, **긱 이코노미에 참여해 긱 워커로 일하는 것은, 각자의 속도에 맞게, 각자의 경력개발경로에 부합하는 다양한 일과 프로젝트를 수행하며, 각자 경력목표에 다다르는 숙련 추구의 좋은 방법이 될 수 있다.**

이미 스킬 중심의 인사가 자리를 잡은 해외 기업들에서는 기업 내에서도 직원들 스스로가 경력개발경로를 잘 다지며 성장할 수 있도록 인공지능AI과 머신러닝ML을 활용해 직원들에게 필요한 스킬을 제시하여 업스킬링과 리스킬링을 유도하고 있다. 이러한 회사의 가이드를 따라 직원들은 자기 주도적으로 자신의 경력개발경로에 어떤 스킬을 더 집중적으로 보완할지 결정하는 과정을 거치며 자신의 생애경쟁력을 높인다.

글로벌 솔루션 기업 SAP의 인사운영 솔루션인 SuccessFactors는 솔루션이 제공하는 인재관리 기능에 'Growth Portfolio'라는 기능을 탑재하여, 직원들이 스스로 자신의 프로파일에 향후 필요할 것으로 추론되는 여러 스킬 들 중 어떤 스킬을 추가할지 선택하도록 하고, 좀 더 자기 주도적으로서 스킬 격차를 줄이려는 노력을 진행하도록 유도한다. 또한 자발적으로 스킬 데이터를 업데이트 및 관리해나가도록 유도해, 향후 기업

내에서 다양한 경력 기회에 활용할 수 있는 스킬 중심의 인사운영 기반을 마련하고 있다.

또한 긱 워커가 되면 고용되어 있는 기업 내에서는 경험해볼 수 없는 경력개발의 기회들을 경험해볼 수 있다. 자신의 가용시간을 활용하여, 자신이 고용된 회사가 아닌 타 기업의 프로젝트에 참여해봄으로써, 직무나 과업의 경험을 높이고 유관 스킬을 배우면서 확보할 기회를 가질 수 있어 스스로가 원하는 일의 영역의 숙련도를 제고할 수 있는 좋은 방안이 된다. 이러한 관점에서 이직이나 직무 전환의 사전 단계로 해당 기업이나 해당 직무를 경험해보려는 목적으로 근로자들이 긱 워커를 경험하는 사이드잡 사례들도 많아지고 있다.

Trend - 사이드잡

스스로 만들고 싶은 서비스를 프로젝트팀을 만들어 직접 구축해보고자 하는 IT 엔지니어들을 위한 플랫폼 비사이드^{B-Side}는 기획자, 디자이너, 개발자 등 IT 업계 종사자들을 위한 프로젝트 기반의 커리어 성장 및 학습 플랫폼이다. 이 플랫폼은 IT 엔지니어들을 모아 팀을 꾸려주고, 팀이 선정한 프로젝트를 함께 수행하면서 각자의 직무수행에 필요한 직무역량과 팀원 간 혹은 팀 간의 협업역량을 진단하고 보완할 수 있는 성장의 기회와 경험을 제공한다.

비사이드는 '회사를 벗어나 각 개인이 만들고 싶은 서비스 및 기술을 통해 직접 아이디어를 제안하고 프로젝트를 수행하여 업무능력과 커뮤니케이션 능력을 향상'하는 데 목적을 두고 있으며, 2019년 12월 비사이

드 1기를 시작으로 2022년 상반기까지 91개의 프로젝트, 총 170명의 프로젝트 완료한 졸업생을 배출했으며, MZ세대 커리어 개발 및 사이드 프로젝트 지원 서비스로서 IT 업계 인재들을 성장시키는 도구로 성장하고 있다.

투잡이 두 개의 직업을 의미한다면, 사이드잡은 나의 남은 시간에 자기계발을 위해 자발적으로 수행하는 경력활동을 의미한다. 본업 이외에 수익을 올릴 수 있는 일종의 부업 의미와도 같다. 부업은 리스크가 크지 않은 상태에서 해당 업무분야를 경험해볼 수 있는 좋은 기회다. 실제로 자신이 그 분야의 다른 경쟁자들보다 비교우위를 가지면서 일할 수 있는지 스스로 테스트해볼 수 있는 기회이기도 하다.

앞서 언급한 유튜브나 블로그, 재능공유 플랫폼 등을 활용하면, 직장에 다니면서도 외부적으로 자기가 관심 있는 분야의 일을 경제적인 대가를 받고 수행할 수 있다. 누군가에게 고용되지 않아도 다양한 일거리를 중개하는 다양한 시장이 존재하기 때문이다. 사이드잡을 수행하는 것은 주로 일과시간 이후에 이루어지기 때문에 문라이팅moonlighting이라고도 불린다. 인도에서는 부업을 용인하고 지지하던 사회분위기와 다르게 IT 기업 위프로Wipro가 경쟁 기업의 사이드 프로젝트를 수행한 근로자를 해고하며 이슈가 되기도 했다.

필자는 법률적으로 도의적으로 본업에 피해를 주는 상황만 아니라면 회사와 계약한 업무시간에는 회사의 일을 충실히 수행하고, 퇴근 후 자신의 시간에는 긱 이코노미를 활용해 사이드잡을 하는 것이 개인의 커리어 관리에 유용할 수 있다고 생각한다.(물론 주객이 전도되지 않도록 윤리적인 중심을 잘 잡는 것이 중요할 것이다.)

사이드잡을 통해 긱 워커로서 다양한 프로젝트를 경험해보는 것은 앞서 설명했듯이 ① 직원이 현재 고용된 본업 수행에도 도움이 될 수 있는 여지가 크고, ② 향후 직원 자신이 이직 혹은 직무 전환의 전단계로 활용할 수도 있으며, ③ 장기적으로는 자기 성장을 추구하는 활동을 부수입원으로 확보하여 안정적으로 경제적인 보상을 얻을 수 있는 효과가 있다.

3) 목적 : 의미와 행복을 찾기 위한 개인의 가치 추구

현대의 근로자들은 각자의 경력개발경로에 부합하는 다양한 일(직무), 프로젝트(과업)를 통해 각자의 경력개발목표에 다다를 수 있도록, 각자의 속도에 맞게 자기 주도적으로 성장하는 숙련을 추구한다.

또한 의미 있는 일을 재미있게 수행하는 과정에서 자연스레 경제적인 풍요 혹은 자유에 도달하고자 한다. 업워크는 더 많은 근로자들을 긱 워커로 유입하기 위해 'Do the work you love, your way'라는 태그라인을 자체 웹사이트에 헤드라인으로 등장시키고 있다.

지금의 근로자들의 목적에 가장 부합하는 것은 동기 3.0의 앞선 두 가지 조건, 즉 자율과 숙련이다. 스스로의 경력개발경로에 따라, 더 자율적으로 노동하면서 즐거움과 여유를 찾고, 스스로가 원하는 경제적 풍요 수준에 만족하며 자유에 이르길 원한다.

긱 이코노미는 ① 프리랜서의 가장 큰 어려움인 안정적인 일거리를 확보할 수 있도록 돕고(접근성), ② 프리랜서 자신의 가치와 희망하는 커리어 개발 경로, 보유한 스킬과 전문성에 부합하는 직무와 고용기업을 찾을 수 있게 해주며(적합성), ③ 영업활동이나 소득관리, 정산에 투입되는 행정적인 시간과 공수를 최소화할 수 있도록 지원하여(효율성), 일의 의미와 개인의 행복을 찾기 위한 가치를 추구하는 과정을 돕는다.

결론적으로 긱 이코노미는 앞선 두 가지 가치의 실현, 즉 근로자에게 자율이 보장된 일을 통해 안정적으로 수입을 창출하며 자신의 커리어를 개발해 일을 통한 성장으로 각자가 정의한 숙련의 경지에 이를 수 있게 지원한다. 또한 자신의 존재 이유인 '진북true north'에 비추어 생각했을 때, 우리 각자가 중요하게 여기는 자신만의 가치에 맞는 커리어를 더 적극적으로 추구할 수 있도록 돕는다.

이러한 변화의 과정에서 사람들은 기존의 노동이 가지고 있던 (혹은 우리 개개인이 가지고 있던) 노동의 미충족 수요unmet needs를, 우리 각자의 선택을 통해, 각자에게 맞는 방식으로 해결하는 직접적인 계기를 만들어 낼 수 있을 것이라고 생각한다.

누리엘 루비니Nouriel Roubini 교수는 세계 경제에 10가지 위협이 동시다
발적으로 부상하는 이른바 초거대 위협megathreats의 시대가 온다고 말했
다. 성장, 불황, 인플레이션, 디플레이션, 자산 가격의 급등락 등에 치중
된 과거의 위기 대비 미래의 초거대 위기는 통화, 환율 등 금융, 무역, 환
경, 지정학, 팬데믹 등이 복합적으로 얽혀 불확실성이 더 커진다고 경고
했다.

이러한 격동적 변화 환경에서는 과거처럼 환경변화에 빠르게 대응하
는 방식만으로는 지속적인 경쟁우위를 확보하기 어렵다. 과거 코닥Kodak
의 사례처럼 환경의 변화에 적응하는 데 실패해 생존 자체가 불확실해
질 수도 있다.

이러한 경영환경의 변화에서, 변화하는 환경에 맞춰 지속적으로 혁신
을 추구하기 위해서는 새로운 경쟁우위의 원천을 인적 자원에서 찾아야
한다.(Barney & Wright, 1998) 이를 위해서는 우리 조직 구성원의 역량과

기업문화의 특성을 이해하고 이를 확장 발전시켜 그 강점을 기반으로 외부와 경쟁하는 인사이드아웃 관점이 중요하며, 이를 위해 우리 기업에 특화된 사람관리 시스템을 통해 지속적인 경쟁우위를 확보해야 한다.(강성춘, 2020) 또한 미래 사회에는 뛰어난 개인이 기업혁신의 주체가 될 수 있기에 차별화된 혁신 역량 구축을 위해서는 내부인재 양성뿐 아니라, 뛰어난 외부인재를 지속적으로 영입해 신지식을 유입하는 것이 중요하다.(강성춘, 2016)

이러한 환경에서, 조직의 비즈니스 전략을 지원하고 효율성을 향상하기 위해서 전략적 인재충원의 역할이 더욱 중요하다. 적합한 인재right talent를 적합한 노동 소요right place에 적기right time 충원하는 전략적 인재충원strategic talent staffing은 기업이 전략과 목표를 정확하게 이해하고, 해당 전략을 수행하는 데 필요한 인재 수요와 구성을 예측해, 기업의 전략목표 달성을 도울 수 있는 최적의 충원 방안과 정책을 선택해 미래 지향적으로 운영되어야 한다.

스킬 중심의 인사운영이 일반화되는 환경에서, 기업에 주어진 전략과제 혹은 단위 과업에서 요구되는 스킬을 내/외부 노동시장에서 빠르게 탐색해 충원하는 민첩성이 더욱 중요하며, 이러한 실정에서 기존의 인재충원 전략인 내부육성과 외부채용 전략의 이분법에서 벗어나, 직무특성과 필요 스킬 셋에 따라 디지털 인재 플랫폼에 등록된 고숙련 프리랜서긱 워커를 탄력적으로 활용(임대 및 공유borrow & share)하는 인재 이용talent access 전략은, 향후 기업 HR이 고려해야 하는 새로운 전략적 인재충원의 대안으로 기능할 수 있을 것이다.

디지털 트랜스포메이션과 팬데믹이 변화시킨 노동인구의 동기요인은 일의 의미와 재미flow & play, 즉 과거보다 더욱 자신에게 의미 있는 일을, 재미있게 하려는 방향으로 변화했다. 오늘날 근로자들이 원하는 일의 가치는 '더욱 존중받으며, 더욱 몰입할 수 있는 의미 있는 일을 찾아 즐겁게 일하는 것'이다.

미하이 칙센트미하이Mihaly Csikszentmihalyi는 삶을 훌륭하게 가꾸어주는 것은 행복감이 아니라 깊이 빠져드는 몰입flow이라고 설명했고, 다니엘 핑크Daniel Pink는 더 복잡해지고 변화가 빨라지는 앞으로의 세상에서는 일 자체의 즐거움을 유발하는 내재적 동기 3.0이 중요하다고 주장했다.

이러한 본원적이고 내재적인 동기를 가지려면, 일의 영역에도 자율성, 숙련, 목적이라는 가치가 구현되어야 한다. 긱 워커가 되면, 전통적 고용 기반의 근로보다 더 많은 유연성과 자율성이 확보되며, 단기적으로 성취 가능한 직업적 커리어 목표를 통해 숙련을 이루는 과정에서 약속된 보상을 얻어, 개인이 중요하게 생각하는 의미와 재미의 가치에 기반을 둔 목적을 전통적 고용방식보다 더욱 자기 주도적으로 이룰 수 있다.

고숙련 프리랜서 노동자와 기업의 전문직 수요를 연결하는 디지털 인재 플랫폼은 매우 빠르게 성장하고 있다. 플랫폼 양면 시장 사용자인 기업과 근로자 그룹 모두에게 접근성, 적합성, 효율성이라는 고객가치 제안을 제공하며 기업의 '전략적 인재충원'의 니즈와, 근로자의 '몰입할 만한 의미 있는 일을 재미있게 하려는' 니즈를 충족시키고 있다.

이러한 고객가치 제안이 더 가시적으로 실현될수록 플랫폼의 역할은 중요해지고 더 다양해져, 기업과 노동의 경제활동이 디지털 인재 플랫폼을 축으로 돌아가는 '플랫폼이 갑이 되는 시대'의 도래를 앞당길 것이다. 현재의 추세로 보면, 긱 이코노미는 여러 환경적인 이유에 기반을 두어 긱 워커가 전체 노동시장에서 차지하는 비율이 높아짐에 따라, 향후 5년 내 고용 프랙티스에 유의미한 대안으로 자리 잡게 될 것이고, 지금의 경기침체 시기를 지나며 더욱 확산되어 향후 새로운 고용의 패러다임으로 자리 잡을 것으로 예상된다.

이러한 맥락에서 필자는 긱 이코노미와 긱 워커를 미래의 환경변화에 선제적으로 대응할 수 있는 새로운 고용과 노동의 패러다임으로 제안한다. 긱 이코노미는 이미 일의 미래로 각광받고 있으며, 사회적 비효용과 기존에 상존하던 기업과 노동의 난제를 점진적으로 해결해나가고 있다. 또한 디지털 인재 플랫폼의 성장에 따라 앞으로는 더 많은 고객가치를 플랫폼의 양면 시장인 기업과 노동 측에 제공하게 될 것이다.

뿐만 아니라 긱 이코노미는 다양한 인재들의 독창적이고 가치 있는 지식과 경험, 전문성 등을 더 의미 있고 가치 있게 쓰일 수 있도록 하는 연결의 장을 마련하여, 사회적 비효용을 해결하고 궁극적으로는 사회 전반의 이익 증가에 기여할 것으로 기대한다.

국내 문헌

· 강도훈(2022), Z세대 등장…대세는 '긱워커' 직장도 사라진다, 문화저널21

· 강서진(2016), 긱 이코노미(Gig Economy)의 이해와 향후 전망, KB지식비타민 2016-58호

· 강성춘(2020), 인사이드 아웃: 사람이 만드는 기업의 미래, 21세기 북스

· 고승연, 용환진(2012), [매경 MBA] 기업 생존 좌우하는 채용 어떻게, 매일경제 신문

· 고용노동부 홈페이지(2021), "2021년 플랫폼 종사자, 취업자의 8.5%인 220만 명"

· 정두식 (2019), 기업조직의 유기성과 학습문화가 동적역량과 기업성과에 미치는 영향에 관한 실증연구, Journal of Digital Convergence

· 김보경(2020), 50~60대 노는 석박사 10만명…신중년, 중소기업 '멘토' 된다, 아시아경제

· 김선재(2019), 갈수록 확산되는 '긱 경제(Gig Economy)'…약일까, 독일까?, M이

코노미뉴스 이슈리포트

- 김용기(2018), 한국사회의 구조적 변화와 정책과제, 국회운영위원회
- 김용진(2020), 오직 한 사람에게로: 온디맨드 비즈니스 혁명, 쌤앤파커스
- 김용진, 남기찬, 송재기, 구철모(2007), 핵심역량 지향성과 프로세스 관리역량 이 IT 아웃소싱 성과에 미치는 연구. 경영정보학연구, 17(3), 131-146.
- 김종진 & 박관성(2021), 프리랜서 노동실태와 특징 I-규모 추정, 노동상황. 한국노동사회연구소 이슈페이퍼, 2021(13), 1-18.
- 김종진 & 박관성(2021), 프리랜서 노동실태와 특징 II-일의 형태와 불안정성. 한국노동사회연구소 이슈페이퍼, 2021(14), 1-25.
- 다니엘 서스킨드 (2020), 노동의 시대는 끝났다 (원제: A world without work), 와이즈베리
- 다니엘 핑크(2011), 드라이브: 창조적인 사람들을 움직이는 자발적 동기부여의 힘, 청림출판
- 다이앤 멀케이(2017), 긱 이코노미: 정규직의 종말, 자기고용의 10가지 원칙, 더난 출판사
- 대학내일20대연구소(2021), 밀레니얼-Z세대 트렌드 2022, 위즈덤하우스
- 대한상공회의소 SGI(2022), 최근 노동시장의 현황과 특징, KDI 경제정보센터
- 문준아(2022), "Z세대 젊은 근로자는 어디로 갔나? 늘어나는 대학원생, 청년 니트족(NEET), 더밀크닷컴
- 미하이 칙센트미하이(2021), 몰입의 즐거움 (원제: Finding flow), 해냄출판사
- 박태우(2021), 플랫폼 노동자 한해 무려 3배 늘었다…66만명, 취업자 2.6%, 한겨레신문
- 새라 케슬러(2019), 직장이 없는 시대가 온다 (원제 Gigged: The end of the Job and the Future of work), 더 퀘스트

- 서민규(2021), 대기업 사무직 MZ 세대 근로자의 개인심리 및 직무조직 변인 과 창의적 행동의 관계에서 세대 변인의 조절효과 (Doctoral dissertation, 서울대 학교 대학원)
- 숨고 웹사이트 https://soomgo.com/
- 스콧 리킨스(2019), 파이어 족이 온다: 금융위기 후 전세계 젊은이들을 사로잡 은 라이프스타일 혁명, 지식 노마드
- 양동훈. (2014). 분사형 인사아웃소싱의 동향과 과제. 노동정책연구, 14(3), 105-144.
- 양동훈, 고은정(2021). 급여아웃소싱의 결정요인과 효과성. 노동정책연구, 135- 163.
- 유미란(2020), 긱 워커(Gig Worker), 그들은 누구인가, 월간 인사관리
- 유진성(2021), 인구구조 변화와 향후 대응 과제, 한국경제연구원
- 이다혜(2021), 프리랜서로 일하는 법: 나를 지키며 지속가능하게 일하는 태도 의 발견, 유유출판사
- 이병희(2016). Hyper-connectivity and the Future of Work: Implications for the Labor Market Reform in South Korea (Doctoral dissertation, 서울대학교 행정 대학원)
- 이승환(2012), "한국기업의 사내하도급 활용에 관한 연구: 결정요인과 재무성 과 및 고용에 미치는 영향을 중심으로", 단국대학교 박사학위논문
- 이재준(2021), 긱(Gig) 경제의 부상과 금융권의 활용 방안, KDB 산업은행 미 래전략연구소
- 이준우, 조유진(2022) "회사에 얽매이기 싫다. 긱워커 220만명 시대", 조선일보
- 이치민(2021), 긱 이코노미 시대의 리더와 찐팀이 일하는 방식, 협업, 피플밸류
- 장재웅(2022), 원하는 멘토에세 맞춤형 지식 얻고 싶어, 회사 후광 넘어 개인

과외 꿈꾼다, DBR 358호

- 정유미(2021), 국민 10명중 6명 "단기 일회성으로 일하는 '긱워커'될 의향있다, 경향신문
- 정종철(2021), 근로관계 중 겸업이 가능한지 여부, 월간 노동 법률
- 정혜선(2022), '신중년 10명 중 9명은 은퇴 후 하향 재취업'… 전직지원서비스 필요성 커져, 서울신문
- 차성호, & 양동훈. (2008). 조직 및 HR 부서 특성이 HR 아웃소싱 (Human Resource Outsourcing) 정도에 미치는 영향. 인사조직연구, 16(1), 159-190.
- 최기산, 김수한(2019), 글로벌 긱 경제 현황 및 시사점. 해외경제 포커스 제 2019-4호
- 최운정(2021), 조기은퇴 꿈꾸는 파이어 족, 종합시사매거진
- 최훈길(2022), "초단기 근로시대, 평생직장 없어…고용정책 변화해야", 이데일리
- 크몽 엔터프라이즈 서비스 소개서 https://d2v80xjmx68n4w.cloudfront.net/assets/enterprise/enterprise_introduction.pdf
- 크몽 웹사이트 https://kmong.com/
- 토마스 오퐁(2019), 긱 워커로 사는 법: 원하는 만큼 일하고 꿈꾸는 대로 산다. 미래의 창
- 폴 에스티스(2020), 긱 마인드: 변화된 시대에 일할 준비가 되었는가 (원제: Gig mindset), 프롬북스
- 프리랜서 노동실태 보고서, 2018, 서울시
- 한국인사조직학회(2016), 지속가능한 혁신공동체를 향한 실천전략: K-매니지 먼트 2.0 어떻게 끊임없이 혁신할 것인가, 클라우드 나인
- 한인상 & 신동윤. (2019). 플랫폼노동의 주요 현황과 향후과제. NARS 현안분석, 76, 1-18.

- 황용식(2009). 기업 R&D 아웃소싱의 결정요인에 관한 연구. 대한경영학회 학술발표대회 발표논문집, 561-583.
- 황정원(2019), 베이비부머 年 80만 은퇴… 준비 안된 초고령사회, 서울경제신문
- Boston Consulting Group & 삼쩜삼(2022), Unlocking the potential of the Gig Economy in Korea: 긱 이코노미 시대, 당신의 플랫폼은 준비됐습니까?

해외 문헌

- 2023 Workplace Learning Trends Report, Udemy Business (2023)
- Abraham, K., Haltiwanger, J., Sandusky, K., & Spletzer, J. (2017). Measuring the gig economy: Current knowledge and open issues. Measuring and Accounting for Innovation in the 21st Century.
- Bernhardt, A., Campos, C., Prohofsky, A., Ramesh, A., & Rothstein, J. (2022). Independent Contracting, Self-Employment, and Gig Work: Evidence from California Tax Data. ILR Review, 00197939221130322.
- Collins, B., Garin, A., Jackson, E., Koustas, D., & Payne, M. (2019). Is gig work replacing traditional employment? Evidence from two decades of tax returns. Unpublished paper, IRS SOI Joint Statistical Research Program.
- Buffum, T. (2022). Talent 2.0: Time to Update! It's about Access, not Acquisition, SHRM Annual, June 14
- Capranos, D., Magda, A. J. (2023). Closing the skills gap 2023: Employer perspectives on educating the postpandemic workforce. Maitland, FL: Wiley Inc.
- Cappelli, P. (2008). Talent on demand: Managing talent in an uncertain age. Harvard Business School Press, Boston, MA.
- Catalant 웹사이트 https://gocatalant.com/ebook-strategic-planning-in-an-era-of-uncertainty/
- Civic ventures, 2011, Encore Career Choices: Purpose, Passion and a Paycheck In a Tough Economy, https://encore.org/wp-content/uploads/files/EncoreCareerChoices.pdf

- Coase, R. H. (1991). The nature of the firm (1937). The nature of the firm, 18-33.
- Cornerstone OnDemand 웹사이트: https://www.cornerstoneondemand.com/ resources/article/cornerstone-data-tells-story-online-learning-key-organizations-shift-new-world-work
- David Teece 웹사이트 https://www.davidjteece.com/dynamic-capabilities
- Elsenhardt, K. M. & J. A. Martin. (2000). Dynamic capabilities: What are they? Strategic Management Journal, 21(1), 1105-1121
- Fill, C., & Visser, E. (2000). The outsourcing dilemma: a composite approach to the make or buy decision. Management decision.
- Fiverr May 2022 Company presentation https://s23.q4cdn.com/749308338/ files/doc_presentations/2022/FVRR-Company-Presentation-May-2022.pdf
- Fiverr website https://www.fiverr.com/
- Flow, F. (1997). The Psychology of Engagement with Everyday Life. NY: Basic Books.
- Freelancer website https://www.freelancer.com/
- Freelancer.com ANNUAL_REPORT_2021 https://www.listcorp.com/asx/ fln/freelancer-limited/news/annual-report-2021-2699383.html
- Fuller. J. (2020), Rethinking the On-demand workforce, Harvard Business Review
- Fuller, J. B., Raman, M., Palano, J., Bailey, A., Vaduganathan, N., & Kaufmann, E. (2020). Building the on-demand workforce. PDF file (Boston: Harvard Business School and BCG, 2020), www. hbs. edu.
- Gilmore, J. H., & Pine, B. J. (1997). The four faces of mass customization. Harvard Business Review, 75(1), 91-102.

· Girotra, K., & Netessine, S. (2014). Four paths to business model innovation. Harvard Business Review, 92(7), 96-103.

· Graham, M, & Woodcock, J. (2018). Towards a fairer platform economy: Introducing the fairwork foundation. Alternate Routes, 29, 242-253.

· Hamel, G., & Zanini, M. (2020). Humanocracy: Creating organizations as amazing as the people inside them. Harvard Business Press.

· Johnson, M. W. (2010). A new framework for business models. Retrieved February, 10, 2010.

· Johnson, M. W., Christensen, C. M., & Kagermann, H. (2008). Reinventing your business model. Harvard business review, 86(12), 57-68.

· Katz, L. F., & Krueger, A. B. (2019). The rise and nature of alternative work arrangements in the United States, 1995-2015. ILR review, 72(2), 382-416.

· Lim, K., Miller, A., Risch, M., & Wilking, E. (2019). Independent contractors in the US: New trends from 15 years of administrative tax data.

· Lowrey, A. (2020), "Millennials don't stand a chance", Atlantic

· Mankins, M., & Gottfredson, M. (2022). Strategy-Making in Turbulent Times A dynamic new model. Harvard Business Review, 100(9-10), 60-69.

· Manyika, J., Lund, S., Robinson, K., Valentino, J., & Dobbs, R. (2015). A labor market that works: Connecting talent with opportunity in the digital age.

· Mastercard and Kaiser Associates. (2019). The Global Gig Economy: Capitalizing on a~ $500 B Opportunity.

· Mcgraw, M. (2022), THE ASCENT OF THE 'HIGH-END' GIG WORKER, Workspan daily, World at work Total Rewards Association

· McKinsey Global Institute, 2015, A LABOR MARKET THAT WORKS:

· Neal, S. (2019). "Are Companies About to Have a Gen X Retention Problem?", Harvard Business Review

· Oppong, T. (2018). Working in the gig economy: How to thrive and succeed when you choose to work for yourself. Kogan Page Publishers.

· Ozimek, A. (2021), "Freelance Forward Economist Report", https://www.upwork.com/research/freelance-forward-2021

· Pink, D. H. (2001). Free agent nation: How Americans new independent workers are transforming the way we live. Business Plus.

· Pink, D. H. (2011). Drive: The surprising truth about what motivates us. Penguin.

· Pisano, G. P. (2015). You need an innovation strategy. Harvard Business Review, 93(6), 44-54.

· Schwellnus, C., Geva, A., Pak, M., & Veiel, R. (2019). Gig economy platforms: Boon or Bane? 94(10), 91-98.

· Skills Transformation For The 2021 Workplace, IBM (2020)

· Tay, P., & Large, O. (2022). Making It Work: Understanding the Gig Economy's Shortcomings and Opportunities. Tony Blair Institute for Global change

· Upwork FINAL Q2'22 IR Deck   https://investors.upwork.com/static-files/cf4ef777-2f78-49fb-8e85-3d760c54643c

· Upwork website   https://www.upwork.com

· Upwork, (2021), Freelance Forward Economist Report

· VisasQ website https://visasq.co.jp/en/

· Williamson, O. E. (1975). Markets and hierarchies: analysis and antitrust implications: a study in the economics of internal organization. University of Illinois at Urbana-Champaign's Academy for Entrepreneurial Leadership Historical Research Reference in Entrepreneurship.

· Willis Towers Watson (2022), Far-reaching workplace changes prompt employers to rethink work, Global Reimagining Work & Rewards survey

· Woodcock, J., & Graham, M. (2019). The gig economy. A critical introduction. Cambridge: Polity. (번역본: 긱경제 플랫폼 노동의 지리학)

· Wright, P. M., McMahan, G. C., & McWilliams, A. (1994). Human resources and sustained competitive advantage: a resource-based perspective. International Journal of Human Resource Management, 5(2), 301-326.

· Youndt, M. A., Snell, S. A., Dean Jr, J. W., & Lepak, D. P. (1996). Human resource management, manufacturing strategy, and firm performance. Academy of Management Journal, 39(4), 836-866.

긱 이코노미가 바꾸는 일의 미래

1판 1쇄 발행 2023년 11월 10일

지은이 방승천
펴낸이 박선영

편집 이효선
마케팅 김서연
디자인 씨오디
발행처 퍼블리온
출판등록 2020년 2월 26일 제2022-000096호
주소 서울시 금천구 가산디지털2로 101 한라원앤원타워 B동 1610호
전화 02-3144-1191
팩스 02-2101-2054
전자우편 info@publion.co.kr

ISBN 979-11-91587-54-8   03320